KB043763

는 메시지가 있을 때 글을 썼고, 그 메시지는 그가 자신의 삶에 적용해보고, 좋은 것이라는 것을 알았을 때에만 메시지가 되었다. 그는 실천을 통해 증명한 사실을 글로 남기고자 한 것이다."

앨런은 부유하든 가난하든, 지식이 있든 없든, 세속적이든 종교적이든 모든 사람이 자신 안에서 성공, 행복, 성취, 진리의 원천을 찾도록 돕는 책을 쓰는 것을 평생의 과제로 여겼다. 콜렉션의 두 번째 책인 『제임스 앨런 부의 여덟 기둥』은 앨런의 데뷔작을 포함하여 부의 원천에 관해 다룬 책들을 엮었다. 제임스 앨런의 숙원으로 완성한 이 책들이 진정한 부와 번영의 길을 걷도록 독자들을 안내할 것이다.

옮긴이 임경은

부산대학교 경제학 학사 및 서강대학교 경제대학원 석사를 마쳤다. 법무부, 관세청 등에서 공직생활을 했으며 현재 바른번역 소속 번역가로 활동하고 있다. 옮긴 책으로는 『엄청나게 중요하고 믿을 수 없게 친근한 경제』, 『생각을 바꾸는 생각들』, 『100만 팔로워 마케팅』 등이 있다.

제임스 앨런

부의 여덟 기둥

일러두기

이 책은 1911년 출간된 『Eight Pillars of Prosperity』와
1904년 출간된 『From Poverty To Power』을 엮어서 만들었다.
『From Poverty To Power』는 『The Path of Prosperity』(1901)와
『The Path of Peace』(1901)의 합본이다.

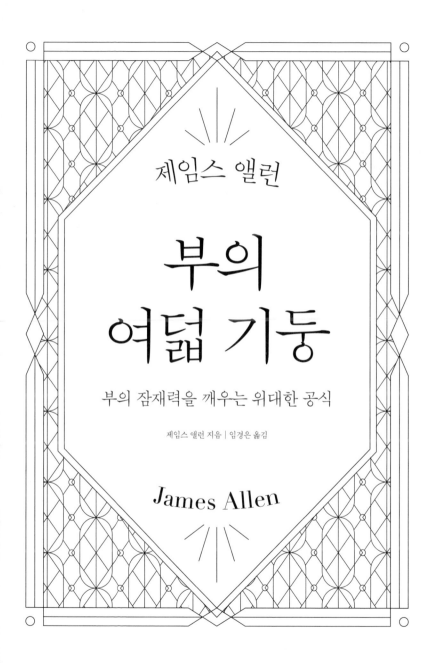

제임스 앨런

부의
여덟 기둥

부의 잠재력을 깨우는 위대한 공식

제임스 앨런 지음 | 임경은 옮김

James Allen

부의 조건

개인이나 국가가 더욱 번영하려면 정치와 사회를 뜯어고쳐야만 한다는 것이 세간의 통념이다. 그러나 이는 국가의 구성원인 개인이 도덕을 실천하지 않고서는 불가능하다. 법률과 사회 조건이 개선되려면 당연히 구성원들이 더 높은 도덕성을 함양하는 것이 선행되어야 한다. 하지만 덕의 추구와 실천에 게으른 사람이나 국가에는 어떤 법률도 번영을 가져다주지 못할 뿐 아니라 그들의 타락을 막을 수도 없다.

도덕성은 번영의 기반이자 지지대이며, 위대한 사람의 영혼에 깃들어 있다. 덕은 영원히 지속되는 만큼, 인간의 업적 중 지속적인 것은 모두 덕을 토대로 세워진 결과다.

덕이 없으면 힘도 안정도 실체적 현실도 없고 덧없는 꿈만 남을 뿐이다. 도덕적 원칙을 찾는다는 것은 번영, 위대한 힘, 진리를 찾는 것이다. 즉 강하고 용감하고 즐겁고 자유로워지는 길이다.

– 영국 일프라콤, '빛의 언덕Bryngoleu'에서

제임스 앨런

마음의 진리를 발견하라

　세상을 둘러보니 사방이 슬픔의 그늘에 드리워지고, 맹렬한 고통의 불길에 타오르고 있었다. 이유가 무엇인지 곰곰이 생각해보았다. 주위를 살펴봐도 알 수 없었고, 책에서도 답을 찾지 못했다.

　그런데 눈길을 내면으로 돌려보니 원인은 내 안에 있었고, 그 원인이 그런 악한 특성을 띠게 된 것도 내가 초래한 결과였다. 나는 다시 한번 내면을 더 깊게 들여다보았고 해결책을 찾았다.

　나는 어떤 '법칙', 바로 사랑의 법칙을 발견했다. 그리고 어떤 '삶', 바로 사랑의 법칙에 순응할 줄 아는 삶을 발견했다. 마지막으로 어떤 '진리', 평정과 순응을 깨닫고 정념을 극복한 마음의 진리를 발견했다.

그리고 나는 부유하든 가난하든, 지식이 있든 없든, 세속적이든 종교적이든 모든 사람이 자신 안에서 성공, 행복, 성취, 진리의 원천을 찾도록 돕는 책을 쓰고 싶었다. 그 꿈은 나를 항상 따라다녔고 마침내 현실이 되었다.

이제 세상에 치유와 축복을 전해주길 바라는 사명감으로 이 책을 세상에 내놓는다. 이 진리의 메시지는 이를 필요로 하고 받아들일 준비가 된 사람들에게 언젠가 반드시 닿으리라 믿는다.

1부

◆

부의 여덟 기둥

◆

Eight Pillars of Prosperity, 1911

James Allen

1장

온 세상의 부를
내 것으로 만드는 여덟 가지 방법

번영의 기본 조건은 도덕이 탄탄해야 한다는 것이다. 대개 사람들은 번영이 부도덕, 즉 속임수, 사기, 기만, 탐욕에 기반을 두고 있다고 생각한다. 심지어 다른 방면에서는 똑똑한 사람 중에서도 "부정직하지 않으면 사업에서 성공할 수 없다"라고 공공연히 말하고 다니며 사업의 번창(좋은 것)을 부정직(나쁜 것)의 결과로 간주하는 사람이 흔하다.

이렇게 짧은 생각에서 비롯한 피상적 주장은 그 사람이 도덕적 인과 법칙을 전혀 모르고 인생의 섭리에 대한 이해의 폭이 매우 좁다는 것을 드러낸다. 마치 사리풀을 심고 시금치를 수확하기를 기대하거나 늪 위에 벽돌집을 지으려는 것과 같다. 그러나 이런 것들은 자연적 인과관계로는 불가능한 일이므로 시도조차 할 수 없다.

정신적, 도덕적 인과관계의 질서도 오직 특성 면에서만 이와 다를 뿐 원칙적으로는 다르지 않다. 생각과 행동 등 보이지 않는 것에나 자연 현상으로 보이는 것에나 동일한 법칙이 적용된다. 인간은 자연 현상에 있어서는 과정이 보이므로 법칙에 따라 행동하지만, 정신적 과정은 눈에 보이지 않으니 법칙 같은 건 없다고 생각하며 법칙을 따르지 않는다.

그러나 정신적 과정도 자연적 과정만큼 단순하고 확실하다. 사실 정신적 과정은 자연적 과정이 마음의 세계에 동일하게 구현된 형태다. 과거 위대한 스승들이 들려준 모든 우화와 수많은 가르침은 결국 이 사실을 설명하기 위한 것이었다.

자연계는 가시화된 형태의 정신세계다. 보이는 것은 보이지 않는 것을 비추는 거울이다. 원의 위쪽 절반은 아래쪽 절반과 완전히 똑같이 생겼지만 그 구면은 반대쪽을 향한다. 이와 마찬가지로 물질과 정신은 우주에서 분리된 두 개의 원호가 아니라 완전한 하나의 원을 이루는 두 반쪽이다.

자연계와 정신계는 영원한 적대 관계가 아니라, 우주

의 진정한 질서 아래에서 영원한 하나다. 기능과 능력을 무리하게 오용해 분열을 일으키고, 완벽한 원에서 중심을 억지로 옮겨 반복적인 고통을 초래하는 것은 자연법칙에 반한다. 물질에서 일어나는 모든 과정은 마음속의 과정이기도 하다. 모든 자연법칙에는 그에 상응하는 정신적 법칙이 있다.

자연의 어떤 대상이든 자세히 살펴보면 그 기본 과정을 정신적 영역에서도 찾을 수 있다. 예를 들어 씨앗이 발아하여 식물로 성장하고 마지막으로 꽃을 피운 후 다시 씨앗으로 돌아가는 과정을 생각해보라. 이 과정은 정신에도 마찬가지로 적용된다.

생각은 마음의 흙에 뿌려진 뒤 싹이 트고 발전하여 완성된 단계에 이른다. 즉 그 특성에 따라 선하거나 악하거나, 훌륭하거나 어리석은 행위로 꽃피우고 다시 생각의 씨앗으로 다른 마음에 뿌려진다. 스승이 씨앗을 뿌리는 사람이자 정신적 농업 전문가라면, 그가 가르치는 제자는 자기 마음의 밭을 일구는 현명한 농부다.

생각이 성장하는 과정도 식물과 똑같다. 계절에 맞춰 씨앗을 뿌리면, 씨앗은 시간이 어느 정도 지나야 깨달음의 식물로 자라고 지혜의 꽃을 피운다.

나는 이 글을 쓰다 잠시 멈추고 창문 밖을 바라보았다.

여기서 100미터쯤 떨어진 곳에 키 큰 나무가 한 그루 서 있는데, 꼭대기에는 인근 서식지에서 떨어져 나온 일부 겁 없는 까마귀들이 자신만의 첫 둥지를 틀었다.

그런데 강한 북동풍이 불자 나무 꼭대기가 심하게 이리 저리 흔들렸다. 그러나 나뭇가지와 지푸라기로 만든 그 연 약한 둥지는 안전했고, 알을 품은 어미 새는 폭풍을 두려 워하지 않았다. 왜 그럴까? 새는 본능적으로 최대한 튼튼 하고 안전한 위치를 잡아야 한다는 원칙에 따라 둥지를 짓기 때문이다.

일단 새들은 두 나뭇가지 사이의 공간이 아닌 가지의 갈래 부분을 둥지의 터로 고른다. 따라서 나무 꼭대기가 아무리 심하게 흔들려도 둥지의 위치가 옮겨지거나 구조 가 약해지지 않는다. 그다음 새는 외부 압력에 잘 저항하 고 용도에 맞으면서 작은 공간에 딱 들어가도록 원형 평 면 모양으로 집을 짓는다. 따라서 아무리 거센 폭풍우가 몰아쳐도 새들은 편안하고 안전하게 쉴 수 있다.

아주 단순하고 친숙한 소재를 예로 들었지만, 현명한 사 람이라면 여기서 엄격한 법칙을 철저히 따라야 한다는 진 리를 깨달을 것이다. 그리고 자신의 행위를 이 불변의 원 칙에 맞춰야 불확실한 인생사와 격동적인 인생의 풍파 속 에서도 오롯이 안전하고 완전히 평화로운 상태에 머무를 수 있다는 교훈을 얻을 것이다.

사람이 지은 집이나 신전은 새 둥지보다 훨씬 구조가 복잡하지만, 마찬가지로 자연계의 모든 곳에서 입증되는 엄격한 원칙에 따라 세워진다. 이를 통해 인간이 물질적 측면에서도 보편적 원칙을 따른다는 점을 알 수 있다.

인간은 절대 기하학적 비율을 무시하고 건물을 짓지 않는다. 기하학적 비율을 무시하면 건물은 안전하지 않을 테고, 폭풍이 오자마자 폭삭 주저앉을 것임을 알기 때문이다. 물질적 건물을 지을 때 인간은 원, 정사각형, 각도의 정해진 원칙을 철저히 따른다. 그리고 자, 다림줄, 나침반의 도움을 받아 아무리 모진 폭풍에도 견딜 수 있는 안전한 거처와 피난처를 건축한다.

당신은 이 모든 게 너무 단순하지 않냐고 반문할 수도 있겠다. 그렇다. 참되고 완벽한 진리는 원래 단순한 법이다. 대신 절대적 진리이기에 약간의 오차도 허용되지 않고, 너무나 완벽하기에 누구도 그 이상으로 개선할 여지가 없다. 인간은 오랜 경험을 통해 이러한 물질계의 원칙을 터득했고, 그에 순종하는 지혜를 깨달았다.

이렇게 단순한 예를 들었지만, 정신적 세계나 영적 세계의 완벽하고 항구적인 원칙도 이토록 단순하기는 마찬가지라는 사실을 알려주고 싶다. 그러나 오늘날 사람들은 이를 거의 이해하지 못하고 이 단순한 원칙을 매일같이 위반한다. 그들의 무지한 마음이 자신에게 가하는 해악을 의식하지 못하기 때문이다.

물질이 그렇듯 마음도, 사물이 그렇듯 생각도, 자연 현상이 그렇듯 인간의 행위에도 법칙이라는 확고한 기반이 있다. 의식적으로든 무의식적으로든 이 법칙을 무시하면 재앙과 실패를 면할 수 없다.

실제로 세상의 고통과 슬픔의 원인은 바로 이 법칙을 무지한 사람들이 위반하기 때문이다. 물질계에서 이 법칙은 '수학적'으로 표현되지만, 인간의 마음속에는 '도덕적'인 것을 가리킨다. 그렇다고 수학과 도덕은 별개이거나 반대되는 것이 아니다. 통합된 전체의 두 측면일 뿐이다.

모든 물질에 적용되는 불변의 수학 법칙이 있듯, 정신에 적용되는 불변의 도덕 법칙이 있다. 또 영원한 도덕적 원칙은 동시에 마음의 우주에서 작동하는 수학적 공리이기도 하다. 도덕적 원칙을 떠나 성공한 삶을 살겠다는 것은 수학적 원칙을 무시하면서 안전한 건물을 짓겠다는 것만큼 불가능하다.

인격도 집과 마찬가지로 도덕률의 토대 위에 세워질 때만 굳게 설 수 있다. 그리고 그 토대 위에 행동을 정성껏 하나하나 쌓아가야 한다.

인격을 건축에 비유하면 행동은 벽돌이다. 기업이나 인간의 모든 사업체도 불변의 질서에서 예외가 아니기에 우주의 대법칙을 준수해야만 안전하게 일어설 수 있다. 안정적, 영속적 번영을 원한다면 도덕적 원칙의 확고한 토대 위에 서야 하며, 훌륭한 인품과 도덕적 가치가 금강석 기둥처럼 뒷받침되어야 한다.

도덕적 원칙을 무시하고 사업을 운영하려 하면 어떤 형태로든 재앙을 피할 수 없다. 어느 사회에서든 변치 않는 번영을 누리는 사람은 사기꾼이나 협잡꾼이 아니라 믿음직하고 올곧은 사람들이다. 퀘이커 교도는 영국 사회에서 가장 정직한 사람들로 인정받고 있으며, 비록 인구수는 적지만 가장 성공한 축에 속한다. 인도의 자이나 교도도 규모나 부의 면에서 퀘이커와 비슷하게, 인도의 최고 부유층을 구성한다.

흔히 '사업체를 설립'한다는 말을 하고, 실제로 사업체는 벽돌집이나 석조 교회와 마찬가지로 건물의 형태를 띤다. 하지만 설립 과정은 정신적 과정이다. 번영이라는 것도 우리 머리 위에서 우리를 보호하고 안전하게 해주므로 집의 지붕과도 같다. 지붕은 뒷받침 역할을 해야 하고, 뒷받침 역할을 하려면 튼튼한 기반이 필수다. 번영이 지붕이라면 그 밑에는 일관된 도덕성이라는 기초 위에 굳건히 세워진 다음 여덟 가지 기둥이 뒷받침하고 있다.

- 에너지
- 절약
- 무결함
- 체계
- 공감 능력
- 진실성
- 정의로움
- 자기 신뢰

이 모든 원칙을 흠잡을 데 없이 완벽히 실천해 구축된 기업은 탄탄하고 오래 지속될 천하무적의 기업으로 자리매김할 것이다. 이런 기업에는 그 어떤 것도 해를 끼치거나 번영을 방해하거나 성공 가도를 막거나 무너뜨리지 못할 것이다. 원칙을 고수하는 만큼 끊임없이 커지는 성공이 보장될 것이다.

반면 이러한 원칙이 모두 빠진 상태로는 어떤 종류의 성공도 기대할 수 없음은 물론, 사업의 존립 자체가 위태롭다. 한 부분과 다른 부분을 응집하는 이음매 역할을 할 잣대가 전혀 없기 때문이다. 그 사업은 마치 신체에 형태를 부여하고 신체를 살아 숨 쉬게 해줄 조직이 결합되지 않은 것처럼 생명력이 없을 것이다.

이 모든 원칙이 마음에도 일상생활에도 부재한 사람을 상상해보라. 당신이 불완전하고 어렴풋이나마 이러한 원칙을 인지한다면, 그런 사람이 성공적인 일을 하고 있다는 생각이 들지 않을 것이다. 인생을 갈팡질팡 사는 무기력한 탓이라고 생각하기 쉽지, 그가 한 사업체의 수장, 조직의 중심 인물, 또는 어떤 영역에서 책임 있는 지휘관일 것이라고 상상하기는 어렵다. 그것이 불가능하다고 생각하기에 상상도 가지 않는 것이다.

웬만큼의 도덕성과 지성을 갖춘 사람이라면 그런 사람이 성공할 수 있다고는 생각하지 않는다. 이 사실은 여덟 가지 원칙의 중요성을 아직 이해하지 못해 도덕성이 번영의 요인이 아니라 오히려 방해물이라고 공언하는 모든 사람에게, 그들의 결론이 완전히 틀렸다고 입증할 확실한 증거다. 만약 그들이 옳다면 도덕적 원칙이 없는 사람일수록 더 큰 성공을 거둘 것이다.

따라서 이 여덟 가지 원칙은 모든 종류의 모든 성공에 크게든 작게든 기여하는 요소가 된다. 모든 번영의 이면에는 강력한 지지대가 있게 마련이다. 얼핏 보면 여덟 가지 원칙이 성공으로 연결될 것 같지 않아도, 이것들은 성공이라는 훌륭한 결과로 장식될 모든 노력을 설명하고 입증한다.

여덟 가지 원칙을 온전하고 완벽하게 실천해 성공한 사람은 비교적 드문 것이 사실이다. 그러나 실천하는 사람은 분명 있다. 그들은 인류의 지도자, 스승, 안내자이자 인간 사회의 버팀목이며, 인류의 진화에 앞장서는 강인한 선구자다.

도덕성의 완성은 일단 달성하기만 하면 최고의 성공을 보장한다. 하지만 이에 해당하는 사람은 극소수다. 여덟 가지 원칙 중 일부만 준수해도 그보다 조금 못한 정도의 평범한 성공은 이룰 수 있다. 이는 그만큼 이 원칙들의 효과가 강력하다는 방증이다.

이를테면 여덟 개 중 두세 가지만 완성해도 고만고만한 수준의 번영을 누리고 한때나마 국지적 영향력을 행사할 위치에 오르기에 충분하다. 두세 가지 원칙에서는 완성에 이르되, 나머지 원칙의 전부 혹은 대부분에서는 그럭저럭 준수하는 데 성공한 사람은 제한적인 수준의 성공과 영향력을 가늘고 길게 이어갈 것이다. 이런 사람들은 아직 내면에 기둥의 일부만 들어가 있지만, 이 원칙들을 더 착실하게 익히고 실천한다면 그 노력에 정확히 비례해 더 크고 광범위한 성공이 찾아올 것이 틀림없다.

한 인간의 도덕성 범위를 보면 그가 어디까지 성공할지 가늠이 된다. 누군가의 도덕 수준을 알면 결국 그가 성공할 인물인지 실패할 인물인지 수학적 원리로 측정할 수 있다는 건 엄연한 사실이다. 번영이라는 신전은 도덕의 기둥으로 지탱되는 한에서만 존재할 수 있다. 기둥이 약해지면 건물이 불안해진다. 기둥이 아예 빠져버리면 건물은 휘청휘청하다가 폭삭 내려앉는다.

도덕적 원칙을 무시하거나 배척하는 사람은 결국 실패와 패배를 면치 못한다. 인과관계라는 자연의 법칙상 불가피한 결과다. 돌을 위로 던지면 땅으로 되돌아오듯, 좋은 일이든 나쁜 일이든 모든 행위는 그것을 행한 사람에게 돌아온다.

도덕 개념이 없거나 부도덕한 행위는 모두 각자가 추구하는 목표를 좌절시킨다. 부도덕에서 파생한 모든 후속 행위는 목표 달성을 더욱더 멀어지게 한다. 반면에 모든 도덕적 행위는 번영의 신전을 구성하는 견고한 벽돌이며, 그것을 지탱하는 기둥에 부여하는 또 하나의 힘이자 조각미다.

개인, 가족, 국가 할 것 없이 모두 도덕적 힘과 지혜가 성장해야 그에 따라 발전하고 번영한다. 그들의 흥망성쇠는 모두 도덕적 타락의 여하에 달려 있다.

물질계가 그렇듯 정신계에서도 형태가 있고 견고한 것만이 제힘으로 서고 오래 버틸 수 있다. 도덕 개념이 없다는 것은 무無의 상태이기 때문에 그로부터 아무것도 형성될 수 없다. 그리고 이는 실체를 부정한다. 부도덕하다는 것은 파괴이며, 본질을 부정하는 것이다. 그리고 영혼이 악의 공격에 무방비로 노출되는 과정이다.

현명한 건축가는 부도덕이 훼손하고 해체해놓은 부서진 건축 자재를 주섬주섬 모아 다시 형체로 복원한다. 그 현명한 건축자가 도덕성이다. 도덕은 본질, 형태, 구축력이 하나로 합쳐진 것이다. 도덕은 항상 건물을 짓고 보존하는 힘이 있으며, 이 점이 도덕의 본질이다. 이것은 항상 뭔가를 무너뜨리고 파괴하는 부도덕의 반대다. 도덕은 개인이든 국가든 모든 영역에서 최고의 건축가다.

도덕은 무엇에도 꺾이지 않는다. 마지막까지 도덕적 발판을 딛고 서 있는 사람은 흔들리지 않는 바위 위에 선 것과 같아서, 그에게 패배란 없고 오직 확실한 승리만이 기다린다. 물론 그는 극심한 시험에 들 것이다. 이 시험에서 싸우지 않고는 승리가 있을 수 없고, 또 그 과정을 거쳐야지만 도덕성이 완전해질 수 있기 때문이다.

세상 만물이 정밀하고 완벽하게 만들어졌듯, 인간이 도덕성을 시험받고 증명하는 것은 불변의 원칙이다. 세상에서 가장 강력하고 쓰임새 좋은 철근은 주조 공장으로 가기 전에 품질과 강도를 가늠하기 위해 대장장이의 엄격한 압력 테스트를 거쳐야 한다. 벽돌공은 극심한 고온의 가마에서 깨진 벽돌을 골라내서 버린다.

그러므로 훌륭하고 영속적인 성공을 거둘 사람은 자신의 도덕적 본성을 훼손하지 않음은 물론, 그것을 오히려 강화하고 가다듬어 역경의 압박을 이겨내고 유혹의 불길을 통과할 것이다. 그는 최상의 용도에 어울리게 잘 만들어진 철근이며, 대장장이 우주는 자신이 잘 만든 철근에 만족해 곁에 두고 쏠쏠히 사용할 것이다.

부도덕은 어디에서나 공격에 취약하며, 그 위에 서려고 하는 사람은 고립의 늪에 빠진다. 그의 노력은 계속 곧게 서 있는 것처럼 보이지만, 실은 무너지고 있다. 그에게 최악의 실패는 불가피하다. 부도덕한 사람이 부당 이득을 쥐고 흡족하게 웃는 동안, 그의 주머니에는 이미 구멍이 뚫려 황금 같은 재산이 줄줄 흐르고 있다.

처음에는 도덕적이었으나 시험에 든 순간 이익에 눈이 멀어 도덕성을 버리는 사람은 열을 가하자마자 부서지는 벽돌과 같다. 그는 사용하기에 부적합해서, 우주는 그를 내팽개치지만 두 번 다시 보지 않을 심산으로 버리지는 않는다. 그는 벽돌이 아니라 인간이기 때문이다. 인간은 살면서 배우는 존재이므로 반성하고 본성을 되찾을 수 있다.

도덕적 힘은 모든 성공의 생명력이자 모든 번영을 지탱하는 요소다. 그러나 성공에는 다양한 종류가 있고, 더 크고 광범위한 성공에 도달하려면 한쪽에서 실패해야 하는 경우가 많다. 예컨대 문학적, 예술적, 영적 면에서 천재적 재능이 있는 사람이 돈을 벌려는 노력부터 시작한다면 어떨까? 돈 벌기에 실패하는 편이 이 사람의 천재성을 계발하는 데 도움이 되므로 실패하는 게 그에게 더 유리하다.

그는 자신의 진정한 능력이 있는 분야에서 더 숭고한 성공을 거둘 수 있다. 백만장자 중에는 셰익스피어의 문학적 성공이나 부처의 영적 성공을 수백만 달러와 기꺼이 맞바꾸려 할 사람이 많을 것이다. 또 그 거래가 자신에게 이득이 된다고 생각할 것이다. 보통을 뛰어넘는 정신적 성공은 부를 동반하는 경우가 거의 없지만, 금전적 성공은 그 위대함과 장엄함에 있어서 결코 정신적 성공에 필적할 수 없다.

그러나 나는 이 책에서 성인이나 영적 수양의 달인들이 거둔 성공보다는, 주로 보통 사람들의 복지, 안녕, 행복과 관련된 성공을 말한다. 이는 (현재의 일시적 성공인) 돈과도 어느 정도 관련 있지만 돈에만 국한되지 않고 인간의 모든 활동에 적용할 수 있는, 특히 번영의 다른 이름인 '평안', 그리고 행복의 다른 이름인 '만족'을 이끌어내는 개인과 환경의 조화에 관한 성공을 가리킨다.

그러면 이제 수많은 사람이 바라 마지않을 이 목표를 달성하기까지 여덟 가지 원칙이 어떻게 작용하는지, 번영의 지붕이 어떻게 세워지고 그것을 지탱하는 기둥 위에 안전하게 자리 잡는지 살펴보기로 하자.

2장

첫 번째 기둥
에너지

에너지는 모든 성취를 이루는 힘이다. 석탄은 불로 변하고, 물은 증기로 변한다. 이처럼 활력은 가장 평범한 능력을 활성화하고 강화하여 비범한 재능으로 탈바꿈한다. 둔한 사람의 마음에도 활력이 닿으면 여태껏 무기력하게 잠자고 있던 잠재력이 불로 변해 활활 타오를 것이다.

에너지는 도덕적 미덕이며, 이와 반대인 악덕은 게으름이다. 덕은 후천적으로 계발할 수 있고, 게으른 사람도 노력으로 활기찬 사람이 될 수 있다. 게으른 사람은 활력 넘치는 사람에 비해 활력이 거의 전무하다.

게으른 사람이 어떤 일을 어려워서 못 하겠다고 말하는

순간에도 에너지 있는 사람은 이미 그 일을 하고 있다. 게으른 사람이 잠에서 깨어나기 전에도 활동적인 사람은 이미 상당한 양의 일을 해낸다. 게으른 사람이 기회를 기다리는 동안, 적극적인 사람은 박차고 나가 대여섯 번의 기회를 잡고 활용한다. 그는 다른 사람이 졸린 눈을 비비고 있는 사이 직접 행동하는 사람이다.

에너지는 일차적인 힘이다. 모든 형태의 행동을 구성하는 기본 요소인 에너지가 없으면 아무것도 성취할 수 없다. 온 우주는 끊임없고도 불가사의한 에너지가 표출되는 공간이다. 에너지는 진정한 생명이며, 에너지 없이는 우주도 생명도 없을 것이다.

어떤 사람이 행동을 멈추고 몸이 움직이지 않고 모든 기능이 작동을 멈추면 우리는 그가 죽었다고 말한다. 그만큼 어떤 사람이 행동하지 않는다면, 그는 죽은 것과 마찬가지다. 인간은 정신적으로나 육체적으로나 행동하도록 태어났지, 팔자 좋게 늘어지라고 세상에 내보내진 것이 아니다.

몸의 모든 근육(힘을 쓰기 위한 지렛대)은 게으른 사람을 꾸짖는다. 모든 뼈와 신경은 저항력을 가지고 탄생했다. 모든 기능과 능력은 적절히 사용되기 위해 존재한다. 만물에는 존재 목적이 있고, 그것이 사용됨으로써 완성된다.

그러므로 게으른 자에게는 번영도 행복도 피난처도 휴식도, 심지어 자신이 그토록 탐내는 안락함도 없다. 결국 그는 집 없는 외톨이이며 근심, 걱정, 경멸에 둘러싸인 사람이다. 그래서 "게으른 자가 가장 힘든 일을 한다"라는 격언이 있다. 게으른 자는 체계적인 기술을 익히려 하지 않으니 가장 힘든 일을 맡는 결과를 자초한다.

그래도 잘못 쓰인 에너지가 전혀 사용하지 않는 에너지보다 낫다. 성 요한은 다음과 같이 강경하게 경고했다.

"네가 뜨겁지도 차갑지도 않고 미지근하니, 내 입에서 너를 토해낼 것이다."

여기서 뜨겁고 차가움의 양극은 좋은 측면과 나쁜 측면에서 변환하는 에너지의 힘을 상징한다.

미지근한 단계는 색깔도 생명도 쓸모도 없다. 이는 덕도 악덕도 아닌, 그저 열매 하나 열리지 않은 공허한 불모지와 같다. 자신의 넘치는 활력을 나쁜 목적으로 이용하는 사람은 자신의 이기적 목표를 달성하려고 노력하는 바로 그 힘으로 인해 시련, 고통, 슬픔을 자초할 것이다.

대신 그는 이 경험으로 교훈을 얻지 않을 수 없으므로, 결국 자신의 기본적인 행동을 완전히 바꿀 계기로 삼게 된다. 적절한 때가 오면, 즉 그의 정신적 눈이 뜨여 더 나은 목표를 추구하게 되면 그는 방향을 돌려 자신의 능력을 분출할 적절한 새 통로를 만들 것이다.

이후 그는 과거 악한 마음이 강했던 만큼, 선한 마음도 더욱 강해질 것이다. "죄가 많은 사람일수록 더 위대한 성인으로 거듭난다"라는 옛 격언이 이 진리를 아름답게 구체화한다.

에너지는 힘이다. 에너지가 없으면 어떤 것도 성취할 수 없고, 나아가 덕을 쌓을 수도 없다. 덕은 단순히 악을 행하지 않는 것을 넘어, 능동적으로 선을 행하는 것이 중요하기 때문이다. 노력해도 에너지가 부족해서 실패하는 사람들이 있다. 그들의 노력은 너무 미약해서 좋은 결과를 내지 못한다. 이런 사람들은 악하지도 않고 일부러 남에게 해를 끼치지 않는다는 점에서 보통 실패한 선한 사람으로 여겨진다.

그러나 해를 끼치려는 의지가 없다고 해서 반드시 선한 사람은 아니며, 그저 약하고 무력한 사람일 뿐이다. 악을 행할 힘이 있으면서도 자신의 에너지를 선한 방향으로 쓰겠다고 결심한 사람이 진정 선한 사람이다.

그러므로 어지간한 정도의 에너지도 없는 사람은 도덕적 힘도 없을 것이다. 동력이 없으면 기계가 돌아가지 않듯이, 에너지가 없으면 잠복해 잠자고 있는 선도 활동을 개시하지 않을 것이다.

물질적이든 정신적이든 관계없이 에너지는 삶의 모든 영역에서 영향력을 행사한다. 행동 개시는 군인에게만 중요한 것이 아니라 모든 영적 스승이 사고 수준과 관계 없이 말과 글로 강조해온 것으로, 사람들에게 잠자는 활력을 일깨우고 당면한 임무를 힘차게 수행하라는 촉구다.

관조와 명상의 스승들이 제자들에게 명상의 중요성을 끊임없이 일깨우는 것도 잠자는 에너지를 자극하고 현재 주어진 소임을 힘차게 수행하라는 메시지를 전하려는 것이다. 에너지는 삶의 모든 영역에서 똑같이 필요하다. 또한 '행동'의 교훈은 군인, 기술자, 상인에게 필요한 행동 규칙일 뿐 아니라 거의 모든 구세주, 현자, 성인이 강조해온 수칙이기도 하다.

한 위대한 스승이 제자들에게 가르친 "깨어 있으라"라는 교훈은 목적을 달성하려면 지치지 않는 활력이 필요하다는 뜻을 한마디로 압축하고 있다. 이는 판매원에게나 성자에게나 똑같이 유익한 조언이다.

한 스승은 "자유의 대가로 끝없는 주의가 필요하다"라고 말했다. 자유는 정해진 목적에 도달하는 것이다. 또 그는 "무슨 일이든지 해야 할 일이 있으면 당장 하라. 지금 힘차게 해치워라!"라고도 말했다. 이 조언에 담긴 지혜는 창의적 활동을 할 때나 활력을 적절히 사용할수록 증가하고 발전한다는 점을 생각할 때 더 빛을 발한다.

더 많은 에너지를 얻으려면 우리가 이미 가진 에너지를 최대한 활용해야 한다. 에너지는 오직 그 주인만의 것이며, 그 에너지로 어떤 일에 힘차게 착수하는 사람에게만 힘과 자유가 따라온다.

그러나 에너지가 생산적으로 쓰이려면 좋은 목적을 향해 나아가야 함은 물론 신중히 통제되고 보존되어야 한다. '에너지 보존 법칙'은 에너지가 낭비되거나 손실되지 않는다는 자연법칙을 가리키는 현대 용어로, 결국 에너지를 활용하려는 사람은 이 원칙에 따라 슬기롭게 일해야 한다.

소음과 재촉은 지나친 에너지 낭비다. "급할수록 돌아가라"라는 말이 있다. 소음이 극도에 달할수록 대개 성과는 최저가 된다. 말 많은 사람은 행동이 별로 없다. 증기는 빠져나갈 때 큰 소음을 내지, 열심히 작동할 때는 소리를 내지 않는다. 총알을 목표 지점까지 내보내는 힘은 조그만 탄약에서 나온다.

자신의 에너지를 보존하고 목표 달성에 집중함으로써 에너지를 강화하는 사람은 이에 반응해 침착하게 고요와 평온을 얻게 된다. 소리 지르기를 곧 힘의 과시로 여기는 것은 큰 착각이다. 허풍 떠는 사람은 어린아이보다 시끄럽다. 그는 육체적으로는 성인이지만 정신적으로는 어린아이에 불과하다. 아무것도 할 능력이 없고 보여줄 성과도 없다 보니, 자신이 과거에 무엇을 했고 무엇을 할 수 있는지 큰소리로 떠들어 대며 자신의 부족한 점을 메우려 한다.

"깊은 물은 잔잔히 흐르고" 거대한 우주의 힘은 소리를 내지 않는다. 고요한 곳에 가장 강력한 힘이 있다. 고요는 그 사람의 마음이 강하고, 잘 다스려지고, 인내심 있게 단련되었다는 확실한 증표다.

고요한 사람은 자신이 할 일을 알고 그 일에 자신감도 있다. 말수는 적은 대신 쓸데없는 말은 하지 않는다. 그는 꼼꼼히 계획을 짜고, 균형이 잘 잡힌 기계처럼 실행에 옮긴다. 또한 먼 길을 내다보고 목표를 향해 곧장 나아간다. 또 고난이라는 적을 친구로 바꾸고 자신에게 유리한 방향으로 활용한다. 그는 '자신을 방해하는 적과 화합하는' 법을 잘 터득했기 때문이다. 그리고 현명한 장군처럼 모든 긴급 상황을 예상해둔다. 한마디로 '사전에 준비가 잘된 사람'이다.

그는 심사숙고하며, 자신의 판단력을 믿고 어떤 돌발 상황에도 원인과 방향을 파악할 줄 안다. 결코 놀라거나 서두르는 법도 없다. 뚝심을 한결같이 지키며 자신의 믿음을 확신한다. 당신은 처음에 자신이 그 사람보다 낫다고 생각할지 몰라도, 곧 당신이 너무 서두르다가 실수하는 바람에 그 사람이 당신을 능가했다는 것을 깨달을 수도 있다.

당신은 고요를 원한다지만 오히려 서두르면서, 그를 궁지에 몰아넣기 위해 놓은 덫에 스스로 빠져들었다는 것을 알게 될 것이다. 당신의 충동은 그의 신중함과 적수가 되지 못해서 첫 공격에서부터 좌절된다. 당신의 고삐 풀린 에너지는 현명하게 방향 잡힌 그의 집중된 힘을 방해할 수 없다.

그는 '모든 면에서 무장'되어 있다. 자기 수양을 통해 정신적 무술을 연마한 그는 반대자와 맞닥뜨려도 반대자가 스스로 무너지게 한다. 누군가가 분노를 가득 담아 그를 꾸짖는다고 치자. 그러면 고요한 사람은 나긋나긋하면서도 뼈 있는 대답으로 응수해 상대의 어리석음을 정확히 꿰뚫을 것이다. 결국 불같이 화를 냈던 상대는 머쓱해져 후회의 잿더미 속으로 숨어버릴 것이다.

한편 누군가가 친한 척하며 상스럽게 접근하면, 고요한 사람은 차분한 반응으로 즉시 상대를 번쩍 정신이 들게 하고 겸연쩍게 할 것이다. 그는 모든 사건에 대비되어 있듯, 모든 사람에 대해서도 준비되어 있다. 하지만 그와 상대할 준비가 된 사람은 아무도 없다. 누구든 그의 앞에서는 약점이 드러날 수밖에 없다. 고요한 사람은 평온이 무의식적으로 몸에 배면서 단단해진 내면의 힘으로 명령을 내린다.

고요는 나른하게 늘어져 생명력 없는 상태가 아니라, 에너지가 고도로 집중된 상태다. 그 이면에는 사고의 집중이 있다. 동요와 흥분 속에서 정신은 흐트러진다. 흐트러진 정신에는 책임감도 없고, 힘도 무게감도 없다.

까다롭고 신경질적이고 짜증을 잘 내는 사람은 영향력이 없다. 그런 사람에게는 끌어당기는 힘이 아닌 밀어내는 힘이 있다. 그는 왜 '태평한' 이웃들이 성공하고 사람들의 관심도 받는지 의아해하는 한편, 본인은 늘 서두르고 걱정하고 괴로워하면서 그것을 노력으로 착각한다. 그러고는 실패하고 사람들에게 외면받는다.

사실 그의 이웃은 태평하다기보다는 고요한 사람이다. 즉 더 신중하고, 더 많은 일을 능숙하게 처리할 줄 알고, 더 침착하고 씩씩한 사람이다. 이것이 그의 성공과 영향력의 비결이다. 고요한 사람은 자신의 에너지를 직접 통제하고 사용하는 반면, 다른 사람은 에너지를 흩뜨리고 남용한다.

이처럼 에너지는 번영이라는 신전의 첫 번째 기둥이며, 활력이 없으면 번영은 있을 수 없다. 에너지가 없다는 것은 역량이 없다는 의미다. 즉 믿음직한 자부심과 독립심이 없다. 실업자 중에는 이렇게 기본 중의 기본인 일할 에너지도 없어 고용주의 눈에 부적격자인 사람이 많다.

하루에 몇 시간씩 길모퉁이에서 주머니에 손을 넣고 입에 파이프를 꼬나문 채 누군가에게서 맥주 한잔을 얻어 마시기만 기다리는 사람은 취업할 가능성이 희박함은 물론, 들어오는 일자리도 마다할 공산이 크다. 그의 몸은 축 늘어져 있고 마음은 동면에 빠져, 날이 갈수록 더욱 취업 부적격자가 되고 삶을 사는 것 자체가 힘겨워진다.

에너지 넘치는 사람은 일시적 실업과 고통의 시기를 겪을 수는 있지만, 영영 실업자로 남기란 불가능하다. 그는 일을 찾거나 자기 일을 시작해 성공할 것이다. 그에게 무기력하게 가만히 있는 것은 고통이지만 일은 즐거움이기 때문이다. 일하기 좋아하는 사람은 실업 상태에 오래 머물지 않는다.

게으른 사람은 취업하고 싶은 마음도 없다. 그가 자기 본성을 드러내는 때는 아무것도 하지 않을 때다. 주된 관심사는 '어떻게 해야 힘든 일을 안 할 수 있을까'다. 별생각 없이 무위도식하는 생활이 그가 생각하는 행복이다. 이런 사람은 고용주 입장에서 채용 부적격자다.

모든 실업을 부자 탓으로 돌리는 극단적 사회주의자라도 자기 직원이 게으르고 태만하고 도움이 안 된다면 그를 해고해서 실업자 수를 한 명 더 늘리는 데 일조할 것이다. 게으름은 활동적이고 마음이 곧은 사람이면 누구나 싫어하는 저급한 악덕이다.

그러나 에너지는 복합적인 힘이지, 외따로 떨어져 있는 것이 아니다. 그 안에는 활기찬 성격을 형성하고 번영에 도움이 되는 자질이 포함되어 있다. 에너지는 크게 다음 네 가지로 이루어진다.

- 민첩성
- 경각심
- 근면
- 성실

에너지라는 기둥은 네 가지 요소로 구성된 콘크리트 덩어리라고 보면 된다. 그들은 어떤 역경에도 끝까지 견딜 수 있을 만큼 튼튼하게 설계되었다. 이들은 모두 생명력, 힘, 능력, 자기 발전에 이바지한다.

'민첩성'은 귀중한 특성으로, 신뢰의 근원이다. 기민하고 민첩하며 시간을 엄수하는 사람은 신뢰를 받는다. 그들은 자신의 의무를 수행하고 그 일을 힘차고 훌륭하게 완수하는 믿음직한 존재다.

민첩한 고용주는 직원들에게는 활력소가 되고 일하기 싫어하는 사람들에게는 채찍이 된다. 따라서 다른 방법으로는 스스로 기강을 잡지 않을 법한 사람들에게 건전한 훈육 수단이 된다. 이렇게 그들은 자신의 기량 향상과 성공을 돕는 동시에 다른 사람들의 기량 향상과 성공에도 기여한다.

항상 늑장 부리고 지각을 일삼으며 형식적으로만 일하는 직원은 제 발로 나가지 않는 이상 다른 사람에게 폐가 된다. 그가 제공하는 서비스는 경제적 가치도 거의 없다.

민첩성과 보완 관계에 있는 신중성과 신속성은 번영을 달성하는 데 귀한 도움을 준다. 일반적인 사업 활동에서 의욕적 태도가 비용을 아끼는 힘이라면, 재빠른 행동력은 이익을 가져다주는 힘이 있다. 미루기 좋아하는 사람 중에 사업에서 성공한 적이 있는지 의문이다. 나는 아직 그런 사람을 본 적 없지만, 실패한 사람은 많이 보았다.

'경각심'은 마음의 모든 힘과 능력을 감시하는 것이다. 그 어떤 격렬하고 파괴적인 요소도 마음에 발을 들이지 못하게 막는 탐지기 역할을 한다. 또한 경각심은 모든 성공, 자유, 지혜의 가까운 동반자이자 보호자이기도 하다. 이처럼 마음을 조심하지 않으면 어리석은 사람이 되고, 어리석은 사람에게 번영은 없다.

어리석은 사람은 스스로를 괴롭히는 저열한 생각과 요동치는 감정으로 인해 마음이 헝클어지고 품위와 평정심, 판단력을 잃는다. 이런 사람은 경각심이 전혀 없어서 모든 악의 침입자에게 마음의 문을 열어둔다. 그리고 워낙 약하고 불안정해서 자신을 덮치는 모든 충동에 균형을 잃는다.

그는 다른 사람들에게 자신처럼 되면 안 된다는 것을 보여주는 반면교사다. 게다가 항상 실패한다. 어리석은 자는 모든 사람에게 폐를 끼치며, 어떤 사회에서도 존경받을 수 없다. 지혜가 힘의 절정이라면, 반대편에 있는 무지는 나약함의 극단이다.

경각심이 없는 사람은 일상의 구석구석에서 경솔하고 전반적으로 느슨한 것이 특징이다. 경솔은 한마디로 어리석음의 다른 표현이다. 또 많은 실패와 불행을 일으키는 주 원인이기도 하다.

어떤 식으로든 사회 공헌과 자신의 번영을 목표로 하는 사람은(사회의 유능한 일원이 되는 것이나 자신의 개인적 번영이나 모두 거저 주어지지 않는다) 자신의 행동, 그리고 그 행동이 다른 사람에게 미치는 영향과 그들의 반응을 통해 자신에게 되돌아올 영향에 무심해서는 안 된다. 경력을 처음 시작할 때부터 뚜렷한 책임감이 있어야 한다. 어떤 위치에 있든(가족의 일원, 회계사, 설교자, 가게 주인, 교사, 점원으로서든, 혼자 있든 여럿이 있든, 그리고 일할 때든 놀 때든) 자신의 행동이 경력에 좋거나 나쁜 영향을 상당히 미칠 것이라는 점을 알아야 한다.

한 사람의 행동은 남녀노소를 불문하고 그 행동을 본 상대방에게 은근히 영향을 미쳐 특정한 인상을 남기고, 그 인상은 서로에 대한 사람들의 태도를 결정하는 요소가 된다. 바로 이 이유로 어떤 사회에서나 예의범절이 중요한 역할을 한다.

만약 당신이 남에게 불안이나 불쾌감을 줄 수 있는 정신적 결함을 지니고 있다면, 그것 때문에 당신의 생활이 지장을 받는다고 굳이 거론하거나 알리지 않아도 다 드러난다. 강력한 산성 물질이 최상급 강철을 부식시키듯, 정신적 부식성도 당신의 모든 노력을 잠식하고 행복과 번영을 훼손할 것이다.

반면 당신이 자신감 있고 원만하며 뛰어난 인성을 지니고 있다면, 주변 사람들은 당신의 성격이 어떤지 머리로 이해할 필요 없이 자연히 당신에게 감화받는다. 대개 그들은 왠지 모르게 당신에게 호감을 느끼고 끌릴 것이기 때문이다.

훌륭한 성품은 당신의 모든 일상사에서 가장 강력한 강점이 되고, 그로 인해 친구와 기회가 늘어날 것이며, 모든 사업이 성공하는 데 큰 도움이 될 것이다. 그 성품이 당신의 사소한 약점을 충분히 바로잡아주고, 수많은 결점을 상쇄할 것이다.

이렇게 우리는 자신이 주는 만큼 세상으로부터 받는다. 악에는 악으로, 선에는 선으로 보답받는다. 잘못된 행동에는 사람들의 무심한 반응과 불완전한 성공이 따른다. 훌륭한 행동에는 지속적인 힘과 완전한 성취가 온다. 우리의 행동에 세상은 반응한다. 어리석은 사람은 실패할 때 남을 탓하고 자기 자신에게서는 아무 잘못도 찾아내지 못한다. 그러나 현명한 사람은 자신을 돌아보고 잘못을 고치므로 성공이 보장된다.

경각심과 조심성이 있는 사람은 그 성격이 자신의 목표를 달성하게 해줄 귀중한 자산이 된다. 모든 경우와 모든 기회에, 그리고 자기 성격의 온갖 결점에 맞서 경계를 늦추지 않고 정신을 바짝 차리며 늘 준비된 사람을 과연 어떤 사건, 어떤 상황, 어떤 적수가 압도할 수 있겠는가? 정당한 목표를 추구하는 그의 앞길을 그 무엇이 막을 수 있겠는가?

'근면'은 기쁨과 풍요를 가져다준다. 기분 좋게 열심히 일하는 사람들은 지역사회에서 가장 행복한 구성원이다. 부자가 돈이 많은 사람을 가리킨다면 근면한 사람이 반드시 부자인 것은 아니다. 그러나 그들은 항상 마음이 가쁜하고 즐거우며, 자신이 하는 일과 가진 것에 가장 만족한다. 따라서 부자의 의미를 축복이 가득한 자로 규정한다면, 그들은 부자다. 활동적인 사람들은 시무룩하고 뚱하게 앉아 있을 시간도, 자신의 아픔이나 고뇌로 혼자만의 생각에 잠길 시간도 없다.

가장 자주 사용되는 물건이 밝게 빛나듯, 가장 활발히 움직이는 사람이 밝고 긍정적인 기운을 내뿜는다. 물건은 사용하지 않으면 금세 변색한다. 그리고 시간을 축내는 사람은 권태와 병적인 공상에 휩싸인다.

"시간을 때운다"라고 말하는 사람은 자신의 무능을 고백하는 셈이다. 지식이 넘쳐나는 세상에서 짧은 인생을 사는 동안에도 냉철한 머리와 따뜻한 가슴으로 매일 매 순간을 유용하고 행복하게 보낼 수 있는 사람들이 있다. 그들에게 시간이란 하고 싶은 일을 모두 하기에는 너무 짧은 것이다.

근면 역시 건강을 증진하고 삶의 질을 높인다. 활동적인 사람은 매일 밤 피곤한 상태로 잠자리에 든다. 그만큼 그는 잠을 달콤하게 푹 잘 수 있고, 이른 아침 또 다른 하루를 즐겁게 시작하고 열심히 일하고자 상쾌한 기분으로 일어난다. 이런 사람은 식욕과 소화력도 좋다. 오락 시간에는 분위기를 띄우고, 힘들게 일하는 시간에도 기운을 돋우는 역할을 한다.

이런 사람이 우울하고 울적할 틈이 있겠는가? 그렇게 우울하고 울적한 영혼들은 주로 일은 거의 안 하고 식사는 배 터지게 하는 사람들 사이에서 볼 수 있다. 공동체에 도움이 되는 사람들은 그만큼 공동체로부터 건강, 행복, 번영 등의 도움을 온전히 돌려받는다. 이들은 평범한 일상사를 밝게 빛내고 세상을 부지런히 돌아가게 한다. 그야말로 나라의 보배요, 세상의 소금 같은 사람들이다.

한 위대한 스승은 "성실은 불멸로 가는 길이다. 성실한 사람은 죽지 않고, 방만한 사람은 이미 죽은 것과 같다"라고 말했다(『법구경』 제2장 - 옮긴이). '성실'은 어떤 일에 온 마음을 다해 헌신하는 것을 말한다. 우리는 활동함으로써만 살아 있을 수 있다. 성실한 사람들은 자신이 하는 모든 일에서 최고 수준에 이르지 않으면 만족하지 못하기에 언젠가는 자기 분야에서 최고의 경지에 도달한다.

세상에는 자기 일에 무관심하고 성의 없는 사람이 너무 많고, 그들은 형편없는 성과에도 만족한다. 그러다 보니 성실한 사람들이 그들과 대조를 이루어 더욱 빛을 발한다. 방만한 사람들은 사회에 봉사하고 도움이 되는 성실한 사람들과 비교해 항상 '빈구석'이 많다.

진실로 성실한 사람치고 각자 자기 영역에서 제 역할을 성공적으로 수행하지 못한 사람은 지금까지 없었고 앞으로도 없을 것이다. 그런 사람은 꼼꼼하고 신중하며 근면해서 최선을 다하기 전까지는 편히 쉴 틈이 없다. 그리고 온 세상은 항상 최선을 다하는 사람에게 보상하기 위해 눈여겨본다. 즉 물질적, 지적, 정신적으로 탁월한 경지에 오른 사람에게 돈, 명성, 친구, 영향력, 행복, 기회, 생명 등 어떤 형태로든 충분한 대가를 지급하려고 항상 준비한다.

당신이 상점 주인이든 영적 스승이든, 누구라도 자신이 최선을 다해 노력한 결실을 세상에 충분히 선사할 수 있으니 의심하거나 걱정하지 않아도 된다. 당신의 성실이 남긴 흔적이 당신이 만든 물건에 새겨지거나 당신의 언행에 녹아들었다면, 사업도 번창하고 자신의 신조도 쭉 지킬 수 있을 것이다.

성실한 사람들은 자신의 일과 인격 양쪽에서 빠르게 발전한다. 그리하여 그들은 '죽지 않고' 영원히 산다. 정체는 곧 죽음일 뿐이다. 끊임없이 정진하고 최고를 향해 발전하는 사람은 에너지와 생명력이 정체와 죽음을 집어삼킨다.

지금까지 첫 번째 기둥의 제작과 석공 과정을 설명했다. 이 기둥을 견고하게 잘 곧추세우는 사람은 인생에서 강력하고 지속적인 지지대를 얻는 것과 다름없다.

그러니 인생에 활력을 불어넣어 삶의 지평을 넓히자. 가만히 앉아 하루를 무의미하게 보내는 사람은 시간의 늪에 빠져 점점 자신이 중요하게 생각하는 가치관을 잃을 것이다. 성실함의 중요성을 깨닫고 성과를 이끌어내고 싶어 하는 의지를 갖춘 자라면, 활력이 있는 인생을 끌어당길 것이다.

3장

두 번째 기둥
절약

자연은 진공을 싫어한다고 한다. 또한 자연에 낭비란 있을 수 없다(아리스토텔레스의 말—옮긴이). 우리의 신성한 자연은 모든 것을 보존하고 좋은 목적으로 활용한다. 하물며 배설물도 화학적으로 전달되어 새로운 형체의 탄생에 활용된다. 자연은 모든 더러움을 완전히 제거하는 것이 아니라 변형하고 정화하고 보기 좋게 함으로써 그것이 아름답고 유용하고 선한 목적에 이용되도록 한다.

절약은 보편적 자연법칙이자 인간의 도덕적 특성이다. 또한 절약은 인간이 자신의 에너지를 보존하고 자연법칙상 노동의 주체로서 자기 위치를 지키는 자질을 가리킨다.

금전적 의미의 절약은 단지 이 원칙의 단편일 뿐이다. 즉 금전적 절약은 원래 순전히 정신적이었으나 물질적 형태로 변형된 절약이다. 금전적 절약가는 구리를 은으로, 은을 금으로, 금을 지폐로 교환하고 다시 그 지폐를 은행 계좌에 찍힌 숫자로 바꾼다. 돈을 더 쉽게 전달할 수 있는 형태로 바꿈으로써 금전 관리의 승자가 된다.

정신적 절약가는 격정을 지성으로, 지성을 원칙으로, 원칙을 지혜로 변환한다. 그 지혜를 행동으로 표출하는 사람은 드물지만 일단 행동이 되면 강력한 효과를 발휘한다. 정신적 절약가는 이 모든 변형 과정을 거쳐 인격 수양과 인생살이의 양쪽에서 승자가 된다.

진정한 절약은 물질적이든 정신적이든 모든 면에서 낭비와 인색 사이의 중간 지점이다. 돈이든 정신력이든 낭비는 힘을 앗아간다. 반대로 자기 혼자 무언가를 쌓아두고 독차지하는 것 역시 힘을 소진하는 행위다. 금전적으로든 정신적이든 힘을 확보하려면 일단 한곳에 모아야 하지만 그다음에는 적절한 사용이 뒤따라야 한다. 돈도 에너지도 모으는 과정은 단지 수단일 뿐, 결국은 소비해야 한다. 그리고 힘은 오직 올바른 사용을 통해서 나온다.

절약은 '돈, 음식, 옷, 오락, 휴식, 시간, 에너지'라는 일곱 가지 요소에서 중도를 찾는 것이라 볼 수 있다.

'돈'은 교환의 상징이자 구매력을 나타낸다. 금전적 부를 얻고자 하거나 빚을 지기 싫은 사람은 수입에 따라 지출을 어떻게 배분할지 연구해서, 앞으로 계속 늘어나게 될 운전 자금 중 여윳돈을 남기거나 비상 상황에 대비할 약간의 저축을 확보해야 한다.

쓸모없는 쾌락이나 위험한 사치 등을 위한 무분별한 지출은 돈을 낭비하고 힘을 파괴하는 행위다. 정당하고 도덕적인 소비를 할 수단과 능력으로서의 돈은 비록 제한적이고 부차적이기는 해도 우리 일상생활의 구석구석까지 파고든다는 점에서 일종의 힘이다. 낭비벽이 있는 사람은 결코 부자가 될 수 없고, 처음부터 부자였던 사람이라면 곧 가난해질 것이다.

구두쇠는 아무리 많은 금을 모아도 부자라고 볼 수 없다. 그는 스스로 아직 돈이 부족하다고 느끼고, 쓰지 않아 놓고 있는 금은 사실상 구매력을 상실했기 때문이다. 검소하고 신중하게 소비하는 사람은 부로 향하는 길을 뚜벅뚜벅 걸어간다. 그들은 현명하게 소비하면서 꼼꼼하게 저축하고, 그동안 늘어난 부를 바탕으로 영향력도 더욱 확대된다.

가난한 사람이 부자가 되려면 밑바닥부터 시작해야 한다. 자기 분수를 훨씬 넘어서는 일을 시도해 부자처럼 보이려고 하거나 보이기를 바라지 말아야 한다. 밑바닥에는 항상 충분한 기회와 여지가 있다. 그리고 아래에는 아무것도 없는 반면 위에는 모든 것이 있으므로, 밑바닥은 시작점으로 삼기에 안전한 위치다.

젊은 사업가 중에는 어리석게도 과시하고 허풍을 떨어야 성공할 수 있다고 착각했다가 곧 좌절에 빠지는 경우가 많다. 사실 이 몰락을 이끈 장본인은 그 누구도 아닌 자기기만에 빠진 자신이다.

어떤 분야에서든 겸손하고 정직하게 시작하는 것이 자기 위치와 능력을 부풀려서 광고하는 것보다 더 나은 성공을 보장할 것이다. 자금이 적을수록 사업도 소소하게 시작해야 한다. 자금의 액수와 사업의 활동 반경은 손과 장갑 같은 관계여서 서로 맞아야 한다.

자신이 가진 자금을 지금 활용할 수 있는 역량의 범위 안으로 집결하라. 그 범위가 당장 아무리 제한적이더라도 점점 더 탄력을 받아 그 힘은 계속 영역을 넓히고 확장될 것이다. 무엇보다 구두쇠가 되거나 돈을 흥청망청 쓰는 양극단에 이르지 않게 항상 조심해야 한다.

'음식'은 생명력, 활력, 체력, 정신력의 근원이다. 다른 모든 것과 마찬가지로, 먹고 마시는 데도 중용이 필요하다. 번영을 이루고자 하는 사람은 영양을 잘 섭취해야 하지만 과식은 금물이다.

성미가 인색하거나 금욕주의를 실천하느라(절약이 잘 못 구현된 두 가지 예) 스스로 굶주리는 사람은 정신적 에너지를 떨어뜨리고 몸을 너무 허약하게 하므로 어떤 커다란 성취도 이루기 힘들어진다. 그런 사람은 마음도 병들어서 실패하기 쉬운 여건에 놓이게 된다.

반대로 식탐꾼은 절제할 줄 몰라서 자신을 망가뜨린다. 짐승처럼 비대해진 몸은 질병을 일으키고 내부를 오염시키는 독소의 저장고가 된다. 정신은 점점 더 포악하고 혼란스러워져 결국 더 무능해진다. 폭식은 가장 저급하고 짐승에 가까운 악덕이며, 중도를 걷고자 하는 모든 사람을 불쾌하게 하는 습관이다.

최고의 일꾼이자 가장 성공한 사람은 식생활에서도 누구보다 절도를 지킨다. 과식하지 않으면서 충분한 영양소를 섭취해 심신을 최대한 건강하게 유지한다. 이처럼 절제의 미덕을 잘 아는 사람은 인생의 투쟁에서 활기차고 즐겁게 싸울 수 있다.

'옷'은 몸을 가리고 보호하는 역할을 하지만, 그 소박한 본 기능에서 벗어나 종종 쓸데없는 과시 수단으로 변질되기도 한다. 여기서 피해야 할 두 가지 극단은 태만과 허영이다. 복장 관습은 무시할 수 없고 무시할 필요도 없다. 제일 중요한 건 깔끔한 옷차림이다. 매무새가 잘못되었거나 단정치 못한 사람은 실패하고 사람들이 등을 돌리기 쉽다.

옷은 입은 사람의 현재 위치와 조화를 이루고, 품질이 좋으며, 격식에 잘 맞아야 한다. 별로 낡지 않은 옷이라면 금방 버릴 게 아니라 잘 입어야 한다. 가난해서 낡아 빠진 옷을 입더라도 옷과 몸 전체를 깨끗하고 단정하게 유지하면 자존감도 남의 존경도 지킬 수 있을 것이다.

허영과 그로 인한 의복의 과도한 사치는 덕망 있는 사람들이라면 신중히 피해야 할 악이다. 내가 아는 한 여성은 옷장에 40벌의 드레스를 구비해놓았다. 또 어떤 남성은 지팡이와 모자를 각각 20점 정도 소유하고 10여 벌의 레인코트를 가지고 있었다. 또 다른 사람은 20~30켤레의 부츠를 보유했다.

이처럼 불필요한 옷더미에 돈을 펑펑 쓰는 부자들은 가난을 재촉하고 있다. 그들의 행위는 낭비이고, 낭비는 궁핍을 낳는다. 그렇게 경솔하게 쓰인 돈은 더 생산적으로 사용될 수도 있었을 것이다. 고통받는 자는 도처에 널려 있으니, 그만큼 그들에게 베푸는 자비는 고결한 법이다.

옷과 장신구를 눈에 띄게 과시하는 것은 저속하고 공허한 마음을 표시한다. 겸손하고 품위 있는 사람들은 수수하고 자신에게 맞는 옷차림을 하며, 남는 돈은 교양과 미덕을 더욱 향상하는 데 현명하게 사용한다. 그들에게는 불필요하고 허울뿐인 옷보다 교육과 자기 발전이 더 중요하므로 문학, 예술, 과학을 중시한다.

진정한 품격은 마음과 행동, 그리고 덕스럽고 지성적인 인품에서 나온다. 겉모습을 치장하고 과시하는 것은 매력을 오히려 손상할 순 있어도 매력도를 높이는 데 도움이 되지 않는다. 쓸데없는 몸치장에 소비할 시간은 더욱 유익한 곳에 쓸 수 있다. 다른 것들도 마찬가지지만, 옷차림도 간소할수록 가장 좋다. 간소한 옷차림은 유용하고 편안할 뿐 아니라 신체적으로도 더 우아해 보인다. 그리고 그 사람의 진정한 안목과 수준 높은 세련미를 표현한다.

'오락'도 살면서 꼭 필요하다. 모든 사람은 인생의 주된 목적으로 어떤 확실한 일을 하고 그 일에 상당한 시간을 할애해야 한다. 그리고 주어진 한정된 시간에만 그 일에서 벗어나 오락과 휴식을 즐겨야 한다.

오락의 기능은 몸과 마음의 활력을 높여 생업에 쏟는 힘을 보충할 수 있게 하는 것이다. 고로 오락은 목적이 아닌 수단이다. 이 점을 꼭 명심해야 하는 이유는 어떤 오락은 그 자체로 순수하고 건전한 수단임에도 워낙 재미있어서, 일보다 오락이 인생의 주목적이 되어버린 사람이 많기 때문이다.

다른 인생의 목표 없이 삶을 놀이와 쾌락 추구의 무한 반복으로 채우는 것은 한마디로 삶을 망치는 길이며, 이는 생활을 단조롭고 무기력하게 한다. 그렇게 사는 사람은 모든 인류 중 가장 불행하며 지루함, 권태, 짜증에 시달린다.

양념은 음식을 먹음직스럽게 하는 것이지 그 자체로 주식은 아니듯, 취미가 주된 일이 되어버린 사람은 불행해진다. 인간은 하루의 임무를 다한 후에야 자유롭고 가벼운 마음으로 여가 활동에 전념할 수 있다. 일과 오락이 둘 다 행복의 원천이 되어야 옳다.

특히 일이나 오락의 어느 한쪽에 모든 시간을 할애하는 것이 아니라 적시 적소에 일과 오락을 할당하는 것이 진정한 절약이다. 이런 식으로 생활에 전환을 주는 것은 긴 인생과 보람찬 삶에 필수다.

유쾌한 전환 행위는 모두 오락이라 볼 수 있다. 정신노동자는 정해진 시간에 일을 잠시 내려놓고 편안하고 기분 전환이 되는 오락을 즐기면 그 후 본업도 더 많이, 더 생산적으로 수행할 수 있다. 육체노동자는 취미나 자기 계발 삼아 어떤 것을 학습한다면 여러모로 도움이 될 것이다.

우리는 먹고 자고 쉬는 데 모든 시간을 소비하지 않듯 운동이나 놀이에 시간을 다 써서도 안 된다. 대신 오락 활동은 우리 삶에서 천연 강장제 역할을 할 수 있도록 적절한 선에서 행해야 한다.

'휴식'은 고된 노동 후 재충전하는 시간이다. 자신을 소중히 하는 사람은 누구나 매일 충분한 노동을 해서 밤에 편안하고 달콤한 잠을 잔 후 아침에는 상쾌하고 기분 좋게 일어날 수 있도록 해야 한다.

잠은 충분히 자야 하지만 너무 많이 자면 안 된다. 수면 부족도 지나친 수면도 둘 다 해롭다. 잠을 얼마나 자야 하는지 알아내기는 쉽다. 일찍 자고 일찍 일어나기 시작하면 (오래 자는 버릇이 몸에 뱄다면 기상 시간을 매일 조금씩 앞당겨보라), 피로가 완전히 풀리는 데 필요한 시간을 금방 정확히 파악하고 그에 따라 수면 시간을 조절할 수 있다. 수면 시간을 줄이면 더 깊고 달콤한 잠을 잘 수 있으며, 아침에는 더 맑고 상쾌한 기분으로 일어날 수 있다.

자기 일에서 성공하고 싶은 사람들은 편히 살겠다는 비천한 생각이나 잠을 실컷 자고 싶다는 유혹에 굴복해서는 안 된다. 인생의 진정한 목적은 안락이 아니라 유익한 노동이며, 안락은 노동이라는 목적에 도움이 되는 한에서만 좋은 것이다.

게으름과 번영은 결코 공존할 수 없음은 물론, 오히려 서로를 밀어내는 관계에 있다. 게으른 사람은 절대 성공할 리가 없지만, 빨리 실패하고 패배자로 전락하기는 쉽다.

휴식은 우리가 더 열심히 일하기 위한 준비 과정이지, 실 컷 게으름을 피우기 위한 것이 아니다. 몸의 원기가 회복 되면 휴식의 목적은 달성된 것이다. 노동과 휴식이 완벽히 균형을 이루면 건강, 행복, 번영에 큰 도움이 된다.

'시간'은 모든 사람이 평등하게 소유하는 것이다. 누구 에게도 하루가 더 길게 주어지지 않는다. 그러므로 귀중한 시간을 무익하게 낭비하지 않도록 주의해야 한다. 방종과 쾌락으로 시간을 보내는 사람은 이내 자신이 늙어가는 가 운데 이루어놓은 성과는 아무것도 없음을 깨닫게 된다.

흘러가는 시간의 매 순간을 영양가 있게 꽉꽉 채우는 사람은 점잖고 지혜롭게 나이 들며, 번영이 그에게 따라온 다. 낭비한 돈은 다시 벌면 되고, 나빠진 건강도 회복할 수 있다. 하지만 흘려보낸 시간은 결코 되돌릴 수 없다.

"시간은 돈이다"라는 옛말이 있다. 마찬가지로 시간은 어떻게 사용되느냐에 따라 건강, 힘, 재능, 재간, 지혜도 될 수 있다. 그리고 시간을 제대로 활용하려면 매 순간을 붙 잡아야 한다. 지나간 시간은 결코 돌이킬 수 없다. 하루를 여러 부분으로 쪼개서 일, 여가, 식사, 오락 등 모든 일을 적절한 시간대에 처리해야 한다.

그리고 '준비'하는 시간도 간과하거나 무시할 수 없다. 무슨 일을 하든지 그 일을 본격적으로 시작하기 전에 하루 중 약간의 시간을 마음의 준비에 할애한다면 그 일을 더욱 성공적으로 잘해낼 것이다.

일찍 일어나 오늘 할 일을 생각하고 계획하는 사람은 숙고하고 고민하며 예측하는 습관이 있을 테고, 최대한 늑장을 부리다 아침 먹기 직전에 겨우 침대에서 일어나는 사람보다 항상 자신의 목표에 있어서 더 능숙해지고 더 큰 성공을 거둘 것이다. 이렇게 아침 식사 전에 한 시간 동안 하루를 준비하는 습관은 자신의 노력이 결실을 맺기까지 가장 커다란 효과를 발휘할 것이다. 그렇게 하면 마음이 진정되고 맑아지며, 에너지를 한곳에 모아 더욱 강력하고 효과적인 힘으로 만들 수 있다.

가장 훌륭하고 오래가는 성공을 이루려면 아침 8시 이전을 어떻게 보내는지가 관건이다. 다른 모든 조건이 동일할 때, 6시에 일을 시작하는 사람은 8시까지 자는 사람보다 항상 훨씬 앞서 있을 것이다. 과도한 수면은 인생이라는 경쟁에서 굉장히 불리하게 작용한다.

잠꾸러기들은 일찍 일어나는 경쟁자보다 매일 두세 시간 늦게 일과를 시작한다. 그렇게 자신의 시간에 스스로 제약을 가해서야 어떻게 성공할 수 있겠는가? 매일 두세 시간씩 남보다 먼저 하루를 시작하는 습관이 쌓이고 쌓이면 1년 후 성공의 결실로 나타난다. 그렇다면 20년 정도 지났을 때 두 사람 간 격차는 어떻게 되겠는가!

잠꾸러기는 일어난 후 늦잠 잔 시간을 만회하느라 늘 서두르고, 그러는 과정에서 더 많은 시간을 낭비한다. 일찍 일어나 시간을 절약하는 사람은 서두를 필요가 없다. 그는 항상 정해진 시간보다 앞서 일을 완수하고, 늘 자기 일을 충실히 잘해낸다. 그는 시간의 여유가 있으니 침착하고 신중하게 행동할 수 있고, 주어진 모든 일을 꼼꼼히 잘 처리한다. 결국 그의 좋은 습관은 행복한 마음이라는 형태로 나타나고, 더 크게는 일을 능숙하게 성공적으로 수행하는 형태로 결실을 맺을 것이다.

시간을 절약하기 위해서는 삶에서 가지치기해야 할 것이 많다. 각자 아끼거나 간직하고 싶거나 추구하는 것 중 일부를 더 중요한 인생 목표를 위해 희생해야 한다. 일상 생활에서 중요하지 않은 것들을 파악해 제거하는 일은 어떤 위대한 성취를 위해서든 꼭 필요하다. 모든 위인은 이런 절약을 능숙히 수행해서 그만큼 위대해질 수 있었다.

가지치기도 마음과 언행에서 불필요하고 목표를 방해하는 모든 것을 제거하므로 일종의 절약이다. 어리석고 실패한 사람들은 되는대로 경솔하게 말을 내뱉고 행동하며 좋은 생각, 나쁜 생각, 그 외 잡생각을 가리지 않고 자기 마음속에 들여놓는다.

진정한 절약가는 자신의 삶에서 유용한 것을 제외한 모든 것을 체로 걸러낼 줄 안다. 또한 꼭 필요한 말과 행동만 하기 때문에 마찰과 힘 낭비를 최소화한다. 일찍 자고 일찍 일어나는 것, 그리고 매 순간을 목적의식과 영양가가 있는 행동으로 채우는 것이 진정 시간을 절약하는 길이다.

'에너지'를 절약하려면 좋은 습관을 형성해야 한다. 모든 악은 에너지를 무모하게 소비해서 생긴다. 올바른 방향으로 보존하고 사용한다면 커다란 성공으로 이끌기에 충분한 양의 에너지도 나쁜 습관 때문에 하염없이 낭비되기 일쑤다.

앞서 살펴본 6가지 절약을 실천한다면 에너지 보존에 큰 도움이 될 것이다. 그러나 더 나아가 모든 형태의 육체적 방종과 불순한 행위를 자제함으로써 자신의 에너지가 허투루 쓰이지 않게 계속 주의해야 한다.

또한 조바심, 걱정, 흥분, 낙담, 분노, 불평, 질투 등 정신적 악은 마음을 지치게 하고 중요하거나 훌륭한 일을 성취할 역량을 떨어뜨리니 역시 경계할 필요가 있다. 이러한 정신적 악은 마음이 흐트러진 사람들에게서 흔히 볼 수 있는 것으로, 인격을 갖춘 사람이라면 이런 감정을 피하고 극복할 방법을 항상 고민해야 한다.

화를 자주 참지 못할 때 낭비되는 에너지를 잘 다스리

고 조절한다면 정신력이 강해지고 인격 면에서나 성과 면에서나 큰 힘을 얻을 것이다. 화가 나 있는 사람은 본래 강인한 사람이었다가 정신력이 소진되어 약해진 경우다. 그는 자신의 진정한 힘을 나타내려면 자제력이 필요하다.

마음이 고요한 사람은 화가 나 있는 사람보다 매사에서 항상 앞서며, 성공과 평판에 관해서도 그를 능가한다. 나쁜 습관에 물들거나 마음을 나쁜 방향으로 기울게 하는데 에너지를 쏟아도 괜찮은 사람은 아무도 없다. 아무리 사소해 보여도 모든 악덕은 인생의 싸움에서 불리하게 작용한다. 또 모든 방종은 어떤 문제나 약점의 형태로 자신에게 돌아와 해를 입힌다.

인간은 방탕하거나 저급한 성향에 영합할 때마다 발전과는 점점 멀어지며, 자신이 이루고자 하는 하늘 높은 소망을 향해 올라가기 어려워진다. 반면에 자신의 에너지를 아끼고 인생의 중요한 목표에 집중하는 사람은 급속히 발전하며, 어떤 일이 있어도 성공이라는 황금 도시에 반드시 도달할 것이다.

절약은 단순한 돈 절약보다 훨씬 더 심오하고 광범위하다. 그리고 우리 본성의 모든 부분과 우리 삶의 모든 국면에 영향을 미친다. "푼돈을 소중히 여기면 저절로 큰돈이 모인다"라는 속담이 이 교훈을 잘 알려준다.

저차원의 감정인 격정은 원시적 에너지이므로, 이를 남용하는 것은 바람직하지 않다. 이 에너지를 잘 관리하고 비축하고 변형시켜 훌륭한 인품으로 재탄생하게 할 수 있다. 이 귀한 에너지를 악의 추구에 낭비한다면 푼돈을 낭비하는 셈이고 결국 나중에 큰돈을 잃게 된다. 그러나 에너지를 선용한다면 푼돈 같은 격정을 아껴뒀다가 선이라는 황금을 얻는다. 이렇게 작은 에너지부터 소중히 하면, 더 높은 목표도 저절로 성취될 것이다.

튼실하게 세워진 절약의 기둥은 크게 다음 네 가지 특성으로 구성된다.

- 절제
- 효율성
- 지략
- 독창성

'절제'는 절약의 중요한 핵심이다. 모든 일에서 극단을 피하고 중도를 지킨다는 뜻이다. 절약에는 불필요하고 해로운 것을 삼가는 것도 포함한다. 악은 곧 과잉이기 때문에 악한 것과 절제는 절대 어울릴 수 없다. 진정한 절제를 위해서는 악을 멀리해야 한다. 불을 올바르게 사용하려면 손을 집어넣을 게 아니라 안전한 거리를 두고 손을 들이대어 따뜻하게 해야 한다.

악은 손만 대도 화상을 입힐 수 있는 불과 같다. 사치는 위험하므로 거들떠보지도 않는 게 상책이다. 담배, 음주, 도박, 그 외 흔한 악덕은 수많은 사람에게 질병, 불행, 실패를 안기기만 했지, 건강, 행복, 성공에 도움이 된 적은 단 한 번도 없다. 악을 멀리하는 사람은 악을 추구하는 사람보다 항상 위에 있을 것이다. 두 사람의 재능과 기회는 같은데도 말이다.

건강하고 행복하고 오래 사는 사람들은 습관이 항상 온건하고 절제되어 있다. 절제는 생명력을 보존하고, 무절제는 생명력을 파괴한다. 또한 생각을 절제하고, 격정과 감정을 누그러뜨리며, 모든 극단적, 병적 기분과 상상을 뿌리치려 노력하는 사람들은 행복하고 건강할 뿐 아니라 지식과 지혜까지 더해지니 최고의 지복과 힘을 얻는다.

무절제한 사람은 제 발에 걸려 넘어져 스스로 무너진다. 그들은 자신의 에너지를 약화하고 능력을 썩히며, 지속적 성공이 아니라 기껏해야 언제 사그라질지 모를 일시적 성공에만 도달할 뿐이다.

'효율성'의 원천은 힘과 능력의 올바른 보존이다. 기술은 집중된 에너지를 사용하는 것이다. 기술이 뛰어나다는 것은 재능과 천재성에 국한되지 않고 힘을 더 높은 수준으로 결집할 수 있다는 의미다.

인간이 누구나 자신이 좋아하는 일에 능숙한 이유는 마음이 거의 늘 그쪽에 집중되어 있기 때문이다. 기술은 생각을 창조와 행동으로 바꾸는 정신적 절약의 결과다. 기술 없는 사람은 번영할 수 없고, 한 사람의 번영은 그의 기술에 달려 있다.

무능한 자는 자연 선택 과정을 거쳐 응당 도태된다. 저임금 노동자나 실업자가 되는 데는 이유가 있다. 자기 일을 제대로 할 수 없거나 하지 않으려는 사람을 누가 고용하겠는가? 가끔 그런 직원도 불쌍히 여겨 계속 데리고 있는 고용주도 있다. 그러나 이는 예외적인 경우다. 사업장, 사무실, 가정, 그 외 모든 조직 활동이 이루어지는 곳은 자선 조직이 아니라, 구성원의 조직 적합성과 효율성에 따라 흥하거나 망하는 생산 조직이다.

기술을 습득하기까지는 사고 활동과 주의력이 필요하다. 생각 없고 무신경한 사람들은 대개 실업자, 즉 거리의 부랑자가 된다. 그들은 생각과 주의력을 일깨우려 하지 않으니, 단순한 일도 제대로 하지 못한다.

최근 내가 아는 한 지인은 부랑자를 고용해 창문 청소를 시켰다. 하지만 그 부랑자는 일하거나 제대로 된 사고 활동을 해본 지 너무 오래되어 몸도 마음도 굳어 있었고, 심지어 창문도 닦을 수 없게 되었다. 지인은 어떻게 하는지 시범을 보여줬지만, 부랑자는 간단한 지시도 따를 수 없었다. 이 일화는 아무리 단순한 일도 어느 정도 기술이 필요하다는 사실을 보여주는 예이기도 하다.

효율성은 동료들 사이에서 한 사람의 위치를 결정짓는 중요한 요소다. 효율적으로 일하는 사람은 점점 더 능력이 발전하면서 동료들과의 격차를 더욱 벌려 나간다. 훌륭한 일꾼은 도구를 잘 다루고, 훌륭한 사람은 자기 생각을 잘 다스린다.

지혜는 기술 중에서도 최고의 형태다. 그리고 소질은 막 발아하기 시작한 지혜의 초기 단계다. 아무리 사소한 일이라도 모든 일에는 옳은 방법이 딱 '하나' 있고, 잘못된 방법은 수천 가지가 있다.

기술은 그 하나의 올바른 길을 찾아 꿋꿋이 걸어가는 것이다. 기술 없고 비효율적인 사람은 수천 가지의 잘못된 길을 놓고 혼란스러워하며, 그들에게 옳은 길을 지적해 줘도 말을 듣지 않는다. 그들이 종종 이러는 이유는 자신들이 가장 잘 안다고 착각하기 때문이다. 그러다 보니 창문을 닦거나 바닥을 쓰는 일도 배우지 못하는 처지에 놓인다.

생각 없이 비효율적으로 일하는 사람은 흔하디흔하다. 그만큼 생각 깊고 효율적으로 일하는 사람들에게는 기회가 무궁무진하다. 고용주는 최고의 실력을 갖춘 일꾼을 구하기가 얼마나 어려운지 안다. 훌륭한 일꾼은 도구로든 자기 머리로든, 언변으로든 사고력으로든 항상 자신의 기술을 잘 발휘할 수 있는 자리를 찾아갈 것이다.

'지략'은 효율성에 따라오는 결과이자 번영의 중요한 요소다. 지략이 풍부한 사람은 절대 당황하는 법이 없다. 여러 번 넘어져도 금방 다시 일어나 항상 상황에 대처할 것이다. 지략의 근본 원리는 에너지 보존 법칙에 있다. 즉 에너지의 형태가 변환된 것이다.

어떤 사람이 자신의 에너지를 고갈시켜온 정신적, 육체적 악덕을 끊을 때 그 에너지는 어떤 식으로 보존될까? 에너지는 결코 파괴되거나 소실될 수 없기에 어떤 형태로든 남아 있을 것이다. 그러므로 생산적인 에너지로 변한다. 그리고 유익한 생각의 형태로 다시 나타난다.

선한 사람은 지략이 풍부해서 악한 사람보다 항상 더 크게 성공한다. 그의 온 정신은 살아 숨 쉬고 활력이 넘치며 에너지가 풍부하게 비축되어 있다. 악한 사람이 방종으로 헛되이 낭비한 것을 가지고 선한 사람은 부지런히 사용해 열매를 맺는다.

짐승 같은 악의 구세계로부터 철저히 거리를 두는 사람에게는 온갖 가슴 설레는 목표와 순수한 기쁨으로 가득 찬 신세계와 새로운 인생이 열릴 것이다. 그리고 자신의 장점인 지략을 발휘해 본인의 자리를 안전하게 지킬 것이다.

열매를 맺지 못하는 씨앗은 땅속에서 썩어 없어진다. 이런 씨앗은 절약과 결실의 세계인 자연에서 살아남을 자리가 없다. 마찬가지로 척박한 마음도 인생의 투쟁에서 도태된다. 인간 사회는 선을 향해 열려 있으므로, 악이 만들어낸 공허함은 들어설 여지가 없다. 그러나 척박한 마음이 영원히 도태되는 것은 아니다. 마음만 먹으면 스스로 다시 일어나 열매를 맺을 수 있다.

존재의 본질과 진보의 영원한 법칙에 따라, 악한 사람은 실패할 수밖에 없다. 그러나 실패한 뒤에도 재기할 기회는 있다. 악을 덕으로 바꾸고, 자신만의 지략을 바탕으로 당당하고 확고하게 일어설 수 있다.

지략이 풍부한 사람들은 새로운 것을 발명하고 발견하며 남보다 앞선다. 계속 발전의 흐름을 타므로 실패하지 않는다. 그들의 머릿속에는 새로운 계획, 새로운 방법, 새로운 희망이 가득 차 있으며, 덕분에 그들의 삶도 남보다 훨씬 충만하고 풍요롭다. 게다가 마음도 유연하다.

자신의 사업, 일, 방식을 개선하지 못하는 사람은 발전의 길에서 낙오되어 실패의 길로 들어선다. 마음은 노인의 몸처럼 뻣뻣하고 둔해져서, 생각과 계획을 재빠르게 전환하는 지략 좋은 사람들을 따라잡지 못한다.

지략이 풍부한 사람은 결코 마르지 않는 강과 같아서, 메마른 땅에도 원기를 회복시키고 새로운 활력을 공급한다. 지략 있는 사람은 새로운 아이디어를 낼 줄 아는 사람이고, 새로운 아이디어를 낼 줄 아는 사람은 남들이 뒤처지고 시야에서 사라지는 동안 승승장구한다.

'독창성'은 지략이 무르익어 완성된 것이다. 독창성 있는 사람 중에서 천재가 탄생하고, 천재는 이 세상의 빛이다. 사람은 어떤 일을 하든 그 일을 하기 위해 자기가 가진 자원에 의존해야 한다. 다른 사람에게서 배우는 것도 좋지만 무작정 모방해서는 안 되며, 자신만의 새롭고 독창적인 일에 전념해야 한다.

독창적인 사람은 세상의 주목을 받는다. 처음에는 무시될지 몰라도 결국 인정받고 인류의 귀감이 된다. 한번 독창성에 도가 튼 사람은 자신이 속한 지식과 기술 분야에서 다른 사람들의 리더가 된다.

그러나 독창성은 억지로 만들어지는 것이 아니라, 열심히 갈고닦아야 하는 것이다. 그리고 본인의 정신력을 완전하고 올바르게 사용해, 기술의 수준을 점점 더 최고의 경지로 끌어올리는 과정에서 발전한다.

자신의 일에 헌신하고, 그 일에 모든 에너지를 쏟아부어라. 그러면 세상이 인정하는 강자가 될 날이 올 것이다. 그리고 수년간의 고된 노력 끝에 어느 날 "나는 이제 곧 천재가 될 거야!"라고 외쳤던 프랑스 작가 오노레 드 발자크처럼, 독창적인 위인들의 무리에 합류해 인류를 더 새롭고, 더 높고, 더 유익한 길로 이끌 수 있다는 기쁜 사실을 발견하게 될 것이다.

여기까지 두 번째 기둥의 구성을 살펴보았다. 절약의 기둥이 받치고 있는 건물은 정신적 에너지를 능숙하게 발휘할 준비가 된 사람을 기다린다.

4장

세 번째 기둥
무결함

번영은 쉽게 얻을 수 없다. 지적인 노력뿐 아니라 도덕적인 힘도 있어야 번영을 획득할 수 있다. 거품이 이내 꺼지듯 속임수로는 성공하지 못한다. 사기꾼은 돈을 벌기 위해 물불 가리지 않고 달리다가 결국 넘어진다.

사기로는 아무것도 얻을 수 없고, 얻어서도 안 된다. 한동안은 억지로 얻어낸 것 같지만 어마어마한 이자를 붙여 되돌려주어야 한다. 사기는 악독한 사기꾼만의 전유물이 아니다. 정당한 대가 없이 돈을 얻거나 얻으려 노력하는 모든 사람은 스스로 알든 모르든 사기를 저지르고 있다. 일하지 않고 돈 벌 궁리에 여념이 없는 사람들은 사기꾼이다. 그들은 정신적으로 도둑이나 협잡꾼과 별반 차이가 없어, 조만간 자신의 어두운 기운에 스스로 빨려들어 가진 돈도 잃게 될 것이다.

고용주의 돈을 낭비하는 사람이 남의 돈을 앗아가는 도둑과 무슨 차이가 있겠는가? 정당한 대가를 지불하지 않는, 즉 불법적으로 소유욕을 충족하는 사람이 도둑이 아니고 무엇이겠는가? 번영을 추구하는 사람은 물질적이든 정신적이든 모든 거래에서 자신이 받은 것에 정당한 대가를 치를 줄 알아야 한다. 이는 모든 건전한 상업 거래에서 기본 중의 기본이다.

한편 정신적 영역에서는 남에게 대접받고 싶은 대로 다른 사람을 대해주면 된다. 이를 우주의 힘에 적용하자면 과학적으로 "작용하는 힘과 반작용하는 힘의 크기는 동일하다"로 정리할 수 있다.

인간 생활은 일방의 갈취가 아닌 쌍방의 동등한 협조로 이루어진다. 다른 사람으로 희생양 삼아 이득을 취하는 사람은 곧 번영의 길과 저 멀리 떨어진 파멸의 사막에 발이 묶일 것이다. 이런 사람은 정직한 사람과 대적해서 이기기에는 진화의 과정에서 한참 뒤처져 있다. 적자생존 법칙상 강한 자는 항상 살아남지만, 정직하지 못한 자는 가장 약하므로 경쟁을 계속할 수 없다. 얼른 정신 차리지 않으면 최후에 지저분한 헛간이나 추방된 자들의 소굴에 남겨진 자신을 발견할 것이 틀림없다. 부정직한 사람은 건설적인 노력을 하지 않고 파괴적인 꼼수를 부린다. 따라서 그는 결국 자멸한다.

당시 대부분의 기독교인이 마호메트를 사기꾼으로 취급하자, 토머스 칼라일Thomas Carlyle은 "사기꾼은 벽돌집도 지을 수 없거늘, 하물며 사기꾼이 종교를 세웠겠는가!"라고 주장했다. 사기꾼, 협잡꾼, 거짓말쟁이, 부정직한 사람은 도구도 재료도 없기 때문에 집을 지을 수 없다. 그들이 종교를 창시하거나 벽돌집을 지을 수 없는 만큼 사업, 인성, 직업, 성공을 바로 세울 수 없음은 물론이다. 실은 아무것도 세우지 못하는 것도 모자라 다른 사람이 세운 것을 훼손하는 데 온 힘을 쏟는다. 그러나 자기 것에 대해서는 세운 것 자체가 없으니 그냥 자기 자신을 훼손한다.

흠결 있는 사람은 결국 에너지 활용도 절제도 실패하겠지만, 무결성이 뒷받침되는 사람에게는 에너지와 절제의 힘이 크게 강화될 것이다. 인생에서 도덕적 요인이 중요한 역할을 하지 않는 경우는 없다. 결함 없는 사람은 어디서든 두각을 드러내고 어떤 거래에서든 상대방에게 믿음의 증표를 준다. 이는 그 사람이 놀라우리만치 한결같고 일관성 있으며 불굴의 힘을 지녔기 때문에 가능하다.

무결한 사람은 확고한 사물의 법칙, 즉 인간 사회의 기초가 되는 기본 원칙은 물론 광대한 우주를 하나로 아우르는 법칙에도 부합한다. 누가 이 법칙들을 무시할 수 있겠는가? 즉 누가 이렇게 무결하고 성실한 사람을 깎아내릴 수 있겠는가? 그는 마르지 않는 샘물이 뿌리에 흘러들고 어떤 폭풍우에도 흔들리지 않는 튼튼한 나무와 같다.

강하고 완성된 인간이 되려면 무결성이 몸 전체에 배어들고 삶의 모든 구석구석까지 확장되어야 한다. 그리고 타협하고픈 욕구를 모두 이겨낼 수 있을 만큼 철저하고 영구적인 의지가 필요하다. 원칙의 한 가지를 지키지 않으면 원칙 전체를 지키지 않은 것이나 마찬가지다. 아무리 필요하고 사소해 보이는 타협일지라도 압박감을 못 이겨 부정과 타협한다면, 정직의 방패를 내던져 악의 공격에 노출되는 셈이다.

고용주가 지켜보고 있을 때나 없을 때나 한결같이 성실하고 열심히 일하는 사람은 하급 지위에 오래 머물지 않을 것이다. 그러한 무결한 업무 처리와 꼼꼼한 작업 수행을 인정받고 조만간 번영의 비옥한 지대로 진출할 것이다.

반면에 직무 태만자, 즉 고용주가 안 보이면 기다렸다는 듯이 설렁설렁 일하며 고용주의 시간과 노동 비용을 빼앗는 사람은 얼마 안 가 실업이라는 척박한 지대로 내몰리게 될 테고 그 후로는 새 직장을 구하려 노력해도 허사일 것이다.

또한 무결성이 몸에 깊이 배지 않은 사람, 즉 무결성의 원칙에 깊이 뿌리내리지 않은 사람은 미래의 성공과 번영을 위해서라면 거짓말이나 부정한 짓을 해야 한다는 유혹에 빠질 때가 올 것이다. 반면에 무결성의 중요성을 확고히 깨달은 사람은 어떤 상황에서도 거짓말과 부정행위가 전혀 필요하지 않다는 것을 알기에 어떤 유혹에 이끌릴 리도 없고 그럴 필요도 없다.

만약 그런 유혹을 받아 혼란스럽고 망설여진다면 내면에서 미묘한 암시로 꿈틀거리는 거짓을 뿌리칠 수 있어야 하며, 부정과 타협하기보다 기꺼이 손실과 고통을 감수하겠다는 신념으로 굳건히 원칙을 고수해야 한다. 그래야만 이 도덕적 원칙의 참뜻을 깨닫고, 무결성이 손실과 고통이 아니라 이득과 행복으로 이어진다는 기쁜 진리를 발견할 수 있다. 정직하면 손해 본다는 인과관계는 성립되지 않고 성립될 수도 없다.

삶의 어떤 영역에서든 깨달음을 얻으려면 거짓 행세를 할 게 아니라 기꺼이 희생할 의지가 필요하다. 이기적 목표를 포기하지 않고 거짓말과 속임수를 일삼는 사람은 도덕적 깨달음의 기회를 잃는다. 그리고 인격도 평판도 없는 사기꾼과 음흉한 장사꾼보다 나을 바 없는 위치로 전락한다.

몸짓이나 말, 행동 하나하나까지 거짓말과 속임수가 전혀 없는 사람, 즉 극악무도한 거짓말과 속임수의 치명적 결과를 어떤 의심도 없이 단호하고 진심으로 아는 사람만이 진정 무결성으로 중무장했다고 볼 수 있다.

이렇게 깨달은 사람은 든든한 보호막이 생겨 무엇으로부터나 안전하다. 태양을 하늘에서 끌어 내리려는 미치광이 같은 수상한 사람이 접근해도 흔들리지 않을 것이다. 이기심과 배신의 화살이 쏟아져도 튼튼한 무결성의 갑옷과 찬란한 정의의 방패를 맞고 튕겨 나갈 것이다. 덕분에 누구도 그를 해치거나 건드릴 수 없다.

거짓말로 장사하는 상인은 치열한 경쟁이 벌어지는 오늘날 정직하게 성공할 수 있는 사람은 아무도 없다고 말할 것이다. 이런 상인은 한 번도 정직하게 살아본 적이 없는데 그것이 사실인지 알 리가 있겠는가? 더욱이 그런 사람은 정직이 무엇인지도 이해하지 못해서, 그의 말은 자신의 무지를 고백하는 셈이다.

무지하고 거짓된 사람은 모든 사람이 자기만큼 무지하고 거짓되었다고 맹목적으로 착각한다. 내가 아는 상인 중에도 그런 사람들이 있었고, 그들의 몰락을 보기도 했다. 나는 한 사업가가 공개 석상에서 "사업가라면 그 누구도 완전히 정직할 순 없습니다. 잘해야 거의 정직한 축에 속하는 사람 정도만 있겠지요"라고 하는 말을 들은 적이 있다.

그는 자신의 말이 사업계의 실상을 드러낸다고 믿고 있었다. 하지만 그건 사실이 아니었고, 본인의 처지를 드러낼 뿐이었다. 그는 그저 청중을 향해 자신이 미덥지 못한 사람이라고 자백한 셈이었지만 도덕적으로 무지한 탓에 이조차도 스스로 인지하지 못했다. 거의 정직한 축에 속한다는 것은 부정직함을 달리 표현한 것에 불과하다.

정도에서 조금이라도 벗어난 사람이 더 멀리 벗어나는 것은 시간문제다. 그는 정의에 대해 어떤 고정된 원칙이 없고 오직 자신의 이익만 생각한다. 본인은 부정직해도 악의가 없고 무해해서 남들에 비하면 양호하다고 스스로 확신하는 사람은 단지 도덕적 원칙에 대한 무지로 자기기만에 빠져 있을 뿐이다.

인생의 다양한 관계와 거래에서 서로 간에 올바르게 행동하는 것이 바로 무결성의 핵심 정신이다. 정직도 이 안에 포함되지만 무결성은 그 이상을 의미한다. 무결성은 인간 사회의 중추이자 인간 제도의 뒷받침이다. 무결성이 없다면 사람들 사이에는 신뢰도, 확신도 없을 테고 사업 세계는 무너질 것이다.

거짓말쟁이가 모든 사람을 거짓말쟁이로 보고 거짓말쟁이로 대하듯, 무결한 사람은 모든 사람을 의심 없이 대한다. 그는 남들을 신뢰하고 남들도 그를 신뢰한다. 그의 초롱초롱한 눈과 너그러운 손길을 보노라면, 그에게 살며시 접근하던 사기꾼도 그만 부끄러워져 사기 칠 생각이 쏙 들어가고 만다.

이에 대해 랄프 왈도 에머슨은 다음과 같은 한마디로 멋지게 정리했다.

"다른 사람을 신뢰하면 상대방도 자신의 거래 규칙에 예외를 두어서라도 당신에게 진실하게 대할 것이다."

올곧은 사람은 그 존재 자체로 주변 사람들에게 도덕적인 사람이 되라고 명령하는 효과가 있어서 주변인들도 덩달아 개과천선하게 한다. 인간은 서로 간에 강력한 영향을 주고받는다. 그리고 선이 악보다 더 강력하기 때문에 강하고 선한 사람과 약하고 악한 사람이 접촉하면 전자가 후자를 뉘우치게 하고 그들의 의식을 드높여준다.

무결한 사람에게는 무의식적으로 다른 사람들의 경외감과 영감을 불러일으키는 위대한 면이 있다. 무결한 사람이 하찮고 천박하며 거짓된 악을 딛고 스스로 위로 올라서면, 악들은 겁에 질리고 당황하여 그에게서 슬그머니 도

망쳐버린다. 아무리 풍부한 지식과 똑똑한 머리도 이 고고한 도덕적 위엄과는 비할 바가 못 된다.

무결한 사람은 사람들의 기억과 세간의 평가에서 천재보다 더 높은 위치를 차지한다. 버크민스터 풀러Buckminster Fuller는 "어떤 상황에서도 꼿꼿이 무결성을 지키는 사람의 위대한 도덕성은 세상에서 가장 숭고한 것"이라고 말했다. 인간에게는 영웅을 탄생시키는 기질이 있다. 흔들림 없이 충직한 사람은 분명 영웅이다. 영웅적인 면을 끌어낼 기회만 주어지면 된다.

게다가 영웅은 언제나 영원한 행복을 누린다. 천재 중에는 불행한 사람이 많을지 몰라도, 무결한 사람 중에는 불행한 사람이 없다. 무결한 사람의 올곧은 마음에 내재한 영원한 만족은 질병, 재난, 죽음도 앗아갈 수 없다.

강직한 사람은 다음과 같이 연속 4단계의 과정을 거쳐 번영의 길로 들어간다.

1단계: 강직한 사람은 다른 사람들에게 믿음직한 인상을 준다.

2단계: 다른 사람들은 그의 믿음직한 인상을 통해 그를 신뢰하기 시작한다.

3단계: 이 신뢰는 절대 깨지지 않으며 그는 이어서 좋은 평판을 얻는다.

4단계: 좋은 평판이 점점 더 널리 퍼져서 그는 마침내 성공한다.

거짓은 반대의 효과를 낳는다. 다른 사람의 신뢰를 무너뜨려 의심과 불신을 사고 나쁜 평판을 얻어 결국 실패에 이르게 된다.

무결성의 기둥은 다음 네 가지 강력한 요소로 구성된다.

- 정직
- 용기
- 목적의식
- 불굴

'정직'은 성공으로 가는 가장 확실한 방법이다. 부정직한 사람도 언젠가는 슬픔과 고통 속에서 뉘우치는 날이 온다. 그러나 정직했던 일에 대해서는 결코 뉘우칠 필요가 없다. 혹여 정직한 사람이 (에너지, 절약, 체계 등 다른 기둥이 부족해서) 실패하더라도, 그는 부정직한 사람과 다르게 슬퍼하지 않는다. 그는 절대 남을 속인 적이 없다는 사실을 항상 기쁘게 여기며, 아무리 힘든 시기에도 떳떳한 양심

덕분에 마음이 편안하다.

무지한 사람들은 번영의 지름길로 가려면 거짓이 필요하다고 생각한다. 그래서 그들은 실제로 거짓말을 한다. 거짓된 사람들은 도덕적 시야가 좁다. 술고래들은 당장의 쾌감을 위해 술을 즐기지만 종국에는 타락하게 된다는 사실을 간과한다.

마찬가지로 거짓된 사람은 즉시 큰 이득을 얻으리라고 기대하지만, 본인이 저지른 부정행위가 쌓이고 쌓여 자신의 인격과 사업을 잠식하리라는 궁극적인 결과는 생각하지 않는다. 그는 영리하고 성공적으로 다른 사람에게 대가를 떠넘긴다고 생각하며 주머니에 이득을 챙기지만, 항상 그 대가는 자신에게 부과하고 있는 셈이다.

이렇게 번 돈은 전부 나중에 추가 이자와 함께 '응당' 반납하게 마련이다. 이러한 응징으로부터 빠져나갈 수 있는 구멍은 없다. 이 도덕적 중력은 돌이 땅에 떨어지는 물리적 중력처럼 확실한 불변의 법칙이다.

직원들더러 고객에게 상품을 허위로 설명하라고 시키는 사업체의 사장은 모든 면에서 의심과 불신, 증오로 스스로를 에워싸고 있다. 심지어 그의 지시를 따를 만큼 도덕성 떨어지는 직원들도 부정행위로 자신을 더럽히는 동시에 사장을 경멸할 것이다. 이렇게 병든 근무 분위기 속에서 어떻게 성공할 수 있겠는가? 이미 이 사업체에는 실패의 기운이 감돌기 시작한 것이고, 사장의 몰락은 정해진 수순이다.

정직한 사람도 실패할 수 있지만, 정직이 실패의 원인은 아니다. 그는 떳떳하게 실패했으므로 인격과 명성이 손상되지 않는다. 분명 그의 실패 역시 구체적인 방향 설정이 잘못되어 초래된 것이기에 결국 자기 재능에 더 알맞은 방향으로 전환하기 위한, 따라서 성공으로 가기 위한 성장통이 될 것이다.

'용기'는 정직에서 비롯한다. 정직한 사람의 눈은 초롱초롱하고 시선도 흔들림이 없다. 그는 상대방의 얼굴을 똑바로 바라보며, 단도직입적이고 설득력 있게 말한다. 반면에 거짓말쟁이와 사기꾼은 고개를 똑바로 들지 못한다. 눈은 흐릿하고 시선은 다른 곳을 향한다. 다른 사람의 눈을 똑바로 바라보지 못하며, 모호하고 설득력 없는 말을 하기 때문에 믿음이 가지 않는다.

자기 임무를 다하는 사람이라면 두려울 것이 없다. 이런 사람이 맺는 모든 사업 관계는 안전하고 확실하다. 따라서 그의 방식과 행동은 빛을 볼 것이다. 만약 어려운 시기가 와서 빚을 지게 되더라도, 다들 그가 빚을 갚으리라 신뢰하므로 기꺼이 기다릴 것이다.

실제로 이런 사람은 빚을 전부 갚을 사람이다. 부정직한 사람들은 빚을 갚지 않으려고 벌벌 떨며 피해 다닌다. 그러나 정직한 사람은 빚을 지지 않으려 노력하고, 혹시 빚을 지더라도 겁내지 않고 두 배로 노력해 빚을 갚는다.

부정직한 자는 항상 근심과 걱정투성이다. 그들은 빚은 무섭지 않지만 빚을 갚아야 한다는 사실이 무섭다. 그들은 동종 인간을 두려워하고, 기성 체제를 두려워하고, 자신이 하는 모든 일의 결과를 두려워하고, 자신의 잘못이 드러날 것과 그로 인해 언젠가 닥칠 결과를 끊임없이 두려워한다.

정직한 사람은 이 모든 걱정의 짐을 짊어지지 않는다. 마음이 가볍고 사람들 사이에서 허리를 펴고 걷는다. 지레 짐작하거나 슬그머니 숨고 움츠러드는 법이 없고, 자기 본연의 모습에 충실하며, 남들과 또렷이 눈을 마주친다. 그 누구도 속이거나 해치지 않으니 두려워할 사람도 없다. 이런 사람을 공격하는 것은 누워서 침 뱉기 격으로 도리어 그를 유리하게 할 뿐이다.

그리고 이 용기는 그 자체로 세상을 살아가는 데 힘을 주는 보호 장치다. 용기 있는 사람은 어떤 위급 상황에서도 버텨내고, 어려움에 용감하게 맞설 수 있으며, 결국 누구도 빼앗을 수 없는 성공을 보장받는다.

무결한 사람은 마음의 맷집이 강해지는데, 그 강해진 마음의 직접적 결과로 탄생하는 것이 '목적의식'이다. 무결한 사람에게는 명확한 목표와 강력하고 영민한 목적이 있다. 막연한 추측이나 짐작에 의지해 일하는 법이 없다. 그의 모든 계획에는 자신의 성격을 형성해온 도덕성이 담겨 있다.

한 사람의 성과는 항상 어떤 식으로든 그 사람의 인격을 반영하며, 건전하고 무결한 사람은 탄탄한 계획을 세운다. 그는 저울질하고 고민하고 앞을 내다보므로 큰 실수를 저지르거나 헤어나기 어려운 딜레마에 빠질 가능성이 작다. 그 또한 모든 것을 항상 도덕적 관점으로 바라보고 도덕적 결과를 고려하므로 단순한 방책과 편의를 추구하는 사람보다 더 확고하고 높은 기반 위에 서 있다. 어떤 상황에서든 시야를 확장해 숲을 보는 동시에 관련 원칙의 세부적인 나무도 놓치지 않으므로 남보다 더욱 큰 힘을 발휘한다.

도덕성은 항상 편리성보다 우위를 점한다. 도덕적 목표는 항상 표면을 넘어 깊은 중심까지 도달하므로 더욱 확고하고 안전하고 강력하고 오래 지속된다. 무결성에는 본래 단순 명쾌한 특성이 있어서, 무결한 사람은 무슨 일을 하든 실패할 걱정 없이 목표 달성을 향해 직진할 수 있다.

강한 사람은 목적의식이 강하고, 강한 목적의식은 강한

성과로 이어진다. 그리고 무결한 사람은 그 누구보다 '강하며' 그 강한 힘은 자신의 일을 빈틈없이 수행하는 모습에서 여실히 드러난다. 그 빈틈없는 모습에 사람들은 존경과 감탄을 보내고, 본인도 성공을 자기편으로 끌어당긴다.

'불굴'은 훌륭한 보호 장치이지만, 완벽하게 순수하고 누구도 꺾지 못할 만큼 무결한 사람만이 획득할 수 있는 특성이다. 아무리 사소한 면에서라도 무결성의 원칙을 절대 깨지 않는다면 비방, 뒷담화, 헛소문 등 어떤 공격도 막아낼 수 있다.

한번 실패를 맛본 사람은 취약해진다. 그리고 악은 아킬레스건이 있는 발뒤꿈치에 화살을 쏘듯 그 취약점을 공략해 그를 쓰러뜨릴 것이다. 하지만 순수하고 극진히 무결한 사람은 어떤 공격과 상처에도 쓰러지지 않으며, 불굴의 용기와 숭고한 평정심으로 모든 반대와 탄압에 맞설 수 있다.

아무리 재능이나 지성, 사업 수완이 뛰어나도 고결한 도덕적 원칙을 깨치고 실천하지 않는 한, 마음의 힘과 평화는 생기지는 않는다. 도덕적 힘은 가장 위대한 힘이다. 진정한 번영을 추구하는 사람이라면 이 도덕의 힘을 발견하고, 마음으로나 행동으로나 도덕성을 키우도록 노력해야 한다. 그러면 성공이 찾아오고, 지구상의 걸출한 지도자들과 어깨를 나란히 하게 될 것이다.

지금까지 무결성이라는 강하고 견고한 기둥을 살펴보았다. 자기 삶의 신전에 썩지 않는 돌을 쌓는 사람은 그 누구보다 축복과 번영을 누릴 수 있다.

5장

네 번째 기둥
체계

체계는 혼란의 가능성을 싹부터 잘라낼 수 있는 질서의 원칙이다. 자연의 보편적 질서에서는 모든 것이 제자리에 있으므로, 광대한 우주는 그 어떤 완벽한 기계보다 더 완벽하게 작동한다. 우주의 무질서는 곧 우주의 파괴를 뜻한다. 마찬가지로 인간사에도 질서가 없으면 일을 그르치고 번영도 요원해진다.

모든 복잡한 조직은 체계에 따라 구축된다. 어떤 기업이나 사회도 체계가 잡히지 않으면 더 큰 조직으로 발전할 수 없다. 이 원칙은 상인, 사업가, 조직 창립자 등에게 비장의 무기가 될 수 있다.

어쩌면 산만한 사람도 성공할 수 있는 영역은 많겠지만, 아무래도 질서정연하게 일을 처리하는 사람일수록 성공 확률이 한층 높아질 것이다. 하지만 역시 체계적인 관리자에게 운영을 일임하고 자신의 결점을 바로잡지 않는 한, 산만한 사람은 사업에서 성공하기 어렵다.

모든 대형 사업체는 명확한 체계의 노선을 따라 발전해 왔고, 그러지 않았다면 전혀 효율적으로 운영하지 못해 성공에 치명타가 되었을 것이다. 기업같이 복잡한 조직은 자연의 유기체처럼 세부적인 면들에 꼼꼼히 주의를 기울이도록 구축되었다.

산만한 사람은 제일 중요한 목표 외에는 아무것도 신경 쓸 필요 없다고 생각하지만, 수단을 무시하면 목표도 달성하지 못한다. 유기체는 세부 요소가 교란되면 소멸하며, 마찬가지로 어떤 일이나 사안도 세부 사항을 대수롭지 않게 여기면 발전할 수 없다.

무질서한 사람들은 시간과 에너지를 엄청나게 낭비한다. 어떤 물건을 찾느라 허비한 시간을 애초에 정리 정돈을 잘해서 절약했다면, 그 시간으로 다른 일에서 성공을 거두기에 충분했을 것이다. 산만한 사람들은 물건을 둘 자리도 없고, 필요한 물건을 한참 동안 찾아다닌다. 매일같이 물건을 찾다가 짜증과 화를 내는 사람은 그만큼 에너지를 소진하므로 대업을 일으키거나 최고 수준의 성과를 달성하기 어렵다.

질서 잡힌 사람들은 시간과 에너지를 둘 다 절약한다. 그들은 아무것도 잃어버리지 않으므로 아무것도 찾으러 다닐 필요 없다. 모든 것을 제자리에 두고, 어둠 속에서도 손만 뻗으면 닿을 수 있는 곳에 물건을 놓는다. 그들은 마음의 여유가 있어 냉철하고 신중하다. 그러므로 자신의 정신적 에너지를 더 유익한 일에 쏟지, 짜증과 성질을 부리거나 자신의 산만함을 남 탓으로 돌리는 데 허비하지 않는다.

체계에는 누가 봐도 힘들 듯한 일을 놀랍도록 수월히 달성하게 하는 일종의 비범한 특징이 들어 있다. 체계적인 사람은 신기할 정도로 짧은 시간에 굉장히 많은 일을 지치지도 않고 해낼 수 있다. 산만한 경쟁자가 속수무책으로 우왕좌왕하는 동안, 체계가 잡힌 사람은 이미 성공의 정점에 도달한다. 질서의 법칙을 엄격히 준수한 덕에 마찰이나 시간 낭비 없이 신속하고 원활하게 목적을 달성할 수 있다.

사업계의 어떤 영역에서든, 체계는 성자의 거룩한 서약만큼이나 엄중하고 진지하게 지켜져야 한다. 아무리 사소한 부분이라도 어기면 재정 운용이 위험에 처하기 때문이다. 금전적 영역에서도 질서의 법칙은 철칙이며, 이를 완전무결하게 지켜야 시간과 정신적 에너지 그리고 돈도 아낄 수 있다.

인간 사회에서 지속되는 모든 성취는 체계의 기초에 달려 있다. 따라서 체계가 사라지면 실제로 발전은 멈춘다. 예컨대 고전 작가와 위대한 천재들의 작품이 문학계에 남긴 거대한 성취, 즉 위대한 시, 수많은 산문 작품, 기념비적인 역사 기록, 심금을 울리는 연설문 등을 생각해보라. 또한 인간 사회의 모든 교류 활동, 종교, 법률, 방대한 책속의 지식 등 언어가 빚어낸 모든 훌륭한 자원과 성취도 생각해보라. 이 모든 것이 탄생하고 발전하고 존속할 수 있었던 것은 체계적으로 배열된 26개의 알파벳 덕분에 가능했다. 이 알파벳 체계라는 엄격하게 제한적이고 고정된 규칙에서 무궁무진한 단어와 문장이 탄생할 수 있다.

한 가지 예를 더 들면, 수학에서도 모든 놀라운 성취는 십진법 체계에서 나왔다. 수천 개의 부품으로 구성된 아주 복잡한 기계가 소음도 거의 없이 원활하게 척척 돌아가는 것도 몇 가지 기계의 법칙을 체계적으로 준수한 덕분이다.

여기서 우리는 체계가 복잡한 것을 단순화하고 어려운 것을 쉽게 만든다는 것, 그리고 하나의 중심 법칙은 질서를 구성하는 무한하고 다양한 세부 요소와 관련되어 있다는 것을 확인할 수 있다. 이처럼 체계는 세부 요소들이 전혀 뒤죽박죽되지 않고 완벽한 규칙성에 따라 처리될 수 있게 해준다.

과학자는 미세한 윤충류부터 육안으로 관측할 수 없는 천체에 이르기까지 자연의 헤아릴 수 없이 많은 세부 개체를 체계라는 원칙을 따라 단 몇 분 만에 명명하고 분류 목록에 추가한다. 이 체계화된 목록이 더할 나위 없이 중요한 모든 학문과 산업 분야로서는 덕분에 신속한 참조와 처리 능력을 확보했고, 나아가 인류는 엄청난 시간과 수고를 절약할 수 있게 되었다. 우리는 종교, 정치, 사업 등과 관련해 체계를 논하곤 하는데, 그만큼 인간 사회의 모든 것은 질서와 떼려야 뗄 수 없는 성질로 서로 결부되어 있다.

실제로 체계는 진보에 있어서 가장 중요한 기본 원칙이다. 각자 목표와 이익이 상충하는 전 세계 무수한 인간들은 서로 한 자리를 놓고 경쟁하지만, 동시에 체계라는 하나의 완전한 총체 덕분에 결속할 수 있다.

여기서 우리는 체계가 어떻게 위대한 성과로 이어지는지 알 수 있다. 사업, 법률, 종교, 과학, 정치 등 인간 활동의 모든 영역에서는 둘 이상의 사람이 부딪힐 때마다 어떤 차이나 혼란을 방지할 불변 및 불가침의 공통된 규칙

기반이 필요하다.

이러한 질서정연한 체계의 필요성과 긴요성을 인식하는 소수의 사람이 있기에, 체계의 규율에 관심 없는 나머지 다수의 사람도 흐트러짐 없이 제자리에 머물 수 있는 것이다. 한마디로 사회에는 모든 사람의 행동을 규제하는 어떤 체계가 필요하다.

혼란 속에 헤매기에 인생은 너무 짧다. 그리고 체계는 지체와 퇴보를 방지하는 역할을 하므로, 체계를 따라 지식이 성장하고 진보도 이루어질 수 있다. 자신의 지식이나 사업을 단순화하고 개선하는 등 체계적으로 관리하는 사람은 그가 자리에서 물러난 후에도 후계자가 가벼운 마음으로 명맥을 이어 갈 수 있게 해준다.

모든 대형 사업체는 체계가 잘 잡혀 있어서, 거대한 생산 설비들이 마치 기름칠이 잘된 기계처럼 문제없이 작동할 수 있게 한다. 대규모 사업을 훌륭하게 운영 중인 내 친구는 자신의 회사가 자기 없이도 1년간 문제없이 돌아갈 것이라고 말한 적이 있다.

실제로 그는 여행 등의 이유로 몇 달씩 자리를 비우곤 한다. 그리고 그가 회사로 돌아올 때면, 매번 전 직원과 기계들은 그전과 마찬가지로 제자리에서 제 역할을 하고 있었다. 아무런 문제도, 어려움도, 혼선도 일어나지 않았다.

이처럼 질서와 규칙을 따름으로써 마찰을 줄이고, 마음 편하게 효율적으로 일해야만 확실한 성공을 거둘 수 있다. 규율을 귀찮게 여기는 사람, 마음이 산만하고 흐트러져 생각과 습관, 일 처리에서 주의력과 질서가 결여된 사람은 커다란 성공과 번영을 기대할 수 없다. 대신 그런 사람들은 적절히 질서를 잡으면 충분히 없앨 수 있었을 수많은 근심과 걱정, 곤란, 그 외 사소한 골칫거리에 파묻혀 지낸다.

체계적이지 않다는 것은 마음이 단련되지 않았다는 뜻이다. 훈련하지 않은 달리기 선수가 열심히 훈련한 경쟁자에 뒤처져 경주에서 완주할 수 없듯이, 인생이라는 경주에서도 훈련을 잘한 사람을 대적할 수 없다. 아무래도 상관없다고 생각하며 마음이 정돈되지 않은 사람은 오직 최고만이 승리할 수 있다고 확신하며 마음이 잘 단련된 사람보다 인생이라는 힘겨운 경주에서 금세 뒤처져, 물질적이든 정신적이든 도덕적이든 우승 트로피를 빼앗기게 된다. 출근하자마자 도구도 못 찾고, 수치 계산도 제대로 못 하며, 책상을 열 열쇠도, 헝클어진 자기 마음을 열 열쇠도 못 찾는 사람은 고생을 자초해 허둥댈 것이다.

반면 체계적인 동료는 힘을 내어 성공이라는 높은 정상을 향해 가볍고 즐거운 발걸음으로 오를 것이다. 하루가 다르게 발전하는 숙련된 경쟁자 뒤에서 번거롭고 마구잡이식으로 일하는 사업가는 앞날이 캄캄해도 자신밖에 탓할 사람이 없다. 따라서 자기 일에 더 고도로 전문화되고 효과적인 방법을 도입해야 한다는 사실을 깨달아야 한다. 그리고 시간과 노동력을 절약하고, 더 철저하고 신중하고 신속하게 일하기 위해 모든 새로운 방법과 아이디어를 포착해야 한다.

체계는 유기체, 사업, 인격, 국가, 제국 등 모든 것의 구축 과정을 규율하는 법칙이다. 모든 사물과 사안, 제도 등은 세포와 세포, 부문과 부문, 생각과 생각, 법과 법, 집단과 집단이 순서와 체계에 따라 차곡차곡 합쳐지는 과정에서 규모가 커지고 완전성을 향해 진화한다. 자신의 방법을 꾸준히 개선하는 사람은 힘도 나날이 커져간다.

그러므로 사업가는 지략과 창의력을 발휘해 자신의 운영 방법을 개선해야 한다. 성당이든 인격이든 기업이든 종교든, 무언가를 일으켜 세우는 사람은 세상에서 강력한 존재이고 인류의 수호자, 선구자다. 체계를 세우는 사람은 창조하고 보존하는 반면, 무질서한 사람은 파괴하고 망가뜨린다.

그러니 규율의 질서를 온전히 준수하고, 모든 세부 자원들을 제자리에 두어 제 기능을 하게 하며, 작업조마다 전문 임무를 부여하라. 또 언제든 직원들을 관찰하거나 호출할 수 있도록 본인이 관리하는 범위 내에서 최대한 세세한 부분까지 직원 명단을 효율적이고 완벽하게 분류하고 도표화하라. 이 모든 것을 실천한다면 인간의 힘, 인격의 완성, 조직의 영향력, 사업의 확장 등에 한계란 없을 것이다.

체계는 다음 네 가지로 구성된다.

- 준비성
- 정확성
- 유용성
- 포괄성

'준비성'은 약동하는 생명력이다. 상황을 즉시 파악하고 처리할 수 있게 각성된 상태다. 체계대로 일하다 보면 준비성도 길러지고 발달한다. 유능한 장군은 적의 예상 밖 동태에 유연하게 대처할 줄 알아야 한다. 사업가도 사업에 영향을 미칠 의외의 상황에 대처할 준비가 되어야 한다. 또한 사상가의 경우에도 새로운 문제가 발생할 시 세부적인 요소를 풀어낼 수 있어야 한다.

늑장은 능력과 판단력을 떨어뜨리는, 번영에 치명적인

악덕이다. 손과 마음, 머리가 준비된 사람들, 그리고 자신이 무엇을 해야 할지 알고 그 일을 체계적이고 능숙하며 매끄러우면서도 빠르게 처리하는 사람들은 굳이 번영을 목표로 삼을 필요도 거의 없다. 번영을 추구하든 하지 않든, 절로 번영이 찾아오고 성공이 뒤따라 문을 두드릴 것이기 때문이다. 그들은 뛰어난 능력과 탁월한 일 처리 방식 덕에 자신도 모르게 성공을 불러온다.

'정확성'은 모든 거래와 사업 문제에서 가장 중요하지만, 역시 체계 없이는 정확성도 있을 수 없다. 체계를 불완전하게 짠 사람은 이를 개선하기 전까지는 처참한 실수를 연발할 수밖에 없다.

부정확은 가장 흔한 실패 유형 중 하나다. 정확성은 자기 규율과 밀접한 관련이 있고, 자기 규율은 외부 규율에 달갑게 순응하는 것이며, 동시에 대다수 사람이 아직 달성하지 못한 높은 수준의 도덕적 경지에 올랐다는 표시다. 일을 정확히 처리하지 못하는 사람이 자신이 더 잘 안다며 고용주나 지시자의 규율을 기꺼이 따르지 않는다면 그의 실패는 구제 불능일 것이다. 이런 사람이 사업가라면 경쟁자보다 열등한 위치에 놓여 헤어나지 못할 테고, 사상가라면 그의 지식은 불완전할 것이다.

부정확이라는 악(어쩌면 비교적 작은 악에 속할지 모르지

만, 그것이 초래할 비참한 결과를 고려하면 악으로 간주되어야
마땅하다)이 만연하는 현상은 대부분 사람들이 어떤 상황
을 설명하거나 단순한 사실 진술을 반복하는 모습에서 명
백히 나타난다.

그들이 하는 말은 대개 정확한 근거가 없어 사실이 아
닐 때가 태반이다. 늘 정확한 사실을 말해야겠다고 스스로
단련하거나, 혹시 실언했을 때 책임지겠다는 생각으로 말
을 신중히 하는 사람은 (일부러 거짓말하는 사람을 제외해도)
아마 극히 드물 것이다. 이처럼 언어생활에서 부정확한 말
이 흔히 오가다 보니 많은 사람 사이에 거짓과 오해가 발
생한다.

대개 사람들은 말보다 행동에서 더 정확성을 기하려 노
력하지만 행동에서도 부정확한 경우가 흔하다. 그러다 보
니 아무리 부단하고 열심히 노력하는 사람도 방법론적 측
면에서 비효율적이고 신통찮고 부적합한 경우가 많다. 다
른 사람을 고용하는 게 차라리 나을 만큼, 잘못이나 실수
를 바로잡느라 본인과 고용주의 시간을 습관적으로 낭비
하는 사람은 성공한 사람들의 대열에 합류하기는 고사하
고 어떤 위치에 있든 하루하루 버티기가 버겁다.

성공으로 가기까지 단 한 번의 실수도 하지 않은 사람
은 아직 세상에 존재한 적 없다. 다만 성공한 사람은 자신

의 실수를 인식하면 재빨리 고치고 실수를 지적받을 때 달갑게 받아들일 만큼 유능하고 마음이 올바르다. 이런 태도는 습관으로 굳어 쭉 지속된다. 부정확은 악덕이다. 정확성이 떨어지는 사람은 무능하고 마음이 삐딱해서 자기 실수를 인식하거나 인정하지 않으며, 실수를 지적받으면 화를 낸다.

진취적인 사람은 자신의 실수는 물론 다른 사람의 실수를 통해서도 배운다. 항상 좋은 조언을 들으면 한번 따라보자는 각오가 되어 있고, 자신의 방법에서 정확성을 점점 더 높여가겠다는 목표를 세운다. 그러다 보니 갈수록 정확성은 완벽에 가까워진다. 정확성은 곧 완벽이고, 정확성의 척도는 그 사람의 고유성과 완전성의 척도가 된다.

'유용성', 즉 실용성은 한 사람의 작업 방식이 가져다주는 직접적 결과다. 일하는 방식이 체계적이어야 풍성하고 유익한 목적을 달성할 수 있다. 가령 농부가 최상의 수확을 거두려면 그냥 씨를 뿌리는 게 아니라, 적절한 시기에 맞춰 씨를 뿌려야 한다. 이처럼 어떤 일이 나중에 좋은 결실을 맺으려면 때를 놓치지 말고 시기적절한 노력을 해야 한다.

유용성은 실용적 목표를 중시하고, 이 실용성을 달성하기 위해 최선의 수단을 이용하는 것이다. 즉 부차적 문제를 걸러내고, 이론에 기대지 않으며, 절약하는 삶에 맞게 선용할 수 있는 것들만 취한다.

비실용적인 사람들은 쓸모없고 검증 불가한 이론으로 자신의 마음을 피곤하게 하며, 본질적으로 현실과 동떨어진 공리공론만 품다가 실패의 덫에 빠진다. 단순히 언쟁과 논쟁이 아닌 행동과 실천에서 자신의 힘을 드러내는 사람은 형이상학적 궤변으로 진퇴양난에 빠지는 대신 선하고 유용한 목표 달성에 전념한다.

실천 하나로 정리될 수 없는 이론이라면 마음만 어지럽힐 뿐이니, 그냥 버리고 무시해야 한다. 최근 내가 아는 한 지인은 자신의 이론에 유용성이 없다고 입증되더라도 여전히 아름다운 이론으로 간직할 것이라고 말했다. 누군가가 현실에 실질적 기반을 두지 않고 인생에 아무런 쓸모도 없다고 판명된 이른바 '아름다운' 이론을 구태여 고수하겠다면, 그가 속세에서 실패하더라도 놀랄 일이 아니다. 그는 현실 감각이 없는 사람이기 때문이다.

물질적이든 도덕적이든 정신의 힘이 사변적 이론에서 실제적 행동으로 전환되면 기술, 힘, 지식이 증진되고 번영으로 이어진다. 한 사람의 번영은 그가 사회에 얼마나 도움이 되느냐에 따라 결정되며, 사회에 도움이 된다는 것은 그가 구상하는 이론이 아니라 하는 행동에 좌우된다.

목수는 의자를 만들고, 건축가는 집을 지으며, 기계공은 기계를 제작한다. 현명한 사람은 완벽한 성품을 형성한다. 분파주의자, 이론가, 논쟁가가 아닌 일하는 사람, 만드는 사람, 실천하는 사람이야말로 세상의 소금이다.

신기루 같은 공리공론에서 벗어나 무언가를 직접 온 힘을 다해 '행하기' 시작하면 특별한 이치를 깨닫고, 특별한 힘을 행사하며, 세상에서 그 누구보다 돋보이는 자신만의 특별한 지위와 번영에 도달하게 될 것이다.

'포괄성'이란 서로 관련된 수많은 세부 사항을 처리하고, 그것들을 단일 원칙하에 하나로 묶어 관리하며 총체적으로 파악하는 능력이다. 포괄성은 조직력과 통솔력 등 주인의 역할과 비슷하며, 세부 사항을 체계적으로 관리하는 과정에서 개발된다.

성공한 상인은 사업에 대한 모든 세부 사항을 염두에 두고 이를 자신의 거래 유형에 적합한 체계로 규칙화한다. 발명가는 자기가 만든 기계의 모든 세세한 부품, 그 부품들과 중앙 장치의 역학 관계까지 마음속에 담아두고 발명품을 완성한다. 위대한 시인이나 작가는 모든 인물과 사건을 줄거리와 유기적으로 엮어 총체적이고 영속적인 문학 작품을 만들어낸다.

포괄성은 한 개인이 분석력과 통합력을 겸비한 형태다.

마음이 여유롭고 잘 정돈된 사람은 머릿속의 깊고 고요한 곳에 수많은 세부 사항을 올바른 작동 순서로 적절히 배열해놓고 있다. 이런 사람은 아직 천재라고 할 정도는 아니어도 천재에 가깝다고 볼 수 있다.

모든 사람이 천재가 될 수는 없고 그럴 필요도 없지만, 자신의 생각과 사업에 관해 체계에 꼼꼼히 주의를 기울임으로써 정신적 역량을 점차 강화해나가는 일은 누구나 가능하다. 그렇게 정신적 역량이 확대될수록 자신의 힘은 강화되고 번영의 가능성은 더욱 뚜렷해질 것이다.

지금까지 번영이라는 신전의 모퉁이에 세워지는 네 가지 기둥을 살펴보았다. 이 네 가지는 다음에 살펴볼 나머지 네 가지를 추가하지 않아도 그 자체만으로 신전을 영구히 지탱하기에 충분하다. 에너지, 절약, 성실, 체계 측면에서 자신을 완성하는 사람은 무슨 일을 하든 인생에서 오래가는 성공을 거둘 것이다. 에너지가 넘치는 사람, 시간과 돈을 신중히 아껴 쓰고 활력을 낭비하지 않는 사람, 확고부동한 무결성을 실천하는 사람, 마음을 먼저 정돈한 후 일도 질서정연하게 처리하는 사람은 실패할 리가 없다.

이 모든 노력은 집중된 힘과 함께 올바른 방향으로 진행되어, 마침내 효과를 발휘하고 결실을 맺을 것이다. 나아가 용맹하고 기품 있는 독립성을 함양하여 무의식적으로 존경과 성공을 자기편으로 끌어당길 것이며, 자신의 존재감만으로도 주변에 있는 다른 약자들의 기운을 북돋울 것이다.

성경에 "자기 일에 근실한 사람을 보았는가? 이러한 사람은 왕 앞에 설 것이요, 천한 자 앞에 서지 아니할 것이다"라는 구절이 있다. 이런 사람은 애원하거나 징징대거나 불평하거나 냉소적으로 남을 탓하지 않을 것이며, 워낙 강하고 순수하며 정직하기에 스스로를 비천한 상태에 빠뜨리지 않을 것이다. 그리하여 고귀하고 고결한 품성으로 우뚝 서서 세상 사람들에게서 높이 평가될 테고, 확실한 성공과 영속적 번영도 보장될 것이다. 그는 "인생의 투쟁에서 쓰러지지 않고 꼿꼿이 서 있을 것"이다.

다섯 번째 기둥
공감 능력

___

나머지 네 가지 기둥은 번영의 신전을 중앙부에서 지탱하는 기둥들이다. 이 기둥들은 번영의 신전에 힘과 안정성을 보강할 뿐 아니라 미와 실용성까지 더한다. 그리고 가장 높은 수준의 도덕적 영역, 즉 매우 아름답고 고귀한 품성에 해당하기 때문에 신전의 매력도를 크게 높여준다. 이 기둥들로 인해 위인이 탄생하고, 티끌 없이 순수하고 눈부시게 총명한 소수의 군계일학이 존재하는 것이다.

공감을 뿌리 뽑힌 예쁜 꽃처럼 곧 시들고 씨앗도 열매도 남길 수 없는 감상적, 피상적 감정과 혼동해서는 안 된다. 흥분한 감정을 과하게 표출하는 것은 공감이 아니다.

다른 사람의 잔인한 행위나 불의를 보고 격한 분노를 터뜨리는 것도 동정심을 나타내는 방법이 아니다.

집 안에서 폭군처럼 군다면, 즉 아내를 괴롭히거나 자녀를 때리거나 하인을 학대하거나 이웃에게 신랄한 독설로 의표를 찌른다면, 자신의 일가친척도 아닌 불쌍한 사람들을 사랑한다고 공언하는 것이 얼마나 위선적인가! 그런 사람이 타인의 불의와 무정함을 보고 분노를 폭발할 때 그의 감정은 얼마나 얄팍한가.

랄프 왈도 에머슨은 이렇게 말했다.

"가서 당신의 갓난아기를 사랑하십시오. 당신의 집에서 장작을 패는 하인을 사랑하십시오. 친절하고 겸손한 사람이 되시고, 아량을 베푸십시오. 그리고 이역만리에 있는 흑인들에게 엄청난 온정을 베풀며 당신의 완고하고 무자비한 야망을 미화하지 마십시오. 먼 곳에서만 사랑을 실천하고 집에서는 악한 사람이 되지 마십시오."

한 사람의 됨됨이를 보려면 얼마나 풍부한 감정을 분출하는지가 아니라 직접 어떻게 행동하는지를 봐야 한다. 어떤 사람이 한결같이 이기적이고 쌀쌀맞게 행동하고, 집안 식구나 하인들이 그의 발소리를 들을 때마다 가슴을 졸이고 그가 나갈 때 안도의 한숨을 내쉰다고 치자. 이런 사람이 고통받는 사람들에게 표현하는 동정심은 얼마나 공허하며, 그가 수행하는 자선 활동은 얼마나 보잘것없겠는가.

공감의 샘물이 눈물샘도 채울 수 있을지 모르지만, 눈물샘은 이기심이라는 어두운 웅덩이에서 물을 끌어올 때가 더 잦다. 그리고 이기심은 풀이 꺾이면 눈물이 되어 소멸하면서 스스로 메말라간다.

공감은 말로는 표현할 수 없는 깊고 고요하며 따뜻한 마음으로, 언제 어디서나 자신을 잊고 남을 생각하는 온화한 사람에게서 볼 수 있다. 동정심이 많은 사람들은 감정이 북받치거나 흥분하는 법이 없이, 한결같이 자제력 있고 침착하고 조용하고 겸손하고 자애롭다.

다른 사람의 고통을 보고도 흔들리지 않는 그들의 모습을 겉만 보고 판단하는 사람들은 무심하다고 오해하기도 한다. 하지만 동정심과 분별력 있는 사람은 남들이 두 손을 쥐어 잡고 한탄하는 동안, 조용한 강단과 가슴에서 우러난 깊은 연민을 가지고 재빨리 도움의 손길을 내놓는 행동력을 보여준다.

냉소적이고, 빈정대기 좋아하고, 남을 신랄하게 놀리거나 조롱하고, 화를 못 참고, 남을 비난하는 사람은 공감 능력이 없는 사람이다. 그 외에 마음이 병들고 거짓되어 실천에 근거하지 않은 형식적, 가식적 동정심을 내비치는 사람들도 공감력이 없기는 피차일반이다.

공감이 부족한 것은 자기중심주의 때문이다. 공감은 사랑에서 싹튼다. 자기중심주의는 무지와 관련된 반면, 사랑은 이해와 결합되어 있다. 사람들은 자신과 타인이 분리되어 있고, 목적도 이해관계도 서로 다르다고 생각하는 경향이 있다. 그리고 각자의 방식과 관련해 자신은 옳고 다른 사람은 그르다고 생각하기 쉽다.

하지만 공감은 사람들이 이렇게 분리되고 자기중심적인 삶에서 벗어나 동료들의 마음속에 들어가 그들과 함께 생각하고 느낄 수 있게 해준다. 그래서 다른 사람의 입장을 헤아리고 한동안은 마치 그 사람이 된 듯한 느낌에 잠겨볼 수 있다. 남북전쟁 때 부상병들을 간호한 병원의 영웅 월트 휘트먼은 "나는 상처받은 사람에게 기분이 어떠냐고 묻지 않는다"라고 말했다.

고통받는 인간에게 질문은 무례한 행동이다. 고통받는 사람은 호기심이 아닌 도움과 따뜻한 손길이 필요하다. 연민의 정이 깊은 사람은 다른 사람의 고통을 느끼고 그 고통을 덜어주고자 한다.

공감은 자랑할 수 있는 성질이 아니며, 자화자찬에 빠지는 순간 공감은 사라져버린다. 어떤 사람이 자신이 행한 수많은 친절한 행위에 대해 떠벌리고, 그에 합당하는 보답을 받지 못했다고 푸념을 늘어놓는다면, 그는 친절한 행위를 했다고 볼 수 없다. 그는 아직 무아지경의 겸손에 이르지 못했고, 그래서 다정한 공감 능력도 없다.

실질적이고 심오한 의미에서 공감은 다른 사람들의 힘들고 괴로운 경험과 관련해 하나가 되는 마음이다. 따라서 공감력이 높은 사람은 복합적인 존재다. 말하자면 그의 안에는 여러 사람이 있어서, 어느 한쪽 혹은 자신만의 특정 관점에서만 대상을 보는 대신 다각도에서 바라본다.

그는 상대방의 눈으로 보고, 상대방의 귀로 듣고, 상대방의 머리로 생각하고, 상대방의 가슴으로 느낀다. 그러므로 자신과 완전히 다른 처지의 사람들도 이해할 수 있다. 공감력 있는 사람은 다른 사람들의 삶이 자기 마음에 투영되어, 선의의 정신으로 그들과 하나가 된다.

오노레 드 발자크는 이렇게 말했다.

"어려운 사람들을 보면 외면할 수 없다. 그들의 굶주림은 곧 나의 굶주림이다. 나는 그들의 집에 머물며 그들의 궁핍을 함께 겪고 있다. 나는 내 등에 걸인의 누더기가 닿는 것이 느껴진다. 나도 한동안 걸인이 되어 세상의 따가운 시선을 받는다."

여기서 우리는 한 어린아이의 고통이 곧 자신의 고통과 같다고 말한, 발자크보다 더 위대한 스승을 떠올리게 된다.

그도 그럴 것이, 공감은 모든 사람을 한마음으로 이끌어 우리가 다른 사람들과 정신적 동질감을 느끼게 한다. 남들이 괴로워할 때 우리도 괴롭고, 남들이 기뻐할 때 우리도 함께 기뻐하며, 남들이 멸시와 탄압을 받을 때 우리도 마음속에서 그들 따라 깊이 침잠하여 똑같은 굴욕과 비통을 느낀다.

이렇게 유대감, 마음이 하나가 된 듯한 공감력을 지닌 사람은 절대 남을 비웃거나 단죄할 수 없고, 상대의 의중을 헤아리지 않는 막말을 퍼부을 수 없다. 그는 따뜻한 마음으로 언제나 남들의 고통을 함께하기 때문이다.

그러나 이렇게 성숙한 공감에 이르려면 많이 사랑해보고, 많이 괴로워해보고, 슬픔의 어두운 깊이를 헤아려본 적이 있어야 한다. 공감은 아주 심오한 경험을 겪고 자만심과 무심함, 이기심을 태워버린 후에 우러나온다. 적어도 어느 정도 '슬픔에 빠져 보고, 비탄에 익숙한 사람', 하지만 이제 슬픔과 비탄이 지나가서 친절과 평온이 마음에 자리 잡을 만큼 성숙해진 사람이 아니고서야 진정한 공감을 할 수 없다.

워낙 산전수전을 혹독하게 겪어서 이제 번민은 사라지고 그 번민이 가져다준 지혜만 남은 사람은 고통받는 자를 볼 때마다 순수한 연민으로 그들을 이해하고 대할 수 있게 된다. 그리고 여러 방면에서 '고통을 통해 인격이 완성된' 사람은 본인도 어려움을 겪고 극복한 경험이 있으므로, 비탄과 상심에 빠진 사람들에게 안식과 치유를 주는 정신적 지주가 될 수 있다. 어머니가 자녀의 아픔을 함께 느끼듯, 동정심이 풍부한 사람도 타인의 고통을 내 일처럼 느낀다.

이 정도의 공감이 가장 고귀하고 신성한 유형의 공감이다. 하지만 그만큼 완벽한 수준이 아니어도 공감은 인간의 삶에서 선을 실현하기 위한 큰 힘이 되며, 어느 정도의 공감은 일상에서도 늘 필요하다. 살다 보면 진실로 공감 능력이 깊은 사람들이 어디에나 있다는 사실이 다행인 동시에, 가혹하고 화가 많고 잔인한 사람도 너무 흔하다는 사실을 알 수 있다. 후자와 같은 거친 기질은 고통을 자초하고, 전적으로 자신의 사업이나 일에서 실패하게 하는 원흉이다.

불같이 화를 잘 내는 사람, 완고하고 차갑고 계산적이며 마음속에 동정심이 말라버린 사람은 아무리 유능할지라도 결국 자기 일에서 큰 실패를 면할 수 없을 것이다. 그는 어떤 면에서는 걷잡을 수 없이 무지해서, 어떤 면에서는 성질이 인정사정없어서 동료와 관계자들에게서 점차 소외될 것이다. 결국 삶에서 성공 요인들이 하나둘 사라질 테고, 홀로 실패와 처절한 절망을 떠안을 것이다.

공감은 일상의 사업 거래에서도 중요한 요소다. 사람들은 누구나 무시무시한 황소고집보다 친절하고 온화한 사람에게 끌리고 그들과 상대하기를 더 좋아하기 때문이다. 사람과 사람 간 접촉이 중요한 모든 영역에서, 평범한 능력에 공감 지수가 높은 사람은 뛰어난 능력에 공감 지수가 결핍된 사람보다 항상 더 우위를 점한다.

목사나 성직자에게서 사악한 웃음이나 매정한 발언이 나온다면 명성, 특히 영향력에 치명타를 입힐 것이다. 그의 능력을 높이 사고 존경하는 사람들조차 한 개인으로서는 몰인정한 성격 탓에 그를 부지불식간에 저평가할 것이기 때문이다.

한 사업가가 종교를 믿는다면 사람들은 그의 종교가 사업 거래에도 선한 영향을 미치리라 기대할 것이다. 그러나 그가 일요일이면 온유하신 예수님께 예배한다고 공언하고 나머지 요일에는 완고하고 탐욕스러운 재물의 신봉자가 되는 사람이라면, 자신의 사업과 명성에 먹칠해 성공 가능성도 현저히 어두워질 것이다.

공감은 동물조차 본능적으로 인식하고 이해하는 보편적인 정신의 언어다. 모든 존재와 피조물은 고통을 겪게 마련이다. 우리는 이 고통이라는 경험을 공유하고, 이것이

다시 공감이라는 공통된 감정으로 이어진다.

이기심은 자기 자신을 보호하려고 다른 사람들을 희생시키는 마음이다. 그러나 공감은 자신을 희생해 다른 사람들을 보호하려는 마음이다. 그리고 이 자기희생은 궁극적으로나 실질적으로나 손해가 아니다. 이기심에서 오는 즐거움은 작고 드물지만 공감에서 오는 축복은 크고 광범위하기 때문이다.

"자신의 사업을 발전시켜야 하는 사업가가 어떻게 자기를 희생할 수 있는가?"라고 의문을 던질 사람도 있을 것이다. 하지만 '누구든지 각자 자기 위치에서, 그리고 자신이 이해하는 범위 내에서 자기희생을 실천'할 수 있다. 만약 어떤 사람이 자신은 덕을 실천할 수 없는 처지라고 주장한다면, 그는 상황이 나아져도 어차피 똑같은 변명을 할 사람이다. 사업에 있어서 근면과 자기희생은 양립할 수 있다.

자기 일에 헌신한다는 것은 그 일이 비록 장사일지라도 이기적이라기보다는 이타적에 가까운 헌신일 수 있다. 사업가인 내 지인의 경우, 경쟁자가 그를 동종 업계에서 '몰아내려' 했으나 도리어 그 경쟁자가 망했다. 그러자 지인은 그 경쟁자가 사업 활동을 재개할 수 있게 일으켜주었다. 참으로 아름다운 자기 희생이다. 그 지인은 현재 가장 성공하고 번창한 사업가 중 한 명이 되었다.

또 내가 아는 가장 성공한 외판원은 인정이 차고 넘칠 정도로 친절하고 다정다감했다. 그는 마치 갓난아기처럼 순진해 어떤 '장사 수법'도 몰랐지만, 바다같이 넓은 마음과 의젓하고 강직한 성격 덕에 만나는 사람마다 절친한 친구가 되었다. 사람들은 그가 사무실이나 상점, 공장 등에 찾아오면 반가워했는데, 이는 그에게서 풍기는 선하고 유쾌한 기운 때문만이 아니라 그와의 거래가 건전하고 믿음직하기 때문이기도 했다. 이 외판원은 순전한 공감력으로 성공했지만, 그의 공감은 딴마음 없이 워낙 순수했으므로 아마 본인은 공감력이 자신의 성공 비결이라는 말을 들었다면 부인했을 것이다.

공감은 절대 성공을 방해하지 않는다. 성공 기회를 망치고 파괴하는 것은 이기심이다. 마음을 선하게 먹을수록 번영할 가능성도 커진다. 모든 이해관계는 상호적이며 함께 흥하기도 하고 망하기도 한다. 공감이 마음속에서 자리를 넓히면 그 사람의 영향력도 범위가 확장되고 정신적으로나 물질적으로나 더욱 축복이 가득해진다.

공감이라는 위대한 덕목은 다음 네 가지 특성으로 구성된다.

- 친절
- 관용
- 온화함
- 통찰력

'친절'이 완전히 발달하면 일시적 감정이 아니라 영구적 성격이 된다. 때에 따라 변하고 신뢰할 수 없는 감정은 흔히 친절로 오해되기도 하지만 실은 친절이 아니다. 칭찬 뒤에 욕이 따른다면 그 칭찬은 전혀 친절하지 않다. 두 사람이 감정에 이끌려 입을 맞췄다가도 곧이어 또 감정에 이끌려 서로 앙심을 품는다면 앞선 입맞춤은 사랑이라 볼 수도 없고 아무 의미도 없을 것이다.

황송하게 느껴졌던 선물도 그것을 준 사람이 나중에 대가를 바랄 경우 그 값어치는 퇴색한다. 상대방이 내게 잘해주니 친절하게 대했다가 얼마 안 가 다시 그 사람이 나를 기분 나쁘게 해서 태도가 정반대로 돌변한다면, 이는 외부 요인에 따라 휘둘리는 성격상의 취약점이라고 봐야 한다. 또한 그가 나에게 잘해줄 때 내 기분을 먼저 생각하는 것 자체가 이기심의 발로다.

진정한 친절은 늘 변함없고, 행동으로 옮기기까지 누가 시킬 필요도 없다. 친절은 목마른 영혼들이 언제나 마실

수 있고 결코 마르지 않는 샘물과도 같다. 친절은 우리를 기쁘게 하는 사람뿐 아니라 우리의 바람이나 의지와 반대로 행동하는 사람에게도 베풀어져야 한다. 그만큼 친절은 상당한 덕성을 요하며, 지속적이고 변함없이 발산하는 온화함의 빛이다.

사람이 살다 보면 나중에 후회하는 몇몇 행동이 있는데, 그것은 모두 누군가에게 불친절했던 행동이다. 반대로 후회하지 않는 행동들은 십중팔구 친절했던 행동이다. 잔인한 말과 행동을 저지른 사람은 언젠가 후회할 날이 온다. 그러나 자신이 말하고 행한 친절로 뿌듯해할 날들도 항상 우리 곁에 기다리고 있다.

불친절은 한 사람의 성격을 더럽히고, 시간이 지날수록 체면도 더럽히며, 친절했다면 충분히 거머쥘 수 있었을 완벽한 성공의 가능성도 망쳐버린다. 친절한 사람은 마음이 아름답고, 시간이 지날수록 인상도 아름다워진다. 게다가 자신의 지성에 걸맞은 완전한 성공에 도달할 수 있다. 한 사람의 번영은 성품이 친절할 때 그 깊이를 더하고 풍요로워진다.

'관용'은 더 도량이 넓은 형태의 친절과 관련이 있다. 친절이 온화한 자매라면, 관용은 늠름한 형제다. 자유롭고 개방적이며 관대한 성격은 언제나 매력적이고 사람들에게 감화를 준다. 반면 융통성 없고 비열한 성격은 항상 밀어내는 힘이 있다. 그런 사람들은 음침하고 편협하고 속좁고 쌀쌀맞다. 친절과 관용은 항상 끌어당기는 힘이 있다. 이들은 밝고 인자하고 개방적이고 따뜻하다. 다른 사람을 밀어내는 사람은 외톨이가 되고 실패하지만, 끌어들이는 사람은 남들과 화합하고 성공한다.

주는 것은 받는 것 못지않게 중요한 의무다. 얻을 수 있는 모든 것을 다 챙기고도 남에게 주지 않는 사람은 결국 아무것도 얻지 못하게 될 것이다. 우리가 받지 않으면 줄수 없는 것과 마찬가지로, 주지 않으면 받을 수도 없는 것이 정신적 세계의 법칙이다.

기부는 모든 종교 지도자가 위대하고 중요한 의무라고 가르치는 것이다. 기부는 개인의 성장과 발전으로 가는 넓고 트인 길이자, 우리가 마음속에 이타심을 더욱더 넓혀가고, 지난날의 이기심으로 되돌아가지 않게 막아주는 수단이다. 또한 이는 우리가 다른 사람들과의 정신적, 사회적 유대 관계를 인식하고 우리가 벌거나 소유한 것 중 일부를 기꺼이 나누어야 할 필요성을 의미한다.

인간은 많이 얻을수록 더 얻기를 갈망하고 손에 쥔 것을 놓치기 싫어한다. 마치 먹이를 찾아다니는 야수처럼, 쌓아놓은 재산에 대한 인간의 집착은 갈수록 원시적으로 변한다. 이런 사람은 더 고차원적 기쁨, 즉 이타적이고 행복한 사람들과 영적으로 교감하면서 활기를 얻고 자유로워지는 느낌을 스스로 멀리한다. 찰스 디킨스의 『크리스마스 캐럴』에 나오는 스크루지는 이러한 인간의 전형을 생생하고 극적으로 보여준다.

오늘날 영국(어쩌면 미국에서도)의 공직자들은 대부분(아직 예외를 본 적이 없기 때문에 전부라고 봐도 무방할 것이다) 훌륭한 기부자들이다. 시장, 지자체장, 치안판사, 시의원, 그 외 책임 있는 공직을 맡은 모든 사람은 각자 사적 영역의 업무를 성공적으로 수행했기에 그만큼 공무에서도 적임자로 간주되고 발탁되었다. 그들이 후하게 베푼 자선 정신은 전국의 수많은 유서 깊은 기관들에 영원한 흔적으로 남아 있다.

시기심 많고 실패한 사람들은 성공한 사람들이 부를 부당하게 축적했다고 비난하곤 하지만, 나는 그 비난이 옳다는 실질적 증거를 전혀 찾을 수 없었다. 성공한 사람들은 순전히 근면하고 능력 있고 정직해서 부와 명예를 얻었다. 성공이 곧 인격의 완성까지는 아닐지라도, 어쨌든 그들은 참으로 씩씩하고 활기차고 관대하고 존귀한 사람들이었다.

마음에 탐욕, 비열, 시기, 질투, 의심이 생기지 않게 경계해야 한다. 이런 감정을 품으면 인격 수양이나 행복에 도움이 되지 않음은 물론 심지어 물질적 부도 쌓지 못하는 등 인생에서 좋은 것을 모두 놓칠 것이다.

마음이 푼푼하고 손길이 관대한 사람, 도량이 넓고 의심 없는 사람이 되어라. 자신이 가진 것을 기꺼이 쾌척하고, 친구와 동료들이 자유롭게 생각하고 행동할 수 있게 존중하라. 그러면 명예, 풍요, 번영이 당신의 친구나 방문객이 되기 위해 문을 두드릴 것이다.

'온화함'은 신성과 비슷하다. 아마 온화함과 가장 상극인 특성을 꼽자면 상스럽고 잔인하고 이기적인 모든 특성이 될 것이다. 그만큼 사람은 온화해질수록 동시에 신성해지기도 한다. 그렇게 되려면 수많은 경험과 철저한 자기 수양이 필요하다.

온화함은 자신의 동물적 본능을 분명하고 확고하면서도 조용히 통제하고 잠재운 상태에 이르러서야만 비로소 마음속에 안착하게 된다. 이는 아무리 가혹한 상황에서도 흥분, 격정, 분노에 빠지지 않는 마음이다.

종교적인 사람이 남들과 특히 구별되는 한 가지 특성이 있다면 바로 온화함이다. 그것은 정신 수양의 훈장과 같다. 무례하고 공격적인 사람은 교양 있고 이타적인 사람을 모욕한다. '신사gentleman'라는 단어의 의미는 여전히 본래의 어원에서 거의 벗어나지 않았다. 지금도 이 말은 겸손하고 자제력 있으며 다른 사람의 감정과 행복을 배려하는 사람을 가리킨다.

온화한 사람은 사려 깊고 친절한 성품과 선한 행동 덕분에 출신 성분에 상관없이 항상 사랑받는다. 싸우기 좋아하는 사람들은 언쟁과 비난으로 자신의 무지와 무교양을 드러낸다. 하지만 온화한 성품으로 자기완성을 이룬 사람은 결코 싸우는 법이 없다. 상대의 모욕에 결코 모욕으로 되받아치지 않는다. 가만히 있든지, 아니면 격노보다 훨씬 효과가 강력한 부드러운 말로 대응한다. 온화함은 지혜의 내공에서 나오는데, 지혜로운 사람은 자신 안의 모든 분노를 극복했기에 다른 사람의 분노를 어떻게 극복할지도 안다.

제멋대로 움직이는 마음을 다잡지 못하는 사람들은 불필요한 긴장으로 정신력을 소모하고 스스로를 괴롭히다가 지쳐간다. 그동안 온화한 사람은 이 모든 감정의 소용돌이와 멀찍이 떨어져 조용히 평정을 유지한다. 이 조용하고 평온한 태도에는 인생의 투쟁에서 승리를 이끌 강력한 힘이 있다.

'통찰력'은 공감이 낳은 선물이다. 공감하는 사람은 인식력이 깊다. 우리는 논쟁이 아닌 경험으로 이해한다. 우리가 어떤 사물이나 존재를 알려면, 먼저 그 사물이나 존재와 접촉해봐야 한다.

논쟁은 겉모습을 분석하지만 공감은 마음속까지 도달한다. 냉소적인 사람은 모자와 코트만 보고는 그 사람을 봤다고 생각한다. 공감하는 사람은 그 사람 자체를 볼 뿐 모자와 코트에는 관심을 두지 않는다.

모든 유형의 증오는 서로 간의 장벽과 그에 따른 오해가 원흉이다. 반면 모든 유형의 사랑에는 서로 이해하면서 생성된 신비한 유대감이 있다. 공감은 이 유대감의 가장 순수한 형태이자, 그 무엇보다 마음이 넓은 가장 훌륭한 시인이다. 어떤 문학 작품 속 인물도 공감이라는 감정만큼 인간의 마음, 그리고 생물 및 무생물을 포함한 모든 자연물에 대한 깊은 이해를 대변해줄 수 없다.

셰익스피어의 작품에서 셰익스피어 '본인'은 찾아볼 수 없다. 그는 공감력에 의해 자신이 만든 등장인물에 동화된다. 그는 한동안 현자와 철학자, 미치광이와 어리석은 사람, 술고래와 매춘부 등 다양한 인물의 경험에 들어간다. 그 등장인물들이 자신을 아는 정도보다 셰익스피어가 그들을 더 속속들이 잘 안다. 셰익스피어는 편파적이지 않고 편견도 없다. 그의 공감대는 가장 낮은 사람부터 가장 높은 사람까지 모든 계층을 아우른다.

편견은 공감과 이해를 가로막는 거대한 장벽이다. 편견을 품고 다른 사람들을 이해하기란 불가능하다. 우리는 편파적 판단에서 벗어나야만 사람과 사물을 있는 그대로 볼 수 있다. 그렇게 우리는 보는 사람에서 점점 공감하는 사람이 된다. 그리고 공감은 상대방을 이해할 수 있게 해준다.

느끼는 마음과 보는 눈은 분리될 수 없다. 연민의 정이 깊은 사람은 예언자의 능력이 있다. 다른 사람의 고동치는 가슴에 자신의 심장도 같이 뛰는 사람은 모든 사람의 속마음을 꿰뚫어 본다. 공감력이 뛰어난 사람에게는 과거와 미래도 더 이상 풀리지 않는 불가사의가 아니다. 그의 도덕적 통찰력은 인간 생명의 완벽한 순환을 파악한다.

공감적 통찰력이 있는 사람은 자유, 기쁨, 힘이 고양되는 기분을 느낀다. 그의 폐가 공기를 들이마시듯, 그의 영혼은 기쁨을 들이마신다. 그리고 더 이상 경쟁, 고난, 적을 두려워하지 않는다. 그러한 속된 미혹에서 벗어나, 깨어난 통찰력으로 자신 앞에 펼쳐진 위대하고 장엄한 세계를 바라본다.

7장

여섯 번째 기둥
진실성

인간 사회는 진실성에 의해 하나로 뭉쳐 있다. 거짓이 만연한 사회는 붕괴할 정도까지는 아니더라도, 분열되고 불신이 난무하는 사회로 이어질 것이다. 우리 삶은 서로에 대한 뿌리 깊은 믿음으로 인해 온건하고 건전하며 행복하게 유지될 수 있다.

우리가 다른 사람을 믿지 못하면 그들과 거래는 물론 교제도 할 수 없다. 셰익스피어의 『아테네의 티몬』은 자신의 어리석음 때문에 인간 본성의 진실성을 완전히 불신하게 된 한 남자의 비참한 상태를 보여준다. 그는 모든 사람과 절연하고 결국 스스로 목숨을 끊는다.

랄프 왈도 에머슨은 상업에서 신뢰 체계가 사라지면 사회가 붕괴할 것이라는 취지의 말을 한 적이 있다. 그 체계는 사람들이 서로서로 믿는 보편적 신뢰를 가리킨다. 근시안적이고 우매한 사람들은 사업의 세계가 사기와 기만으로 이루어져 있다고 생각하지만, 실은 사업이야말로 커다란 신뢰, 즉 개인이 자신의 의무를 다하고 완수할 것이라는 신뢰에 기초한다. 예컨대 물건값은 물건을 건네줘야만 청구할 수 있다. 그리고 이 체계가 오랜 세월 지속되었다는 사실은 대부분 사람들이 떼먹을 궁리를 하지 않고 제값을 치르고 있다는 것을 증명한다.

인간 사회는 아무리 결점이 많다고 한들, 진리라는 강력한 기반 위에 세워져 있다. 진리는 진실성의 밑바탕을 이룬다. 위대한 지도자들은 모두 최고의 진실성을 자랑하는 사람들이다. 그 덕에 그들의 이름과 업적은 역사에 길이 남을 수밖에 없다. 이는 모든 인류가 진실성의 미덕을 존중한다는 증거다.

진실하지 않은 사람은 모든 사람이 자기 같은 줄 알아서 '사회의 부패'를 논하기 좋아한다. 비록 부패한 것은 세월이 지나도 존속할 수 있지만, 색안경을 끼면 모든 것이 안경 색깔대로 보이지 않겠는가? 인간 사회에서 좋은 점을 하나도 볼 수 없는 사람들은 스스로를 되돌아봐야 한다. 그들의 문제는 자기 주위에 있다.

그들은 선과 악을 논한다. 그런데 매사에 냉소적이고 짜증을 내다 보니 아무것도 선하게 보이지 않고, 모든 것과 모든 사람이 악해 보인다. 최근 어떤 사람이 "사회는 위에서부터 썩기 시작해 아래로 번져나간다"라고 말하는 것을 들은 적이 있다. 그리고 그는 내게도 그렇게 생각하지 않냐고 물었다. 나는 그가 그렇게 생각한다니 유감이라고 답했다. 사회에는 많은 결점이 있지만, 그 중심부에는 건전하고 완벽의 꽃을 피울 씨앗이 담겨 있다.

실제로 사회는 아주 건전해서 철저히 이기적 목표를 추구하는 사람은 번영이 오래가지 못하고, 남에게 영향력을 행사할 위치에 오를 수도 없다. 어차피 곧 가면이 벗겨지고 사람들이 등을 돌릴 것이기 때문이다. 이런 사람이 비록 잠깐뿐이더라도 순진한 사람들을 이용해 먹으며 잘산다는 사실은 이용당한 사람들의 지혜가 부족하다는 것을 드러낸다. 하지만 이는 진실함을 믿는 인간의 본성을 증명하는 희망적 신호이기도 하다.

무대 위에서 훌륭한 연기를 선사하는 배우는 존경을 받지만, 인생의 무대에서도 연기를 펼치는 배우는 치욕과 경멸을 자초한다. 평소에도 계속 가면을 쓰려고 노력하는 사람은 자신의 인격이나 성격도 사라지고 모든 영향력과 힘,

성공도 잃게 된다.

가슴 깊이 진실한 사람에게는 위대한 도덕적 힘이 있고, 그 어떤 다른 힘도(아무리 뛰어난 지적 힘이라도) 이 도덕적 힘에 비견할 수 없다. 진실성이 단단하고 완전하게 여문 사람은 강력한 영향력을 발휘한다.

도덕성과 진실성은 아주 밀접하게 결합되어 있어서 진실성이 부족한 사람은 도덕성, 즉 도덕적 힘도 부족하다. 진실하지 않다면 다른 모든 미덕마저 침식되고 무너져 유명무실해진다. 약간이라도 진실성이 결여된 사람은 인성의 다른 모든 면에서 고결하더라도 볼품없고 비웃음을 살 만한 존재로 전락할 뿐이다.

그만큼 거짓은 몹시 비열한 악이다. 도덕적인 사람이라면 누구든, 듣기 좋은 감언이설로 장난치거나 아무리 사소할지라도 거짓말로 사탕발림하는 것을 생각조차 못 할 것이다. 거짓된 사람은 더 이상 존경할 만한 강자가 아니라 껍데기밖에 없는 약자다. 그의 마음에는 힘을 끌어낼 수 있는 깊은 샘이 말라버렸고, 존경심을 불러일으킬 알짜 같은 면도 없다.

임기응변으로 꾸며낸 거짓말에 우쭐대거나 교묘한 가짜 칭찬에 기뻐하는 사람이라도 마음을 움직이고 확고하고 최종적인 판단 기준을 형성하는 대법칙의 영향력에서 영원히 벗어날 수는 없다. 계획적 기만은 마음의 수면에 잠깐 파문을 일으키고 지나갈 뿐이다.

내가 아는 한 여성은 "그 남자가 내게 관심을 보여주니 고맙지만 그와 결혼할 생각은 없어요"라고 말했다. 내가 "왜죠?"라고 묻자 그녀는 이렇게 답했다.

"그 사람 말은 진실하게 들리지 않아요."

'진실하게 들리다.'

이 말은 깊은 의미를 함축한다. 이 어원은 주화의 순도를 테스트했을 때, 다른 금속이 섞이지 않고 법정 순도에 부합하는 주화가 울리는 소리에서 유래했다. 이 주화는 '표준에 맞으며' 그 가치를 온전히 인정받아 어디서나 통용된다.

인간도 마찬가지다. 개인들의 말과 행동은 그 자체로 특유의 영향력을 발산한다. 인간에게는 다른 모든 사람이 마음으로 듣고 본능적으로 감지하는 무음의 소리가 있다. 그들은 진실한 소리와 거짓된 소리를 구별하지만 그 차이를 어떻게 아는지는 본인도 모른다.

몸의 귀가 소리를 아주 섬세하게 구별할 수 있듯, 마음의 귀도 여러 영혼의 미묘한 차이를 구별해낸다. 결국 속이는 본인 외에는 아무도 속지 않는다. 진실하지 못한 사람들은 남을 속이기에 성공해서 우쭐할지 몰라도 사실상 자신 외에는 누구도 속이지 못했다는 점에서 하나만 알고 둘은 모른다. 그들의 민낯은 만천하에 드러난다.

인간의 마음속에는 본질상 오판하지 않는 재판관이 자리하고 있다. 감각이 완벽히 알아차리는 것을 영혼은 모르지 않을 수 없다! 이처럼 틀림없는 내면의 직감은 인류의 집단적 판단에서 드러난다. 이 판단은 완벽하다. 워낙 완벽해서 인간은 문학, 예술, 과학, 발명, 종교 등 모든 지식 분야에서 좋거나 나쁜 것, 가치 있거나 없는 것, 거짓되거나 참된 것을 판별할 수 있다. 그래서 각각의 전자는 정성껏 보존되고 후자는 저절로 사라지게 되는 것이다.

위대한 사람들의 업적과 말, 행동은 인류에 남긴 유산이며, 인류는 그 가치를 소중히 한다. 작가 1,000명이 책을 썼는데 그중 단 한 권만이 독창적인 천재의 작품이라고 치자. 사람들은 그 한 사람을 찾아내 그의 작품을 치켜세우고 보존한다. 그사이 999명의 모방자는 잊히도록 내버려둔다.

마찬가지로 만 명이 비슷한 환경에서 각자 어떤 문장을 말하는데, 오직 한 명의 문장만이 신성한 지혜를 담고 있다면, 인류는 그 문장을 귀신같이 골라내 후대에까지 전승한다. 다른 문장들은 소리 소문도 없이 사라진다.

군중이 예언자를 죽게 한 것은 사실이지만, 이 사건조차도 진짜 주화를 밝히는 시험이 되어 훗날 사람들은 그 진가를 알아보게 되었다. 결국 죽임을 당한 그는 인류의 표본으로 올라섰고, 죽음으로써 자신이 위대하다는 불변의 증거를 길이 남겼다.

위조 주화는 가려져 다시 용광로에 던져지는 반면, 진짜 주화는 사람들 사이에서 유통되며 그 가치를 인정받는다. 마찬가지로 거짓된 말, 행동, 성격도 결국 들통나서 다시 원래의 자리인 무無, 비실재, 무력, 죽음의 용광로로 내던져진다.

장신구든 사람이든 가짜는 무가치하다. 우리는 진품 테스트를 통과하고자 하는 모조품을 부끄럽게 여긴다. 거짓은 값싸고, 가면 쓴 사람은 웃음거리가 된다. 거짓된 사람은 인간 이하의 존재다. 그는 그림자이고, 유령이며, 단순히 가면이다.

하지만 진실은 값지다. 마음이 건전한 사람은 타의 모범이 된다. 그는 인간 이상의 존재, 곧 실재다. 그 자체로 힘이요, 원칙의 기틀이다. 거짓은 모든 것을 잃고, 심지어 개성도 소멸하게 한다. 거짓은 아무것도 아닌 비실재다. 반면에 진실은 모든 것을 얻게 한다. 진실은 고정불변하고, 영구적이며, 실재적이다.

진실해야 한다는 것은 모두에게 중요하다. 우리는 자신

의 본모습 외에 다른 모습으로 비치기를 원하지 않는다. 우리는 덕을 가장해서도, 고매한 척을 해서도, 본모습을 숨겨서도 안 된다. 위선자는 자신이 세상의 눈을 속이고 불변의 대법칙을 거스를 수 있다고 생각한다. 하지만 그가 속이는 사람은 단 한 명뿐이니, 바로 자기 자신이다. 그리고 세상의 법칙은 그에게 응당한 벌을 내린다.

지나치게 악한 자는 멸망한다는 옛말이 있다. 나는 가식적인 사람이 되는 것이 인간이 겪을 수 있는 최악의 파멸로 가는 길이라고 생각한다. 그 자신은 사라지고 그 자리에 허황한 신기루만 있을 뿐이다. 그리고 많은 사람이 두려워하는 멸망의 지옥에 떨어진다. 이런 사람이 성공할 수 있다고 생각한다면 그림자가 실제 사람을 대체해 주인 역할을 할 수 있다고 생각하는 것과 같다.

혹시 가식과 겉모습으로 성공적 경력을 쌓겠다고 생각하는 사람이 있다면 어둠의 나락에 빠지기 전에 이제 그만 멈추길 바란다. 거짓에는 어떤 견고한 기반도, 실체도, 실재도 없다. 건축할 재료도, 건물이 버티고 서게 해줄 어떤 지지대도 없다. 그저 외로움, 궁핍, 수치심, 혼란, 두려움, 의심, 눈물, 한숨, 한탄만 남을 뿐이다. 그 어떤 지옥보다 더 밑에 있고 어두컴컴하며, 지저분한 지옥이 있다면 그것은 거짓의 지옥이다.

진실한 사람의 마음을 수놓는 네 가지 아름다운 특성은
다음과 같다.

- 단순성
- 매력
- 투시력
- 힘

'단순성'은 자연스러움이다. 가짜나 인위적 장식이 붙지
않은 단순한 상태다. 자연은 왜 모두 이토록 아름다울까?
그들은 말 그대로 자연스럽기 때문이다. 우리는 자연을 있
는 그대로 보고 다른 특정 모습을 바라지도 않으며, 자연
스스로도 원래 이외의 모습으로 생기고 싶어 하지 않는다.

인간계를 제외한 자연의 세계에는 위선이 없다. 누가 봐
도 아름답고 완벽한 자연은 우리에게 기쁨과 경이를 선사
한다. 자연은 어디서도 결점을 찾을 수 없으며, 심지어 가
장 사소한 부분이라도 인간의 힘으로 더 이상 손볼 데가
없다. 모든 것은 각자 고유의 방식으로 완벽하며, 의도하
지 않은 단순성으로 인해 아름답게 빛난다.

"자연으로 돌아가라"는 현대 사회에서 자주 들리는 구
호다. 이 말에서 흔히 시골의 작은 집이나 텃밭 가꾸기 등

을 떠올린다. 그러나 우리가 가짜 자아를 시골까지 데리고 간다면 시골로 간들 별 소용이 없을 것이다. 게다가 우리의 얼굴에 붙어 있는 어떤 가면도 시골이든 도시든 우리가 있는 바로 그 자리에서 벗겨낼 수 있다. 사회의 관습에 지친 사람들이 고요한 자연을 찾아 시골로 훌쩍 떠나는 것도 좋지만, 그 목적이 내면의 구원을 통한 단순성과 진실성의 회복이 아니라면 아무 소용이 없을 것이다.

그러나 인류는 동물의 세계 같은 자연적 단순성에서 벗어나 더 차원 높은 신성한 단순성을 향해 진화하고 있다. 특히 위대한 천재들이 그토록 위대해질 수 있었던 이유는 그들에게 자연스러운 단순성이 있어서다. 그들의 단순성은 인위적이지 않은 '본모습'이다.

반면 더 범속한 사람들은 외형적 스타일과 남들에게 보이는 인상에 신경 쓴다. 그들은 세상의 무대에서 눈에 띄는 인물이 되고 싶지만, 도리어 이 불경스러운 야망 때문에 언제까지나 그저 범속한 인간으로 남는다.

최근 한 남자가 내게 "불후의 명곡을 작곡할 수 있다면 내 인생의 20년을 바쳐도 좋소"라고 말했다. 그렇게 야망 넘치는 사람은 명곡을 쓸 수 없다. 그는 젠체하고 싶을 뿐이며, 자기 자신과 명예만 생각한다. 어떤 사람이 길이 남을 성가나 작품을 창작하려면 인생의 20년을 바칠 게 아니다. 수만 가지의 쓰라린 경험과 실패, 승리, 기쁨 등을 거쳐 노래하고, 그림 그리고, 글을 쓰면 무엇이든 대단한 작품을 만들어낼 수 있다. 따라서 그는 고난의 땅을 밟고, 피와 눈물을 흘려 가며 노력해야 한다.

지성과 도덕적 힘을 유지하되 단순성으로 회귀하는 사람은 위대해진다. 그는 진정한 것 중에는 아무것도 잃지 않는다. 오직 가짜만이 떨어져 나가 품성에서 순금만 남는다. 진실성이 있는 곳에는 항상 단순성이 따라다닌다. 그것은 자연에서 볼 수 있는 형태의 단순함, 진리의 아름다운 단순함이다.

'매력'은 단순성의 직접적인 결과다. 이 예는 모든 자연물의 매력에서 볼 수 있다. 그러나 이것이 인간의 본성에서는 '개인적 영향력'의 형태로 발현된다. 최근 몇 년 사이 몇몇 사이비 신비주의자가 엄청난 가격을 부르며 '개인의 매력'을 높이는 비결을 알려주겠다고 광고해왔다. 그들은 남들 앞에서 매력을 발산하는 방법을 가르쳐준답시고 허영심 많은 사람들을 집중 공략하고 있다. 마치 '초자연적' 수단을 통해 매력을 끄집어내고 팔 수 있다는 듯, 혹은 화장처럼 칠했다 지웠다 할 수 있다는 듯이 말이다.

매력을 인정받기를 열망하는 사람들일지라도 그 바람이 이루어질 가능성은 없다. 바로 그 허영심이 매력을 깎아내리는 장애물이기 때문이다. 매력적으로 여겨지고픈 욕망 자체가 속임수고, 그 욕망 때문에 사람들은 숱하게 남을 속이고 다닌다. 게다가 이런 사람들은 자기 성격에 진정한 매력과 기품이 부족하다는 것을 알고 이를 대체할 무언가를 찾고 있을 것이다.

그러나 아름다운 마음과 강인한 성품을 대체할 것은 없다. 매력도 천재성과 비슷하게 그것을 욕심낼수록 반감하는 법이다. 오히려 매력은 그것을 탐하지 않으면서 마음이 아주 옹골지고 진실한 사람의 차지가 된다. 인간의 재능, 지성, 애정, 아름다운 용모 등 인간의 본성을 모두 통틀어도 진실성이라는 한 단어로 표현될 수 있는 건전한 정신과 온전한 마음에서 오는 매력에 비할 것은 아무것도 없다.

진실한 사람은 항구 불변의 매력이 있으며, 스스로 인간의 본성에서 가장 좋은 본보기를 끌어낸다. 진실성을 빼고 개인의 매력은 있을 수 없다. 사람들은 누군가의 외적 매력에 잠시 푹 빠지기도 하지만 이는 열병에 가깝지, 진실한 사람들에게서 나타나는 불변의 흡인력과는 완전히 다르다. 열병은 고통스러운 환멸로 끝나지만, 실재라는 견고한 토대 위에 서 있는 진실한 사람들은 아무것도 숨길 게 없으니 애초에 환상도 없다.

지도자들의 매력은 진실성의 힘에서 나온다. 아무리 지성이 뛰어나도 진실하지 않은 사람은 절대 남들을 오랫동안 이끌거나 인도할 수 없다. 당분간은 사람들의 호응에 힘입어 의기양양하게 순항하고 자신이 안전하다고 믿을 수 있겠지만 얼마 안 가 입방아에 오르내릴 것이다. 자신의 얼굴을 분칠해서 사람들을 속이는 사람은 성공이 오래가지 못한다. 사람들은 곧 고개를 갸우뚱하며 그가 가식적인 인간임을 알아차릴 것이다.

속임수 행위는 화장발과 같다. 백옥 같은 피부로 뭇사람의 흠모를 받았다가, 모두가 분칠을 알아보고 멸시하기 시작하는 것이다. 이런 사람에게는 단 한 명의 추종자가 있으니, 바로 자신이다. 그리고 진실하지 못한 모든 사람이 스스로를 가두는 지옥은 다름 아닌 자아도취의 지옥이다.

진실한 사람들은 자신의 재능, 천재성, 미덕, 아름다움을 생각하지 않는다. 그리고 자신에 대해 지나치게 의식하지 않기 때문에 모든 사람을 끌어당기고 신뢰와 애정, 존경을 받는다.

'투시력'은 진실성과 친하다. 모든 가짜는 진실의 앞에서 정체가 발각된다. 제아무리 사기꾼이라도 진실한 사람의 천리안에는 속내가 다 들여다보인다. 진실한 사람은 허약한 가식을 한눈에 전부 간파한다. 그의 강렬한 눈빛에 딱 걸린 사기꾼들은 얼른 그 시선에서 벗어나고 싶어 한다. 마음에서 진실만 남기고 모든 거짓을 버린 사람은 다른 사람의 참말과 거짓말을 가려낼 줄 안다. 자신을 속이지 않는 사람은 남들에게 속지 않는다.

우리가 자연을 바라볼 때 뱀, 새, 말, 나무, 장미 등을 쉽게 구별하듯, 진실한 사람은 다양한 사람의 다양한 성격을 구별해낸다. 상대의 움직임, 표정, 말, 행동, 본성을 파악하고 그에 맞춰 행동한다. 의심은 거두되 경계심은 늦추지 않는다. 그래서 허세꾼들을 만나도 의심하는 기색 없이 상대할 준비가 되어 있다.

그는 부정적인 의심이 아니라 긍정적인 판단력에 따라 행동한다. 그러다 보니 사람들은 그에게 마음을 열고, 그는 상대가 말하는 요지를 정확히 읽는다. 진실한 사람의 날카로운 판단력은 행동으로 관통한다. 몸소 행동으로 확실하게 보여주므로, 이를 본 다른 사람들도 자신의 장점을 강화하되 단점을 부끄러워하게 된다. 이처럼 진실한 사람은 아직 머리와 가슴이 덜 성숙한 사람들에게 힘을 북돋우는 지팡이 같은 존재다.

투시력이 있는 사람에게는 '힘'도 있다. 각 행동의 본질을 이해할 수 있으면 모든 행동을 적절하고 최선의 방법으로 대처할 힘이 생긴다. 모든 깨달음이 다 힘이지만, 특히 행동의 본질을 깨달았다면 최고의 힘을 얻은 셈이다.

그 힘을 획득한 사람은 모든 사람에게 영향력 있는 존재가 되고 그들의 행동을 영구히 변화시킨다. 그는 육신이 사라진 지 한참 후에도 여전히 세상을 형성하는 힘이 있으며, 사람들의 마음속에 그들이 숭고한 목적을 향해 나아가도록 은은하게 힘을 불어넣는 영적 실재로 남는다. 처음에 그 힘은 국소적이고 제한적이겠지만, 이 정의로운 힘의 범위는 계속 확장과 확장을 거듭해 온 세상을 아우르게 된다. 마침내 모든 사람은 그의 선한 영향력을 흡수한다.

진실한 사람은 자신이 하는 모든 일, 그리고 만나는 모든 사람에게 자신의 성품을 각인시킨다. 그는 촌철살인의 어법으로 상대방에게 깊은 인상을 남긴다. 그의 영향력은 또 다른 사람들에게 건너 건너 전달되고, 마침내 수만 마일 밖에 절망에 빠진 한 사람에게까지 전해져 용기를 심어준다. 이런 힘이 있다는 것은 그 자체로 성공한 삶이고, 이 힘의 가치는 주화에 함유된 금속을 테스트하듯 평가될 수 있는 성질이 아니다.

주옥같은 인품을 돈으로 살 수는 없지만 옳은 일을 행하려는 노력으로 얻을 수는 있다. 진실한 사람, 온몸과 마음이 옹골차고 건강한 사람은 보통을 뛰어넘는 번영과 남들에게 없는 힘을 거머쥘 것이다.

이것이 진실성이라는 든든한 기둥이다. 그 지지력은 엄청나서, 완공된 번영의 신전은 안전할 것이다. 벽도 무너지지 않고, 서까래도 썩지 않으며, 지붕도 내려앉지 않을 것이다. 이 신전은 지은 사람의 평생 동안 온전히 서 있음은 물론, 사후에도 대대손손에 걸친 다른 사람들에게 계속 피난처와 거처 역할을 할 것이다.

8장

일곱 번째 기둥
정의로움

―――――――――――――――――――――――

편견을 없앨 수 있다면 대단한 성과다. 편견은 인간이 걸어가는 길에, 즉 건강, 성공, 행복, 번영으로 가는 길에 장애물을 쌓는다. 그래서 인간은 편견만 없다면 친구가 되었을 상상의 적들과 끊임없이 대립한다. 편견에 휩싸인 사람에게 인생이란 정녕 일종의 장애물 경주, 그것도 장애물에 걸려 넘어지고 목표 지점에 도달하지 못하는 경주와 같다. 하지만 공정한 사람에게 인생은 하루를 마치고 기분 좋게 휴식하는 시골의 산책길이다.

공정한 사람이 되려면 이기심을 버리고 자신의 관점뿐 아니라 타인의 관점에서도 바라볼 수 있어야 한다. 이것은 큰 과업이지만 중요한 일이다. 비록 끝이 존재하지 않는 과제겠지만, 시작은 지금 당장 할 수 있다. 편견은 마음의 산과도 같아서, 편파적인 사람은 이 산 너머를 보지 못한 채 그 뒤에 아무것도 없다고 믿는다. 그러나 진실은 '산을 옮기는' 기적을 행할 수 있다. 산이 치워지면 수많은 마음의 빛과 그림자, 다양한 색상과 색조가 하나의 장관으로 펼쳐져 보는 이들의 눈을 즐겁게 한다.

고집스레 편견에 집착하다가 얼마나 많은 기쁨을 놓치고, 얼마나 많은 친구를 떠나보내고, 얼마나 큰 행복이 사라지고, 얼마나 앞날을 어둡게 하는지 생각해보라! 그러나 편견에서 벗어나기는 보기 드물 만큼 힘든 일이다. 대부분 사람은 자신이 좋아하는 대상에 마음이 기운다. 어떤 문제의 진실을 알기 위해 모든 사실을 고려하고 모든 증거를 저울질하며 양쪽 관점을 냉철하게 논하는 사람은 거의 찾아보기 어렵다.

관점이 한쪽으로 치우친 사람은 자기주장을 내세우기에 여념이 없어서, 진리를 찾을 생각은 없다. 이미 자신만 옳고 다른 사람은 다 틀렸다고 확신하기 때문이다. 그는 자신의 주장을 변호하고 상대를 이기려 애쓴다. 또한 사실과 증거를 조목조목 내세워 자신의 주장이 진실임을 증명하기보다는, 감정에 호소하며 열변을 토한다.

사람들은 편견 때문에 사실이나 지식에 근거하지 않고 결론을 내리며, 그 결론을 뒷받침하지 않는 주장이라면 아무것도 고려하지 않으려 한다. 이처럼 편견은 어떤 대상을 이해하지 못하게 완전히 차단하는 장벽이다. 편견에 사로잡힌 사람은 마음이 고귀하고 드높은 방향으로 발전하지 못하고 어둠과 무지의 상태에 묶여버린다. 게다가 최고의 사상가들과 교감할 기회를 놓친 채 자기중심주의라는 어두운 독방에만 갇히게 된다.

편견은 새로운 빛을 차단하고, 더 아름다운 것을 못 보게 하며, 더 신성한 음악을 들을 수 없게 마음을 닫아버린다. 편파적인 사람은 자신의 하찮고 덧없고 엉성한 의견에 집착하면서 자기 의견이 세상에서 최고인 줄 안다. 이런 사람은 자신이 내린 결론에 애착이 너무 강해서(이는 단지 일종의 자기애일 뿐이다) 모든 사람이 자신의 의견에 동의해야 한다고 생각한다. 자기 관점과 다른 사람들을 멍청하다고 생각하고, 자기 관점과 맞는 사람들의 판단력을 칭찬한다.

이런 사람은 현실의 세계가 아닌 주관의 세계(즉 자신이 만든 환상)에 갇혀 있으니, 지식도 없고 진리도 없다. 일종의 자아도취에 빠져서 가장 평범한 사실조차 눈에 들어오지 않고, 본인의 (대개 근거 없는) 추측이 자기 마음속에서 압도적 비중을 차지한다. 그리고 모든 것에는 한쪽 면만 있다는, 즉 자기가 보는 면이 전부라는 망상에 빠져 있다.

하지만 모든 것에는 최소한 두 가지 측면이 있다. 한쪽이 다른 쪽보다 우위가 되어야 한다는 고집과 흥분을 버리고 양쪽을 주의 깊게 살펴보는 사람은 진실을 발견한다.

세상의 온갖 분열과 논쟁을 보면 마치 한 사건을 변호하는 두 명의 변호사를 연상시킨다. 원고 측 변호인도 자기편 주장을 뒷받침하는 사실을 모두 제시하고, 피고 측 변호인도 자기편 주장을 뒷받침하는 사실을 모두 제시하면서, 서로의 논거를 깎아내리거나 무시하거나 무효화하려 한다. 그러나 사건을 맡은 판사는 일반인들에 비유하면 공정한 사상가와 같다. 양쪽의 모든 증거를 듣고 비교하고 선별해 정의롭고 공정한 결론을 내린다.

이렇게 흔한 편파성이 꼭 나쁜 것만은 아니다. 다른 모든 양극단에서 그렇듯, 여기서 자연은 두 반대 진영 간의 갈등을 완벽한 균형으로 마무리한다. 더욱이 이는 진화의 한 요소다. 모든 인간이 거쳐야 하는 단계로, 아직 활발한 사고 활동에 익숙하지 못한 사람들에게 사고를 자극하는 역할을 한다. 그러나 그것은 진리의 위대한 대로로 진입하기 위한 샛길일 뿐이다. 심지어 그 길은 복잡하고 혼란스러우며 지나가기 힘들다.

하지만 공정은 완전히 둥근 모양을 띤다. 편파적인 사람은 진실의 한쪽 면만 보고 그것이 전부인 줄 알지만, 공정한 사람은 모든 측면을 아우르는 전체적 진실을 본다. 우리는 모든 면을 바라보고 이를 하나의 진리로 모아 완벽한 원을 형성할 수 있어야 한다. 이렇게 원을 완성하는 과정이 공정한 사람이 되는 길이다.

공정한 사람은 관찰하고 평가하고 숙고할 때 편견이나 좋고 싫음이 없다. 그의 관심은 오직 진실을 찾는 것이다. 사실과 증거가 모든 걸 알려준다고 믿고 선입견을 배제한다. 그는 진실이 바뀔 수 없고, 자신의 주관적 견해가 진실에 영향을 줄 수 없으며, 진실은 언젠가 밝혀진다는 것을 알기 때문에 자기변호에 애쓸 이유가 없다.

따라서 공정한 사람은 걸핏하면 흥분하는 편파적인 사람과 달리 엄청난 정신 소모와 신경 쇠약을 겪지 않는다. 게다가 그는 실재를 직접 대면하고 있으므로 마음이 고요하고 평온하다.

편견에서 벗어난 사람은 눈 씻고 찾아봐도 드물다. 그만큼 만약 어딘가에 공정한 사상가가 있다면 그는 조만간 세계를 진단하고 세계의 운명을 이끌어가는 데 매우 중추적 역할을 할 것이 틀림없다. 세속적인 일에서 반드시 직책을 맡을 필요도 없고, 그런 직책이 있을 리도 없다.

대신 영향력의 측면에서 지고한 자리에 오를 수는 있다. 지금도 그런 사람이 있을지 모르고, 있다면 목수나 직조공, 사무원일 수도 있겠다. 가난할 수도 있고 백만장자 집안일 수도 있다. 또 키가 작은지 큰지, 피부색이 어떤지, 그가 누구고 어디에 있는지 모르지만 어쨌든 이미 세상을 움직이기 시작했을 것이다. 그리고 언젠가 인류의 진화에서 새로운 힘이자 창의적인 구심점이 되어 온 세상이 그를 알아볼 것이다.

약 1900년 전에 그런 사람이 있었다. 그는 가난하고 배운 것 없는 목수에 불과했다. 친척들에게는 미친 사람 취급을 받았고, 동족들이 보기에 치욕스러운 최후를 맞이했다. 그러나 그가 뿌린 영향력의 씨앗은 전 세계를 변화시켰다.

약 25세기 전 인도에도 한 사람이 있었다. 그는 재주가 많고, 교육 수준도 높았으며, 자본과 토지를 소유한 왕의 아들이었다. 그러다 나중에는 돈도 집도 없는 탁발승이 되었다. 오늘날 인류의 3분의 1이 그를 기리기 위해 성지 순례길에 오르고, 그의 영향을 받아 절제를 실천하고 정신을 고양한다.

랄프 왈도 에머슨은 "전능한 신이 이 세계에 생각하는 사람을 풀어놓을 때를 조심하라"라고 말했다. 그리고 편견에 얽매인 사람은 단지 하나의 의견을 열렬히 옹호하는 사람일 뿐, 에머슨이 말한 생각하는 사람에 해당하지 않는다. 편파적인 사람은 모든 생각이 특정한 편견이라는 매개체를 통과한 다음 그 인상에 좌우되므로 냉철한 사고와 공정한 판단이 불가능하다. 그리고 모든 것을 자기 의견과 연관 지어, 즉 상상의 맥락에서만 바라본다.

반면 생각하는 사람은 사물을 있는 그대로 본다. 모든 불완전한 편견과 자기중심주의에서 벗어나 자신의 마음을 정화한 사람은 실재를 직시할 수 있고, 결국 힘이 최고조에 이른다. 말하자면 그는 최고의 영향력을 손에 쥐고 자신도 모르게 이 영향력을 발휘한다. 이 힘은 그의 삶과 분리될 수 없으며, 꽃향기처럼 자연스럽게 분출될 것이다.

그의 힘은 말과 행동, 몸의 자세와 마음의 움직임, 심지어 침묵을 통해서도 드러난다. 그는 어디를 가든, 심지어 사막으로 훌쩍 떠나더라도 이 숭고한 운명을 벗어날 수 없을 것이다. 위대한 사상가는 세상의 중심이다. 모든 사람은 그를 중심으로 궤도를 돌고, 모든 생각은 그의 중력에 이끌린다.

진정 생각하는 사람은 인류를 휩쓰는 끓는 듯한 격정의 소용돌이에서도 초연하게 살고 있다. 보편적 원칙의 중요성을 터득했으므로 일개 개인의 생각에 휘둘리지 않는다.

따라서 그는 이기적 욕망이 충돌하는 전쟁에 비전투원으로 참여해, 공정하고도 무심하지 않은 관찰자의 유리한 입장에서 양쪽을 동등하게 바라보고 싸움의 원인과 의미를 정확히 파악한다.

위대한 스승들뿐 아니라 문학계의 가장 위대한 거장들도 편견 없이 진실의 거울처럼 공평하게 작품을 만들었다. 예컨대 월트 휘트먼, 윌리엄 셰익스피어, 오노레 드 발자크, 랄프 왈도 에머슨, 호메로스 등이 그렇다. 그들의 마음은 한군데 쏠려 있지 않고 탁 트여 있다. 그들의 태도는 개인적이 아니라 보편적이다.

이 위인들은 내면에 모든 사물과 존재, 모든 세계와 법칙을 담고 있다. 그들은 인류를 인도하는 신적인 존재로, 인류를 마침내 격정의 열병에서 구출해 자신들의 고요한 세계로 인도할 것이다.

진정한 사상가는 위인 중의 위인이고, 그의 운명은 누구보다 기쁨으로 충만하다. 마음은 편견에서 완전히 초탈하고 신성에 이르러, 실재라는 따사로운 햇볕을 온전히 만끽한다.

공정의 네 가지 주요 요소는 다음과 같다.

- 정의

- 인내
- 침착
- 지혜

'정의'는 양측이 동등하게 가치를 주고받는 것이다. 소위 '무리한 흥정'은 일종의 절도 행위다. 구매자가 물건값의 일부만 지불하고 나머지 금액을 이득으로 챙기려 하기 때문이다. 흥정에 타협하는 판매자도 이를 부추기기는 마찬가지다.

공정한 사람은 상대보다 우위를 점하려 애쓰지 않는다. 사물의 진정한 가치를 고려하고 그에 따라 거래한다. 그리고 '돈이 되는 것'보다 '옳은 것'을 중시한다. 그는 옳은 것이 결국 가장 좋은 결과로 이어진다는 것을 안다. 또한 자신의 이익을 추구하느라 다른 사람을 불리한 처지에 빠뜨리지 않는다. 공정한 거래가 양쪽 당사자에게 동등하고 완전한 이익을 준다는 것을 알기 때문이다. '한 사람이 손해 보고 다른 사람이 이득'을 보더라도 나중에 순리상 다시 균형이 맞춰진다는 생각이다.

부당 이득은 성공은커녕 반드시 실패로 이어진다. 공정한 사람은 소위 '영리한 거래'를 통해 다른 사람의 주머니를 터는 부당 이득을 추구하지 않는다. 그는 부당 이득이나 도둑질이나 부정직하기는 매한가지라고 여긴다.

사업에서 흥정은 진정한 상도덕에 어긋나며, 거저 이득을 취하려는 이기적인 도적질이다. 떳떳한 사업가는 밀고 당기는 법 없이, 정의를 사업 신조로 삼음으로써 더욱 자신의 격조를 지킨다. 그는 '양질의 물건'을 적정 가격에 공급하고, 그 소신을 쭉 지킨다. 사기성이 농후한 사업이라면 일절 손대지 않는다. 물건은 진품만 팔고, 가격은 딱 그 가치만큼 매긴다.

물건을 구매할 때 상인에게 '가격을 깎아달라고' 하는 고객은 자기 얼굴에 먹칠하는 격이다. 흥정 관행은 다음 두 가지 전제 중 하나 혹은 둘 다를 상정한다. 첫째, 상인이 (비열하고 수상쩍게도) 부정직하고 바가지를 씌우거나 둘째, 고객이 (역시나 비열하게도) 상인을 이용해 그의 이득을 자기 것으로 빼 오기 위해 혈안인 경우다.

'가격 깎기 요구'는 전적으로 부정직한 행위다. 가격 깎기에 가장 열심인 사람들을 가만 보면 대부분 자기가 '덤터기를 쓴다'고 불평한다. 그들이 항상 남들에게 짐을 떠넘기려 노력한다는 점을 생각하면 이는 놀랄 일이 아니다.

반면 물건의 적정 가치나 정의를 떠나 고객에게서 최대한 빼먹으려고 애쓰는 상인은 강도나 마찬가지다. 그는 자신의 성공 기회에 서서히 독을 타고 있다. 그리고 분명 자업자득으로 쫄딱 망할 것이다.

어느 날 한 50세 남성이 내게 이렇게 말했다.

"지금 생각해보니 나는 평생 구입한 모든 물건에 적정 금액보다 돈을 50퍼센트는 더 췄더군요."

공정한 사람은 자신이 어떤 것에 너무 비싼 돈을 췄다고 느낄 리 없다. 그는 자신이 부당하다고 생각하는 어떤 거래도 체결하지 않기 때문이다. 그러나 모든 물건을 반값에 사고 싶어 하는 사람이 있다면, 그는 치졸하고 안타깝게도 물건을 살 때마다 비용을 두 배 지불한다는 생각이 들어 억울할 것이다. 공정한 사람은 무엇을 주든 받든 기꺼이 제값을 치르고, 덕분에 그의 마음은 편안하고 하루하루가 평온하다.

무엇보다 인간은 야비하게 굴지 말고 완벽히 공정한 사람이 되도록 노력해야 한다. 공정하지 않은 사람은 부정직하고 속 좁고 구차한, 그저 자기가 얻을 수 있는 최대한을 가져가되 최소한을 돌려주려 애쓰는 일종의 위장 도둑이다. 그가 모든 흥정을 그만두고 더 품격 있게 사업에 임한다면 자신도 떳떳하게 대성공을 거두는 동시에 거래 상대방들에게도 좋은 교훈을 가르칠 수 있을 것이다.

'인내'는 공정한 사람의 성품에서 가장 환하게 빛나는 보석이다. 바느질하는 소녀나 장난감 자동차를 만드는 소년처럼 특정 일에서의 특정 인내를 가리키는 것이 아니다. 여기서 인내란 변치 않는 배려심, 아무리 힘든 상황에서도 다정한 성격, 어떤 시련과 핍박에도 훼손되지 않는 불변의 온화한 힘이다.

인내심 강한 사람은 참으로 드물어 아직 대부분의 인간에게서 기대하기 어렵다. 하지만 인내는 노력 여하에 따라 조금씩 도달할 수 있는 덕목이다. 조바심이 습관이 되면 하는 일마다 그르치지만, 인내심을 조금이라도 기른다면 일과 삶이 놀라우리만치 달라질 것이다.

화를 잘 내는 사람은 재앙을 재촉한다. 사소한 불평이나 비난의 불똥이 튀어도 수시로 화약처럼 폭발하는 사람을 누가 감당하고 싶겠는가! 심지어 친구들도 하나둘씩 등을 돌릴 것이다. 작은 차이나 오해에도 참지 못하고 불같은 언사로 되받아치는 무례한 사람과는 아무도 함께하고 싶지 않을 것이다.

세상에 쓸모 있고 힘과 번영을 거머쥔 큰 인물이 되기 위해서는 자신을 지혜롭게 통제하고 아름다운 인내의 교훈을 터득해야 한다. 자신만이 아닌 다른 사람들을 생각하고, 그들의 유익을 위해 행동할 줄 알아야 한다. 즉 배려하고, 참고, 인내해야 한다. 굉장히 중요한 사안에서도 자신과 의견이 어긋나는 사람들과 사이좋게 지내는 방법을 고민해야 한다.

치명적인 독배를 마시지 않으려면 남과 싸우지 말아야 한다. 외부로부터 시비가 끊임없이 엄습하겠지만, 이에 맞서 자신을 단련해야 한다. 즉 인내심을 발휘해 다른 사람들과 조화를 이루도록 노력해야 한다.

갈등은 흔하다. 갈등은 서로에게 상처를 주고 마음을 뒤틀리게 한다. 반대로 인내는 드물다. 그리고 마음을 풍요롭게 하고 영혼을 아름답게 정화한다. 고양이는 야옹야옹 울고 성도 잘 낸다. 별다른 노력 없이 본능대로 행동한다. 반면 인간은 언제나 자신의 아침을 부지런히 시작하고, 뭇인간의 결점들을 수고스럽게 인내해야 한다.

그러나 인내는 결국 승리한다. 연약한 물방울이 단단한 바위를 닳게 하듯, 인내는 모든 장애물을 극복한다. 또 인내는 사람들의 마음을 사로잡는 힘이요, 무엇이든 정복하고 제어하는 힘이다.

'침착'은 인내와 한 쌍 같은 사이이며, 위대하고 영광스러운 특성이다. 마치 폭풍우가 몰아치는 격정의 바다에서 오랫동안 방황하다 해방된 영혼들의 평화로운 안식처와 같다. 많이 괴로워하고, 많이 견디고, 많이 경험해본 사람은 종국에 승리자가 된다.

침착하지 못한 사람은 공정할 수도 없다. 흥분, 편견, 편향은 혼란스러운 격정에서 비롯한다. 그리고 격정적인 사람은 자신의 감정이 억제되면 마치 물줄기가 막힌 것처럼 부글부글 끓다가 솟구친다.

그러나 침착한 사람은 자신의 감정을 자아의 차원에서 비아의 차원으로 전환함으로써 이러한 혼란을 방지한다. 그는 자신뿐 아니라 다른 사람의 입장도 생각하고 느낀다. 그래서 자신의 의견과 마찬가지로 다른 사람의 의견에도 똑같은 가치를 부여한다. 자신의 일이 중요한 만큼, 다른 사람의 일도 똑같이 중요하다는 것을 안다. 다른 사람의 단점과 비교해 자신의 장점에 만족하는 법도 절대 없다.

이런 사람은 『거울 나라의 앨리스』에 나오는 험프티 덤프티처럼 오만방자하지 않고, 마음의 평정을 유지한다. 또한 자아를 버리고 진리를 추구하며 사물의 올바른 관계를 인식한다. 세상에 그 자체로는 화를 유발하는 것이 아무것도 없음을 알기에 화내지도 않는다. 그래서 팬지를 보고 장미가 아니어서 짜증을 내지 않듯, 다른 사람이 자신의 관점과 다르다는 이유로 짜증을 내지 않는다. 사람마다 생각은 다르고, 차분한 사람은 그 차이를 인간 본성의 사실로 인식한다.

침착하고 공정한 사람은 누구보다 행복할 뿐 아니라, 자신의 모든 힘을 재량하에 둘 수 있다. 또 자신감 있고 신중하고 실행력 있으며, 성마른 사람들이 오랜 시간 힘들게 노력해서 해내는 일을 조용하고도 수월하게 성취한다. 침착한 사람의 마음은 티 없이 안정되고 집중되어 있으며, 언제 어떤 일이 주어져도 올바른 힘으로 전념할 준비가 되어 있다. 고요한 마음에는 모든 부조화가 조화로 탈바꿈하고 영롱한 기쁨과 항구적 평화가 있다. 에머슨의 말마따나 "침착은 불변의 기쁨이며 습관"이다.

침착을 무심과 혼동해서는 안 된다. 이 둘은 완전히 양극단에 있기 때문이다. 무심은 생명력이 없다면, 침착은 빛나는 생명이자 완전한 힘이다. 차분한 사람은 자아의 일부나 전부를 정복했다. 내면의 이기심과 싸워 이겨냈기에 다른 사람의 이기심도 무사히 대처하고 극복하는 방법을 안다. 어떤 도덕적 면에 있어서든 침착한 사람이 항상 승리한다. 차분함을 잃지 않는 사람에게 패배란 없다.

자제할 줄 아는 능력이 물질적 부를 능가하는 바, 침착한 사람은 영원한 축복을 누린다.

'지혜'는 공정한 사람의 곁에 머문다. 지혜는 자신의 날개로 그를 보호하고 동행하면서, 마침내 그를 행복의 목적지로 가는 즐거운 길로 인도한다.

지혜로운 사람은 각기 다른 사람에게 자신을 맞출 만큼, 여러 방향으로 마음을 열 수 있다. 다른 사람들의 이익에 부합하게 행동하지만 절대 도덕이나 올바른 행동 원칙을 위반하지는 않는다. 반대로 어리석은 사람은 다른 사람에게 자신을 맞추지 못한다. 오직 자신을 위해서만 행동하며 도덕과 올바른 행동 원칙을 깨는 일이 부지기수다.

모든 공정한 행동에는 지혜가 어느 정도 뒷받침하고 있다. 일단 자기 마음의 공정한 면을 접하고 경험한 사람은 마침내 공정심이 완전히 충만해질 때까지 계속 그 잠재력을 깨워낼 수 있다.

지혜에는 위대함이 가득하기에, 모든 지혜로운 생각, 말, 행동은 세상에 지대한 영향을 미친다. 지혜는 이해를 머금은 우물이요, 힘이 솟아나는 샘이다. 지혜의 깊이는 깊고 범위는 포괄적이다. 아주 세세한 것도 빈틈없이 다 품에 끌어안는다. 그 넓디넓은 위대함을 바탕으로 아무리 사소한 것도 무시하지 않는다.

지혜로운 마음은 이 세계와 같다. 모든 것을 적절한 위치와 질서에 따라 품고 있지만 그 무게를 버거워하지 않는다. 또한 어떠한 한계도 의식하지 않고 자유롭다는 것도 이 세계와의 공통점이다. 그러나 절대 해이해지거나 과오와 죄를 범하거나 후회하는 일은 없다. 철없이 울며 보채는 아기가 굳세고 성숙한 어른으로 성장한 것이 지혜다. 즉 나약하고 의존적이고 어린애같이 무지하던 시절 저지

른 과오와 그 벌을 극복한 후 곧고 침착하고 강하고 고요
해진 상태다.

깨달음을 얻기까지는 외부의 도움이 필요하지 않다. 그
확실한 기반은 사리 분별에 있다. 이는 책에서 배운 지식
이 아니라 원숙한 경험을 가리킨다. 경험을 통해 모든 사
람의 마음을 관통해 보면 그들을 잘 이해하게 된다. 이 다
양한 사람의 마음을 전부 안고 여행하면서, 다른 사람들의
희로애락의 여정도 꿰뚫을 수 있다.

지혜의 손길이 닿은 사람은 정신이 고양되고 우아하게
변모한다. 새로운 목표와 힘이 생긴 새로운 존재로 거듭나
고, 영광스러운 새 운명을 개척하기 위해 새 우주에 머물
러 산다.

지금까지 공정의 기둥을 살펴보았다. 공정은 번영의 신
전을 육중한 힘으로 지탱하고 다함없는 은혜를 더해 멋지
게 단장한다.

여덟 번째 기둥
자기 신뢰

──

젊은이라면 누구나 에머슨의 『자기 신뢰』를 읽어야 한다. 이것은 지금까지 쓰인 에세이 중 가장 호방하고 씩씩한 에세이다. 이 책을 읽으면 젊은이들에게 흔히 나타나는 두 가지 정신적 병리 현상, 즉 자기 비하와 자만을 모두 고칠 수 있을 것이다. 그리고 소심한 사람들의 무기력과 나약함을 지적하는 동시에, 잘난 척하는 사람들의 옹졸함과 빈 수레 같은 허영심도 까발린다.

『자기 신뢰』는 늠름하고 존엄한 인간상을 새로운 방식으로 제시한다. 고대 선각자와 예언자의 계시에 뒤지지 않을 뿐 아니라, 어쩌면 산업화 시대에 걸맞게 실용성 면에서는 확연히 더 나을 것이다. 마치 신인류의 부름을 받은 새로운 유형의 현대판 예언자와 같은 이 책은 무엇보다 독자에게 강력한 의욕을 불끈 심어준다는 점이 가장 큰 장점이다.

자기 신뢰를 자만과 혼동하지 말아야 한다. 자기 신뢰가 지고하고 훌륭한 만큼이나 자만은 한없이 저급하고 가치가 없다. 자기 신뢰에는 옹졸한 성질이 전혀 없고, 자만에는 위대한 성질이 전혀 없다.

전혀 모르는 주제에 대해 질문을 받았을 때 무식하게 비치기 싫어 "모릅니다"라고 절대 말하지 않고 자신의 억측과 짐작을 지식인 양 당당히 늘어놓는 사람은 곧 무지가 드러나고 거짓된 자만으로 망신을 당할 것이다. 모르면 모른다고 말하는 솔직한 사람은 존경을 받고, 지식을 가장한 억측으로 젠체하는 사람은 경멸을 받는다.

소심하고 늘 변명하는 사람, 인생 자체가 걱정이고 관습을 따르지 않으면 손가락질받을까 봐 두려워하는 사람은 아직 그릇이 덜되었다. 이런 사람은 남을 따라 해야 하고, 독립적으로는 행동하지 못한다. 그에게는 자신의 주도권을 되찾고, 기존의 모범을 무턱대고 추종하는 대신 스스로 새로운 모범이 되도록 채찍질할 자기 신뢰가 필요하다.

조롱받았다고 상처 입는 사람은 유약하기 그지없다. 아

무리 날 선 조롱과 비웃음도 자기를 신뢰하는 사람의 튼튼한 갑옷은 뚫을 수 없다. 난공불락의 요새에 둘러싸인 정직한 마음은 어떤 공격에도 찔리거나 상처를 입지 않는다. 자기를 신뢰하는 사람은 날카로운 조롱이 화살처럼 쏟아져도 자신감이라는 튼실한 갑옷에 튕겨 나가, 아무런 해를 입지 않고 최후에 웃을 수 있다.

에머슨은 "당신 자신을 믿어라. 모든 사람의 심장은 이 철석같은 믿음에 따라 박동한다"라고 말했다. 여러 시대를 거쳐 지금까지 사람들은 타고난 단순성과 본래의 존엄성에 의지하는 대신, 외부 요소에 임시변통으로 대응하며 살아왔고 지금도 마찬가지다. 자신의 신념을 굳건히 해온 용감한 소수만이 선택받은 영웅으로 올라섰다. 그런 사람은 자신의 본성에 떳떳하기에 주절주절 말할 필요가 없는, 자신의 본질적 가치를 지탱해줄 갑옷을 입은 진정한 영웅이다.

사실 이러한 영웅의 자격을 갖추려면 자신의 힘을 시험대에 올려야 한다. 기성 인습주의자들이 무서워서 자신의 입장을 부끄러워해선 안 된다. 자신의 명성이나 위치, 교회에서의 지위, 지역 사회에서의 위신 등을 걱정해서도 안 된다. 이런 생각들에 초연하게 자기 뜻대로 행동하고 살아갈 수 있어야 한다. 이 시험을 통과하고 사냥꾼과 악담꾼들에 더 이상 흔들리거나 괴로워하지 않을 수 있을 때, 그는 이제 사회에서 무시하지 못할 존재가 되고 마침내 본연의 모습 그대로 인정받게 된다.

자기 신뢰를 이룩한 사람에게는 조만간 온갖 사람이 의지하거나 기대기 위해 들러붙을 것이다. 이미 최고의 성인 군자들이라면 그에게 들러붙지는 않겠지만, 그의 성과와 가치를 존중하고 높이 살 것이며, 이미 같은 길을 거쳐 온 과거의 위인들과 어깨를 나란히 할 그의 위치를 인정할 것이다.

배움을 우습게 아는 태도는 자기 신뢰의 표식이 아니다. 이는 자기 신뢰의 특징인 힘의 획득과 위업의 성취 가능성과는 거리가 먼, 나약한 내면이 고집불통의 오만이라는 형태로 발현한 것이며 몰락의 전조다.

교만과 허영은 돈, 의복, 재산, 명성, 지위 등 부수적, 종속적인 것에 의존하므로 자기 신뢰와 무관하다. 이런 부수적, 종속적인 것들은 한번 잃어버리면 완전히 없어진다. 반면 자기 신뢰는 가치, 정직, 순수, 성실, 성품, 진리의 본질에 관한 원칙에 기초한다. 이것들은 절대 사라지지 않기 때문에 이 중 무엇을 잃더라도 별로 중요하지 않다.

오만한 사람은 과시와 치장으로 자신의 무지를 숨기려 하고, 어떤 면에서도 배우려는 의지가 없다. 그들은 짧고 덧없는 하루하루를 무지한 상태로 현상에 집착하며 보내고, 오늘 높이 올라갈수록 내일은 더 밑으로 떨어지기 쉽다. 자기를 신뢰하는 사람은 숨길 것이 없고 기꺼이 배울 의지가 있다.

교만에는 겸손의 요소가 눈곱만큼도 없지만, 자기 신뢰와 겸손은 양립할 수 있고 나아가 이 둘은 상호보완적이다. 숭고한 형태의 자기 신뢰는 정말 뼛속까지 겸손한 사람에게서만 발견된다. 에머슨은 이렇게 말했다.

"극과 극은 통한다. 가장 겸손한 사람이 가장 도도한 기운을 풍긴다는 사실이 가장 대표적인 예다. 어떤 귀족이나 왕족 가문 출신이라도 성자의 자부심과 비교할 수 없다. 어떻게 성자는 그토록 낮은 위치에서도 자기 안에 있는 신성성을 믿고 태연할 수 있는가?"

부처는 이렇게 말했다.

"지금이든 내가 죽은 뒤에든 자신에게 등불이 되어라. 외부의 도움이 아닌 자기 자신에만 의지한 채, 오직 진리를 등불로 삼아라. 진리 안에서만 구원을 구하는 자는 자신 외에 누구에게도 도움을 구하지 않을 것이며, 바로 그들만이 내 제자들 가운데 가장 높은 곳에 도달할 것이다. 대신 그만큼 배우려는 의지가 있어야 한다."

이 격언 중 자신에게만 의지하라고 반복적으로 강조하

는 부분과 열심히 배우라는 마지막 권고는 자기 신뢰에 관해서 내가 아는 가장 지혜로운 명구다. 이처럼 위대한 스승은 진리를 찾는 사람에게 꼭 필요한 덕목인 자기 신뢰와 겸손의 완벽한 균형을 이해한다.

에머슨의 말마따나 "자기 신뢰는 영웅다운 행동의 본질"이다. 모든 위인은 자신을 신뢰한다. 우리는 위인들이 마치 지지대나 유모차인 양 그들에게 기대거나 편승할 게 아니라, 그들을 스승으로 삼고 본받아야 한다. 만약 아무에게도 의지하지 않고 진리의 위엄 속에 홀로 고고히 서 있는 한 위인이 있다고 치자. 그러면 세상 사람들은 곧바로 그에게 달려들어 기대기 시작하고, 자신이 왜 이렇게 정신이 나태한지 변명을 늘어놓으며 자기 비하에 여념이 없을 것이다.

위대한 사람들의 힘에 우리의 악을 맡기기보다 우리 스스로 새 등불을 밝히고 자신의 미덕을 비추는 편이 낫다. 다른 사람의 빛에 의지하면 어둠이 곧 우리를 덮칠 것이다. 그러나 우리 자신의 빛에 의지한다면 우리는 그 빛을 계속 타오르게 노력하지 않을 수 없다.

다른 사람에게서 빛을 끌어와 그것을 다시 전달할 수도 있지만, 우리 자신의 등불이 방치되어 녹슬고 있는데도 남의 빛으로 충분하다고 생각한다면 우리는 곧 어둠 속에 버림받은 자신을 발견하게 될 것이다.

자기 내면의 빛은 결코 우리의 기대를 배신하지 않는다. 퀘이커 교도들의 '내면의 빛'은 가히 자기 신뢰의 또 다른 이름이라 할 만하다. 우리는 다른 사람이 아닌 자기 자신을 의지해야 한다. "하지만 나는 너무 보잘것없고 가난합니다"라고 말할 사람도 있을 것이다. 그렇다면 그 보잘것없는 출발점에서 전진하라. 그리고 점점 위대하게 성장하는 자신의 모습을 지켜보라.

아기는 젖을 물리고 안아줘야 하지만, 어른은 자신의 두 팔과 두 다리로 혼자 나아간다. 사람들은 직접 팔을 뻗어 잡아야 할 것을 손에 쥐어달라고 신에게 기도한다. 또한 힘들게 일해서 구해야 할 음식을 입에 넣어달라고 기도한다. 그러나 인간은 성장해서 이 영적 유아기를 벗어나야 한다. 사람들이 더 이상 사제에게 돈을 주고 자신을 위한 기도와 설교를 해달라고 매수하지 않을 날이 와야 한다.

인간에게 가장 심각한 문제는 자기 불신이다. 오죽하면 자기를 신뢰하는 사람은 그만큼 드물어 진귀한 빛을 발한다. 자기 자신을 '벌레'처럼 생각하는 사람은 남에게도 아무 쓸모 없이 꿈틀거리는 존재로만 비칠 뿐이다.

실제로 "자신을 낮추는 자는 높아질 것(「누가복음」 14장 11절 - 옮긴이)"이지만, 그렇다고 자신을 비하하라는 뜻은 아니다. 사람은 자신을 있는 그대로 보고, 자신에게 부족한 점이 있다면 그 점을 고치되 자신의 가치 있는 점은 간직하고 의지해야 한다. 한 사람의 격이 떨어지는 것은 스스로 격을 떨어뜨릴 때뿐이다. 고귀하게 살면 스스로 고귀한 인간이 된다.

사람들이 자신의 타락 상태를 자꾸만 사람들에게 보여주려는 것은 무슨 심보일까? 개중에는 겸손이 왜곡된 나머지 악에서 일종의 자부심을 느끼는 사람들도 있다. 한번 넘어진 사람이라도 재기하면 전보다 더 현명해질 수 있다.

하지만 도랑에 빠지고 오히려 거기 누운 채 행인들에게 나 좀 봐달라고 외치는 사람도 있는데, 그러면 안 된다. 일어나서 더 조심하며 길을 가야 할 뿐이다. 마찬가지로 혹시 악의 구렁텅이에 빠졌다면, 일어나서 악을 청산하고 기뻐하며 다시 가던 길을 가야 한다.

자기를 신뢰하는 사람은 인생의 어떤 영역에서든 영향력과 성공 가능성을 현저히 키울 수 있다. 또한 세속적 및 종교적 스승을 비롯해, 단체를 조직하고 관리하고 감독하는 등 통제와 명령을 내려야 하는 모든 위치에 있는 사람들도 자기 신뢰는 필수다.

자기 신뢰의 네 가지 주요 특성은 다음과 같다.

- 결단력
- 확고부동
- 위엄
- 독립성

'결단력'은 사람을 강하게 한다. 어물어물 주저하는 사람은 의지박약자다. 인생이라는 무대에서 대사 있는 역을 맡았다면 아무리 단역이라도 누구나 자신감이 필요하고 자기가 맡은 인물이 어떤 사람인지 잘 알아야 한다.

다른 건 다 의심해도 자신의 행동력을 의심해서는 안 된다. 인생에서 자신의 역할이 무엇인지 알고 그 일에 모든 에너지를 쏟아부어야 한다. 자기 일을 확실히 이해함으로써 견고한 기반을 다지고 그 위에 굳건히 서야 한다.

만약 상인이라면 단지 물건의 가격과 품질에 불과할지 언정, 자신의 사업을 속속들이 알고 스스로 안다는 확신이 있어야 한다. 그래야 자신의 일에 의심을 제기하는 사람이 있어도 언제든 바로바로 대답할 수 있다.

언제 무슨 일이 생겨도 주저하지 않도록 자기 일에 대해 기초가 튼튼해야 한다. "주저하는 사람은 패한다"라는 말은 실로 맞는 말이다. 자기 자신을 못 믿는 사람, 의심하고 머뭇거리고 흔들리는 사람, 두 갈림길에서 갈팡질팡하는 사람은 누구도 믿어주지 않는다.

자기가 파는 물건의 가격을 모르거나 물건이 어디 있는지도 제대로 모르는 상인과 누가 거래하고 싶겠는가? 상인은 자기 사업에 훤해야 한다. 자기가 모르면 누가 가르쳐줄 것인가? 사람은 결단력을 갖춰야 하고, 그래야 자신 안의 진실을 기술과 지식이라는 매개체를 거쳐 전달할 수 있다.

확신은 자기 신뢰의 중요한 요소다. 사람이 무게가 있으려면 전달할 진실이 있어야 하며, 이 진실을 전달하는 것이 기술의 본질적 역할이다. 그리고 "율법학자와 달리, 권위 있게 말해야(「마태복음」 7장 29절 – 옮긴이)" 한다. 자기 일에 숙달하고 또 스스로 숙달했다는 확신이 들어야만 견습생을 벗어나고 장인이 되어 명쾌하고 능숙하게 그 일을 수행할 수 있다.

우유부단하면 공든 탑도 무너질 수 있다. 찰나의 망설임이 성공의 흐름을 되돌려 보내기도 한다. 실수할까 봐 빨리 결정하기를 두려워하는 사람들은 그 결정을 행동으로 옮길 때 십중팔구 실수한다. 생각과 행동이 신속한 사람이 실수할 가능성도 작다. 우유부단하게 행동하고 실수하기보다 과단성 있게 행동하고 실수하는 편이 낫다. 후자는 실수만 남기지만 전자는 실수에 약점까지 남기기 때문이다.

사람들은 자신이 아는 분야든 모르는 분야든 항상 결정의 벽에 부딪힌다. 이때 "압니다"뿐 아니라 "모릅니다"라고도 말할 준비가 되어야 한다. 자신의 지식을 전달하는 것만큼이나 자신의 무지를 빨리 인정하는 것도 중요하다. 사실에 근거를 두고 순전한 진리대로 행동한다면, 두 가지 선택지를 두고 길을 헤매야 할 이유가 없다.

재빨리 결정하고 결단력 있게 행동하라. 마음에 이미 기준점이 잡혀 있다면 결정은 본능적이고 자연스럽게 나올 테니 금상첨화일 것이다.

결정이 빠른 사람은 '확고부동'하다. 확고부동은 인생에서 최선의 행동 방침과 최선의 길에 대한 최종 결정이다. 이는 무슨 일이 있어도 원칙을 굳건히 지키겠다는 영혼의 맹세이기도 하다. 이 맹세에 서면이나 구두라는 형식이 필요한지 불필요한지는 중요하지 않다. 어떤 맹세든 확고한 원칙에 대해 변치 않는 충성이 핵심이기 때문이다.

확고한 원칙이 없는 사람은 성취할 수 있는 일이 별로 없다. 편리를 추구하는 사람은 가시 돋친 수렁에 빠져 힘을 소모한다. 그는 계속 도덕적 나태라는 진흙 속에 갇혀, 스스로 만든 절망의 가시에 찔리고 긁힌다.

인간은 주변인들 사이에서 고고히 우뚝 설 수 있는 확고한 기반이 있어야 한다. 타협으로 어려움을 모면하는 것은 수렁에 빠지는 길이다. 변덕은 나약한 악이며, 나약한 악이 강력한 악보다 인격과 힘을 갉아먹는 데 더 큰 영향을 미친다.

차라리 야수처럼 혈기 왕성해서 악한 사람은 진리의 길에 더 빨리 도달한다. 그들은 결단력이라도 있다. 반대로 활력이 부족해서 악한 사람은 자신의 마음을 둘 어떤 기준도 없는 것이 가장 큰 문제다.

힘이 악용될 수도 선용될 수도 있다는 점을 안다면, 술고래와 매춘부들이 수완 좋은 신도들보다 먼저 천국에 도달한다는 사실이 놀랍지 않을 것이다. 비록 비도덕적이기는 하지만 그들은 적어도 자신이 택한 길을 완수했고, 그 끈기로 힘을 입증했다. 그 힘으로 악에서 선으로 전향할 수 있다면 족하다. 그리고 오호라! 괘씸한 죄인은 마침내 고귀한 성자가 되었다!

사람은 확고한 강단과 결단력이 있어야 한다. 모든 문제에 있어서 가장 최선의 원칙, 미로처럼 상충하는 의견들 속에서 가장 안전한 길로 인도해줄 원칙, 인생의 싸움에서 흔들리지 않는 용기를 줄 원칙이 있어야 한다.

이 원칙들을 받아들이고 나면 사사로운 이득이나 행복, 심지어 인생 자체보다도 원칙이 더 중요하게 다가올 것이다. 그리고 자신이 원칙을 절대 저버리지 않는 한 원칙도 결코 자신을 버리지 않을 것임을 알게 될 것이다. 원칙은 인간을 모든 적에게서 보호하고, 모든 위험에서 안전하게 구하며, 모든 어둠과 어려움 속에서 길을 밝혀줄 것이다. 원칙은 어둠 속의 인간에게 한 줄기 빛이자 슬픔을 잊게 해줄 쉼터, 세상의 갈등에서 벗어나게 해줄 피난처가 될 것이다.

'위엄'은 확고부동한 마음을 안에 입고 장엄의 외투를 걸치고 있다. 악과 타협해야 할 때는 철근처럼 완고하고, 선에 순응할 때는 버드나무 지팡이처럼 유연한 사람은 그 존재의 위엄만으로도 다른 사람들에게 평온과 희망을 선사한다.

줏대 없는 사람, 고정된 원칙이 없어 마음이 이리저리 흔들리는 사람, 자신의 욕구가 좌절될 때는 고집을 부리고 자신의 도덕성이 위태로울 때는 굴복하는 사람에게는 무게도 균형도 평정심도 없다.

위엄 있는 사람은 짓밟히거나 종속되지 않는다. 그가 자신을 짓밟고 노예처럼 대하기를 그만두었기 때문이다. 위엄 있는 사람은 자신을 깎아내리려 애쓰는 모든 사람을 시선과 말뿐 아니라 지혜와 뜻을 함축한 침묵으로 즉시 무력화한다. 그는 존재 자체만으로도, 경박하고 꼴사나운 사람에게는 건전한 책망이 되는 한편, 선을 사랑하는 사람에게는 힘의 반석이 된다.

그러나 위엄 있는 사람이 존경을 받는 가장 큰 이유는 단지 그가 자부심이 지극히 강해서가 아니라 다른 모든 사람에게도 응당한 존중을 보내고 자애롭게 대하기 때문이다. 교만한 사람은 자기 자신을 사랑하며, 다른 사람들은 자기 밑에 두고 거만한 경멸로 대한다. 타인을 업신여기는 태도는 자기애와 비례해서 항상 같이 나타나므로, 자기애가 클수록 거만이 하늘을 찌르는 법이다.

진정한 위엄은 자기애가 아닌 자기희생, 즉 확고한 중심 원칙을 세우고 사심 없이 고수하는 데서 나온다. 판사의 위엄은 임무를 수행할 때 모든 개인적 생각을 배제하고 오직 법에만 입각한다는 사실에서 나온다. 한낱 덧없고 일시적인 판사의 개인적 생각은 법정에서 아무 역할도 하지 못하고, 오직 엄숙하고 지속적인 법이 전부가 된다. 판사가 사건을 판결할 때 법을 제쳐두고 개인적 감정과 편견에 빠지면 그의 위엄은 사라질 것이다.

이처럼 위엄 있고 순수한 사람은 개인적 감정이 아닌 신성한 철칙을 따른다. 사람은 격정에 굴복하는 즉시 위엄을 잃고, 지혜도 자제력도 없는 그저 그런 군중 중 한 명으로 강등된다.

모든 사람은 고정불변의 원칙에 따라 행동해야 평정

과 위엄을 확보한다. 이 원칙은 누구도 반박할 수 없을 만큼 옳은 것이라면 족하다. 사사로운 감정에 흔들리거나 빠지지 않고 오직 원칙을 준수하는 한, 격정, 편견, 이해관계 등의 아무리 강력한 맹공격도 무소불위 같은 절대적 원칙의 힘 앞에서는 기를 못 쓰고 무력해질 것이다. 그리고 추하게 뒤죽박죽 혼합된 이 감정들은 결국 하나뿐인 장엄한 정의 앞에 굴복할 것이다.

'독립성'은 강하고 통제력 있는 사람의 타고난 특권이다. 모든 사람은 인간답게 살 자유를 원하고 그것을 얻으려 노력한다. 또한 구속되지 않는다는 의미의 자유 역시 갈망한다.

사람은 자기 자신을 위해서든 공동체를 위해서든 일해야 한다. 장애인이거나 만성 질환자, 정신적으로 무책임한 사람 등이 아니고서야 아무 대가도 치르지 않고 전부 남에게만 의지해 살아가는 것을 부끄러워해야 한다.

이러한 무위도식을 자유라고 생각하는 사람이 있다면 그는 이것이 가장 저급한 형태의 노예 생활이라는 것을 알아야 한다. 인간의 벌집에서 수벌처럼 놀고먹으며 사는 것이 (현재로서는) 한심한 부랑자가 아닌 존경할 사람으로 취급받더라도, 언젠가는 사람들의 손가락질을 당하고 더이상 존경받지 못할 때가 올 것이다.

독립성과 자유의 영예는 게으름을 피울 때가 아니라 땀 흘려 노력할 때 얻을 수 있다. 자기를 신뢰하는 사람은 워낙 강하고 고결하고 정직해서 젖먹이처럼 남에게 기대어 생계를 꾸리는 것은 생각조차 할 수 없다. 대신 한 인간이자 한 시민으로서 자기 손과 머리를 가지고 살아갈 권리를 당연시한다.

이는 부자든 가난하든 예외 없어서, 부자라는 사실이 무위도식을 정당화할 수 없다. 오히려 부자들에게 일이란 주어진 귀중한 자원을 이용해 지역 사회에 이바지할 좋은 기회다. 오직 자립하는 사람만이 자유롭고, 자기를 신뢰하며, 독립적이다.

지금까지 여덟 기둥의 특성을 살펴보았다. 기둥을 떠받치는 토대, 건축 방식, 자재, 각 기둥을 구성하는 네 가지 특성, 기둥의 위치, 신전을 지지하는 방법 등 모든 것이 이제 건축 과정에 포함될 수 있다.

진리를 불완전하게 깨달았던 사람은 더 완벽하게 깨닫게 되었을 것이다. 이미 완벽히 깨달은 사람은 번영 안에서 도덕적 질서를 체계화하고 단순화할 방법을 알게 되어 기쁠 것이다. 이제 신전의 본체를 살펴볼 차례다. 이로써 기둥의 힘과 벽의 견고함, 지붕의 내구성, 전체적 건축미와 완벽성을 알 수 있을 것이다.

10장

번영의 신전
확실한 부를 얻는 유일한 방법

만약 당신이 돈벌이, 사업 거래, 각종 사업의 손익, 가격, 시장, 합의, 계약, 그 외 성공으로 가기 위한 세부적 정보를 얻기 위해 이 책을 읽었다면 이런 세부 지침이 이 책에 전혀 나오지 않는다는 것을 알아챘을 것이다. 그 이유는 다음 네 가지로 정리할 수 있다.

첫째: 세부 사항은 각각 떼놓고 성립할 수 없는 데다가, 원칙에 지혜롭게 연결되지 않는 한 아무런 건설적 힘이 없다.

둘째: 세부 사항은 끝이 없고 계속 변하는 반면, 원칙은

수가 얼마 되지 않고 영구 불변하다.

셋째: 원칙은 모든 세부 사항을 응집해, 이들을 규율하고 조화시킨다. 그러므로 올바른 원칙을 수립하는 것이 곧 모든 하위 세부 사항에도 옳은 일이다.

넷째: 진리의 스승은 어떤 방향에서든 원칙을 엄격히 고수해야 하며, 그 원칙에서 벗어나 수시로 변하는 사사롭고 개인적인 세부 사항의 미궁에 빠져서는 안 된다. 세부 사항은 특정 개인에게만 필요한 국소적 정의라면, 원칙은 모든 사람에게 필요한 보편적 정의다.

이 책의 원칙을 이해하고 현명하게 실천할 수 있는 사람은 이 네 가지 근거의 핵심에 도달할 수 있을 것이다. 인간사에서 세부 사항도 중요하지만 그것은 한 사람 혹은 특정 업계에 국한되어서, 그 분야에 해당하지 않는 모든 사람은 관심을 두지 않는다. 하지만 도덕적 원칙은 모든 사람에게 똑같다. 즉 그것은 모든 조건과 모든 세부 사항에 적용된다.

확고한 원칙을 따르는 사람은 수많은 세부 사항으로 머리를 복잡하게 하고 괴로워할 필요가 없다. 모든 세부 사항을 하나의 생각으로 추스르고, 그 세부 사항의 토대가 되는 원칙의 빛으로 조명을 비추기 때문이다. 그래서 부딪힐 일도, 불안해하거나 긴장할 일도 없이 그것들을 속속들이 꿰뚫어 볼 수 있다.

원칙을 파악하기 전까지는 세부 사항이 가장 중요한 문제로 취급되고 다루어지기 쉽다. 그러다 보면 수많은 복잡하고 혼란스러운 문제가 발생한다. 하지만 원칙에 비추어 볼 때 세부 사항들은 부차적일 뿐이다. 따라서 원칙을 으뜸의 지표로 삼는다면 관련된 모든 어려움은 즉시 극복되고 아무것도 아닌 것이 된다.

세부를 조정하고 통합하는 원칙 없이 수많은 세부 사항에만 일일이 신경 쓰는 사람은 마치 숲속에서 길을 잃은 사람처럼 산더미 같은 잡동사니를 헤집고 빠져나갈 직통로를 찾을 수 없다. 그런 사람은 세세한 부분에 매몰되어 있는 반면, 원칙을 지키는 사람은 모든 세세한 부분이 자신 안에 통째로 들어 있다. 말하자면 원칙이 있는 사람은 세부의 바깥에서 전체를 보는 반면, 원칙 없는 사람은 당장 눈앞에 보이는 일부만을 본다.

세상 만물은 원칙 안에 포함되어 있다. 이것이 사물의 법칙이고, 모든 것은 자신의 상위 법칙을 따른다. 사물과 본질을 별개로 보면 안 된다. 원칙이 정신이라면, 세부 사항은 율법이다. "율법 조문은 죽이는 것이고 정신은 살리는 것이다(「고린도후서」 3장 6절 - 옮긴이)"라는 말은 종교뿐 아니라 예술, 과학, 문학, 상업에서도 사실이다.

여러 부분과 마디가 서로 놀랍게 맞물린 인간의 육체는 물론 중요하긴 하나, 오직 영혼과 연결되어야만 의미가 있다. 영혼이 사라진 육체는 쓸모없이 버려진다. 사업에서도 마찬가지다. 모든 복잡한 세부 사항을 포괄하는 사업체 자체도 중요하지만 이를 통제할 효과적인 원칙과 관련되어야만 가치가 있다. 원칙이 사라지면 그 사업은 망한다.

외적으로, 즉 물질적으로 번영하고 싶다면 정신적 번영이 선행되어야 한다. 정신적 번영은 도덕성에 늘 깨어 있는 정신에서 나온다. 세상에는 도덕적으로 무지한 사람이 널리고 널렸다. 사람들은 돈, 재산, 쾌락, 여가 등을 번영으로 착각하고 이런 것들을 쟁취해 누리려고 노력하지만, 일단 그것을 얻고 나면 아무런 즐거움도 찾지 못한다.

번영은 정신, 마음의 자세, 도덕적 힘 그리고 삶 그 자체에서 이루어지는 것이고, 그 결과가 풍요, 행복, 기쁨의 형태로 나타난다. 천재적 작가가 되려면 시나 수필을 심심풀이로 쓸 게 아니라, 천재적 능력을 개발하고 획득해야 한다. 그러면 원인과 결과의 법칙에 따라 좋은 작품이 따라온다.

마찬가지로 돈을 쌓아두거나 재산과 소유물을 획득한

다고 번영하는 것이 아니라, 덕성을 개발하고 획득해야 한다. 물질적 부는 그 뒤에 원인과 결과의 법칙에 따라 부차적으로 따라오는 것이다. 미덕의 정신은 기쁨의 정신이고, 그 안에 모든 풍요, 만족, 충만한 삶이 담겨 있다.

돈이나 재산은 기쁨을 주지 못한다. 물질적 축적이나 물질 자체에도 기쁨이 없다. 이런 것들은 생명이 없고 죽은 것이다. 기쁨의 정신은 사람의 내면에 있어야 하며, 내면에 없다면 어디에도 없다. 그러므로 자신 안에 행복이 기거할 자리를 마련해야 한다. 그리고 물질적인 것들을 그저 쌓아둘 것이 아니라 어떻게 사용할지 아는 지혜가 필요하다.

사람이 물질을 장악해야지, 물질이 사람을 장악해서는 안 된다. 물질이 사람에게 의존해야지, 사람이 물질에 의존해서는 안 된다. 물질이 사람을 따라와야지, 사람이 허구한 날 물질을 뒤쫓아서는 안 된다. 그리고 자기 일을 도덕적으로 추구하는 한 물질적 부는 반드시 따라올 것이다.

천국에는 없는 것이 없다. 그곳에는 선하고 참되고 필요한 것이 모두 있으며, "신의 나라는 당신 안에" 있다. 나는 굉장히 행복하게 사는 부자들을 알고 있는데, 그들은 관대하고 인심이 후하고 순수하고 쾌활하다는 공통점이 있다. 그러나 나는 그 못지않게 매우 불행하게 사는 부자들도 봐왔다. 그들은 행복을 위해 돈과 소유물만 바라고 내면에서 선과 기쁨의 영혼을 발전시키지는 못했다.

연 수입이 1만 파운드라도 불행하다면 어떻게 그가 '번영'을 누린다고 말할 수 있겠는가? 진정한 번영은 건강하고 조화롭고 만족스러운 삶이다. 행복한 부자는 행복한 정신이 그의 부로 나타난 것이지, 부가 그에게 행복을 가져다준 것은 아니다. 행복한 부자는 넉넉한 물질적 이득과 그에 상응하는 책임감으로 충만한 사람인 반면, 불행한 부자는 오직 내면에서만 피어오를 수 있는 충만한 삶을 엉뚱하게 부의 추구로만 찾는 속 빈 사람이다.

따라서 번영은 도덕성, 그리고 우리의 속세 생활과 떼려야 뗄 수 없는 물질적 소유물을 정당하게 사용하고 누리기 위한 지혜로 귀착된다. 외부로부터 자유로워지려면 먼저 내부에서 자유로워져야 한다. 정신이 나약하고 이기심과 악에 묶여 있다면, 어떻게 돈이 많다고 자유로워질 수 있겠는가! 오히려 수중의 그 많은 돈은 그 사람이 스스로 노예처럼 종속되게 할 도구가 되어버리지 않겠는가?

그러므로 번영의 가시적 결과는 따로 떼놓고 생각할 것이 아니라 정신적, 도덕적 인과관계를 아울러 고려해야 한다. 모든 건물은 눈에는 보이지 않아도 기초 공사를 거쳤다. 건물이 계속 지탱되고 있다는 사실이 그 증거다.

마찬가지로 확실히 뿌리내린 모든 성공에는 숨은 기반이 있다. 성공이 지속되고 있다는 사실이 그 증거다. 번영을 뒷받침하는 기초는 오직 인격일 뿐, 그 외 다른 기초는 드넓은 우주를 다 둘러봐도 없다.

진정한 부는 복지, 후생, 안녕, 건전, 온전성, 행복에서 나온다. 불행한 부자는 진정한 부자가 아니다. 그들에게 돈, 사치, 여가는 스스로를 괴롭히고 거추장스러운 걸림돌일 뿐이다. 소유물 때문에 자기 덫에 걸린 셈이다.

도덕적인 사람은 언제나 축복과 행복이 가득하며, 그의 삶은 전체적으로 볼 때 항상 성공적이다. 여기에는 예외가 없다. 도덕적인 사람은 일부에서 실패하더라도 인생 전체로 보면 건전하고 온전하며 완전한 성취를 이룰 것이기 때문이다. 그리고 평온한 양심, 명예, 그 외 넉넉한 품성에서 절로 파생되는 온갖 축복을 누릴 것이다. 이렇게 도덕적으로 풍요롭지 않고서야, 금전적 부는 헛헛하거나 불만족스러울 뿐이다.

이쯤 해서 우리의 듬직하고 찬란한 여덟 개의 기둥을 다시 간략히 요약하겠다.

에너지: 자신의 과업을 완수하기 위해 애를 쓰고 끊임 없이 노력하도록 각성하는 힘이다.

절약: 힘을 한곳에 모으고, 돈과 정신력을 소모하지 않는 것. 그중 정신력은 내면의 자본이므로 특히 중요하다.

무결함: 어떤 상황에서도 정직을 지키는 것. 손익을 따지지 않고 모든 약속, 합의, 계약을 철저히 준수한다.

체계: 모든 세부 사항을 질서 아래에 정렬하고 번잡한 것을 하나로 정리해, 불필요한 작업과 긴장으로 인한 기억과 마음의 과부하를 덜어준다.

공감 능력: 넓고 관대하고 온화하고 부드러운 마음. 또한 너그럽고 자유롭고 친절한 마음이다.

진실성: 건전하고 온전하고 견고하고 진실한 마음. 따라서 공석과 사석에서 각각 태도가 달라지거나, 남들 앞에서는 좋은 일을 하고 남몰래 나쁜 일을 하는 법이 없다.

정의로움: 정의. 자기주장만 애써 고집하지 않고, 상대 입장도 공평하게 헤아린다.

자기 신뢰: 언제라도 잃을 수 있는 외적 소유물에 매달리는 대신, 확고한 불굴의 원칙을 바탕으로 오직 자신의 힘만 믿고 의지한다.

이 여덟 가지 기둥으로 세워진 인생이라면 성공은 떼어

놓은 당상이 아니겠는가? 이 기둥들의 힘은 그 어떤 체력이나 지력과도 비교할 수 없다. 이 여덟 가지를 모두 완벽하게 구축한 사람은 천하무적이 될 것이다.

그러나 인간은 이들 특성 중 하나 혹은 여러 면에서 강하고 다른 면에서는 약한 경우가 대부분이다. 그리고 이 약점들 때문에 실패하곤 한다. 예컨대 어떤 사람이 사업에서 실패한 탓을 정직한 성품으로 돌린다면 잘못이다. 정직은 실패의 이유가 될 수 없다. 따라서 실패의 원인을 다른 방향, 즉 자신의 강점이 아닌 약점에서 찾아야 한다.

게다가 실패의 원인을 정직으로 돌리는 것은 성실하게 돌아가는 상업 세계에 대한 모욕이자, 굽힐 것 없이 거래하는 수많은 상인에 대한 근거 없는 비난이다. 가령 어떤 사람은 에너지, 절약, 체계에서 강점을 보이되 나머지 다섯 가지 기둥에서는 상대적으로 약할 수 있다. 이런 사람은 네 모퉁이의 기둥 중 하나인 무결성이 부족하여 완전한 성공에 이르지 못할 것이다. 말하자면 그가 지은 신전은 기둥이 약한 모퉁이 쪽이 내려앉게 된다.

번영의 신전이 안전하게 세워지려면 앞에 나오는 네 개의 기둥이 '반드시' 잘 받쳐줘야 한다. 이것들은 인류가 도덕적으로 진화하는 과정에서 가장 먼저 획득해야 할 자질이며, 이것들 없이는 뒤에 나오는 네 가지 특성을 함양할 수 없다.

다시 예를 들어보자. 어떤 사람이 처음 세 가지 기둥에는 강하고 네 번째 기둥, 즉 체계가 빠져 있다면 질서가 어그러져 그의 일은 혼란과 난장판이 될 것이다. 처음 네 가지 기둥인 활력, 절제, 무결성, 체계 중 다른 어떤 기둥이 부족한 경우도 결과는 비슷하다. 그 뒤에 오는 네 가지 기둥(공감, 진실성, 공정, 자기 신뢰)은 워낙 고차원적 특성에 해당하기 때문에 현재로서는 소수의 예외를 제외한 대부분의 사람은 그것들은 다소 불완전하게만 보유하고 있다.

그러므로 상업 분야에서든 그 외 사람들이 흔히 종사하는 다양한 산업 분야에서든, 성공을 거두고 그 성공을 꾸준히 이어나가고자 한다면 앞의 네 가지 도덕적 기둥을 실천함으로써 자신의 성격에 단단히 심어야 한다. 이 확고한 원칙에 따라 자신의 생각과 행동 그리고 생업을 규율해야 한다.

어려움이 닥칠 때마다 원칙을 염두에 두고, 모든 세부 사항을 원칙에 맞춰 조정하며, 무엇보다 '어떤 상황에서도 개인적 이익을 얻거나 개인적 문제를 해결하겠다는 이유로 원칙을 버리는 일이 절대 없어야' 한다. 그러다가는 악의 요소들에 자신을 취약하게 내맡기는 꼴이 되어 영혼이 망가지고, 다른 사람들의 비난도 면치 못할 것이다.

앞의 네 가지 원칙을 준수하는 사람은 자신이 맡은 일이 무엇이든 충분히 성공할 것이다. 그가 지은 번영의 신전은 튼튼하고 잘 유지되어 안전하게 버틸 것이다.

네 가지 원칙은 그 목적을 마음에 깊이 새기고 기꺼이 탐구하려는 사람이라면 누구나 완벽히 실천할 수 있다. 또 워낙 단순 명료해서 어린아이도 그 의미를 이해할 수 있고, 이를 완벽히 실천하는 데 과할 정도의 자기희생까지는 필요로 하지 않는다. 대신 극기와 자기 규율이 필수이고, 그러지 않고서는 실천에 성공할 수 없다.

그러나 뒤의 네 가지 기둥은 더 심오한 특성의 원칙이고, 이해하고 실천하기가 더 어려우며, 가장 높은 수준의 자기희생과 자중이 필요하다. 이를 완벽히 실천하려면 사사로운 요소에 초연해져야 하지만 현재로서는 그런 경지에 오른 사람이 거의 없다.

하지만 조금이나마 이 목표를 달성한 소수의 사람은 자신의 힘을 저 멀리까지 뻗치고, 풍요로운 삶을 살 것이다. 또 번영의 신전을 그 어디서도 볼 수 없는 특유의 매력으로 아름답게 장식해, 신전의 주인이 세상을 떠난 후에도 오랫동안 방문객들의 마음을 고양하고 설레게 할 것이다.

이 책의 가르침에 따라 번영의 신전을 짓기 시작하려는 사람들은 완공까지 시간이 걸리고, 벽돌과 돌을 하나하나

끈기 있게 쌓아야 한다는 점을 명심해야 한다. 기둥은 단단히 고정되고 접합되어야 하며, 전체를 완성하기까지 힘든 노동과 지속적인 관심이 필요하다.

그리고 내면에 이 정신적 신전을 건축하는 과정은 눈에 보이지 않고 귀에 들리지 않지만 실재적이고 실질적이다. '건축하기까지 7년'이 걸린 솔로몬 성전처럼, 정신적 신전을 짓는 동안 "어떤 망치나 도끼, 쇠 연장 소리도 들리지 않을 것(「열왕기상」 6장 7절 – 옮긴이)"이다.

마찬가지로 당신의 인격을 구축하고, 인생의 집을 짓고, 번영의 신전을 건설하라. 불확실한 이기적 욕망의 흐름에 따라 넘어지고 일어나기를 반복하는 어리석은 자가 되지 말라. 묵묵하고 평온하게 노동하고, 당신의 경력을 완벽히 마무리하라. 그리하여 어떤 외풍에도 이리저리 흔들리지 않는 군건하고 확실한 토대, 나아가 영원히 지속되는 진리의 원칙 위에 발을 디디고 선 지혜로운 사람이 되길 바란다.

2부

◆

번영의 길

◆

From Poverty To Power, 1904

11장

악에서 얻는 교훈

불안, 고통, 슬픔은 삶을 어둡게 하는 그림자다. 살면서 뼈아프리만치 괴로운 적 없는 사람, 어두운 심연에 내팽 개쳐진 듯 고통과 싸워본 적 없는 사람, 이루 말할 수 없는 비통에 눈이 멀 만큼 뜨거운 눈물을 흘려보지 않은 사람 은 없을 것이다.

어떤 가정이든 질병과 죽음이라는 거대한 파괴자에게 사랑하는 가족을 빼앗겨 온 세상이 어둠의 장막에 휩싸인 듯한 슬픔을 경험하게 마련이다. 그럴 때면 누구나 뚫리지 않을 것 같은 강력한 악의 올가미에 단단히 포박되고 고 통과 불행, 불운이 우리를 덮치는 건 시간문제다.

사람들은 이 우울한 어둠에서 벗어나거나 어떻게든 고통을 덜기 위해 온갖 방법을 찾는다. 그렇게 해서 영원한 행복에 들어갈 길을 찾기를 간절히 바란다.

개중에는 주색에 빠지거나 원초적 쾌락에 자신을 내맡기는 자들도 있다. 세상의 슬픔에서 도피하기 위해 눈과 귀를 닫고 무기력하게 흥청망청 살아가는 향락주의자도 있다. 부와 명예를 갈망하며 그 목적을 위해 물불을 가리지 않는 사람, 종교 의식을 거행하면서 위로를 구하는 사람들도 있다.

그러면 자신이 추구하던 행복을 마침내 손에 넣은 듯한 기분이 든다. 한동안 달콤한 안도감에 푹 빠져 악의 존재 자체를 잊어버린다. 그런 무방비 상태에서 질병에 걸리거나 어떤 커다란 슬픔, 유혹, 불행을 맞이하면, 지금껏 상상속에서 짜 맞춰온 행복의 얼개는 와르르 무너지고 만다.

모든 사사로운 기쁨에는 고통이 다모클레스의 검처럼 매달려 있다. 그 검은 든든한 진리로 무장하지 못한 사람의 영혼을 언제든지 타락시키고 짓밟을 수 있다.

아이는 하루빨리 어른이 되고 싶어 하지만, 어른은 다시 오지 않을 어린 시절의 행복을 그리워하며 한숨을 쉰다. 가난한 사람은 가난의 사슬에 얽매여서 불만이고, 부유한 사람은 때로 가난해질까 봐 걱정하면서 자신이 행복이라고 믿는 허상을 좇아 온 천지를 샅샅이 뒤진다.

어떤 사람들은 특정 종교에 귀의하거나 지식 철학에 입문하거나 지적, 예술적 이상을 세워놓고 안정적 평화와 행복을 찾았다고 생각한다. 그러나 어떤 거부할 수 없는 유혹이 찾아오면, 종교에 기대어 유혹을 뿌리치는 게 바람직하지도 충분하지도 않다. 이론 철학은 버팀목으로 삼기엔 무익하다는 결론이 나고, 수년간 공들여 추구해온 이상은 한순간에 발밑에서 무참히 깨져버린다.

그렇다면 고통과 슬픔에서 벗어날 길은 없을까? 악의 속박에서 헤어나는 방법은 무엇일까? 영원한 행복, 안정적 번영, 지속적 평화는 정녕 헛된 꿈일까?

그렇지 않다. 다행히도 악을 영원히 처단할 방법이 있다. 질병이나 빈곤, 그 외의 여러 악조건을 물리치고 다시는 찾아오지 못하게 할 수 있다. 역경이 다시 올까 봐 걱정할 필요 없이 항구적 번영을 보장하고, 단단하고 무한한 평화와 행복을 누리고 실현할 방법이 있다.

이 영광스러운 깨달음의 여정을 시작하려면, 먼저 악의 본질을 올바르게 이해해야 한다. 악을 부정하거나 무시한다고 해결될 일은 아니다. 악은 이해해야 할 대상이다. 신에게 악을 물리쳐달라고 기도만 해서는 충분하지 않다. 악이 왜 존재하고, 어떤 교훈을 주는지 알아야 한다.

나를 옥죄는 사슬 때문에 초조해하고 화내고 괴로워해 봤자 소용없다. 자신이 왜, 어떻게 이 사슬에 묶이게 되었는지 알아야 한다. 그러기 위해서는 자기 자신에게서 한 발짝 벗어나 냉철히 성찰하고 자신을 이해해야 한다.

더 이상 경험이라는 학교에서 순종을 거부하는 어린아이처럼 굴어서는 안 된다. 겸손하고 끈기 있는 자세로 교훈을 배워, 미몽에서 깨어나고 나라는 존재를 완성해야 한다. 악을 제대로 이해하고 나면 악이 우주의 무한한 힘이나 원리가 아니라 인간이 살면서 겪는 하나의 과정이라는 걸 알 수 있다. 그러므로 악에서 기꺼이 배우려는 사람들에게 악은 반면교사가 된다.

악은 자신의 외부에 있는 어떤 추상적인 존재가 아니라, 자기 마음속에 자리한 하나의 경험이다. 끈기 있게 자신의 마음을 성찰하고 바로잡는다면 차츰 악의 근원과 본질을 깨닫게 될 것이며, 결국 악과 완전히 결별하게 될 것이다.

모든 악은 교정과 극복이 가능하기에 마냥 지속되지 않는다. 악의 뿌리는 무지, 더 자세히 말하면 사물의 진정한 본질과 관계에 대한 무지에 있다. 우리가 그러한 무지 상태를 벗어나지 못하는 한 악의 종속을 피할 수 없다.

우주 안의 모든 악은 무지에서 비롯한다. 그리고 우리가 악이 주는 교훈에 마음을 열 준비가 되어 있다면, 악은 오히려 우리를 한 단계 높은 지혜의 길로 데려다주고는 사라질 것이다. 그러나 악에 사로잡힌 인간이 그 유혹을 떨쳐내지 못하는 이유는 악을 교훈의 기회로 여길 의지가 없거나 준비가 되지 않았기 때문이다.

내가 아는 한 아이는 매일 밤 어머니가 침대에 눕힐 때면 촛불을 가지고 놀게 해달라며 울고불고 떼쓰곤 했다. 그러던 어느 날 어머니가 잠시 방심한 틈에 아이는 촛불을 쥐었다. 익히 예상되는 결과가 뒤따랐고, 아이는 다시는 촛불을 가지고 놀려 하지 않았다.

한번 어리석은 실수를 저지르고 나면 순종의 교훈을 완벽하게 체득하고, 불을 만지면 덴다는 사실을 깨닫는다. 그리고 이 일화는 모든 죄와 악의 본질과 의미, 궁극적 결과를 온전히 보여준다.

아이는 불의 진정한 본질을 몰라서 고통을 겪었지만, 나이 든 어른도 예외가 아니다. 그들은 그토록 애면글면 갈구하던 것들을 일단 쟁취하고 나면, 그것이 본색을 드러내면서 자신에게 불의의 일격을 가할 수 있다는 사실을 알지 못하기에 고통에 시달린다. 어른과 아이의 유일한 차이점은, 어른의 경우 무지와 악이 더 깊이 뿌리박혀 있는 데다 스스로 인지하지도 못한다는 것이다.

언제나 어둠은 '악'을, 빛은 '선'을 상징해왔다. 이러한 상징은 실재reality를 완벽히 해석한 것이다. 즉 빛은 항상 우주에 넘쳐흐르지만, 어둠은 인간의 조그만 육신이 무한한 빛 줄기의 일부를 가로막아 작은 점처럼 드리워진 그림자에 불과하다. 그만큼 최고선이라는 빛은 우주에 넘쳐흐르며 생명력을 분출하는 실재적 힘이다. 반면에 악은 자아가 빛의 입구에 버티고 서서 환한 빛줄기를 애써 가로채고 차단하려고 드리우는 하찮은 그림자다.

밤의 장막이 세상을 아무리 깜깜하게 뒤덮을지언정, 그 어둠은 우리가 사는 작은 행성의 절반에 불과한 공간에 드리울 뿐이다. 반면 온 우주는 생동하는 빛으로 작열하고 있으며, 아침이면 모든 생명은 햇살을 받으며 깨어난다.

당신의 영혼이 슬픔, 고통, 불행으로 뒤덮인 밤길을 헤매다 지쳤다면, 이는 단지 자신의 개인적 욕망이 무한한 기쁨의 빛으로 향하는 길을 가로막고 있다는 증표다. 그리고 이 어두운 그림자를 드리우는 사람은 오직 자신밖에 없다.

외부의 어둠은 실재하지 않는 그림자이기에 어디서 오지도, 어딘가로 가지도, 어떤 곳에 영원히 터를 잡지도 않는다. 마찬가지로 우리 내면의 어둠도 점차 그림자를 키워가는 동안 빛의 영혼을 한번 훑고 지나가는 비실재적 그림자일 뿐이다.

"하지만 도대체 왜 악의 어둠을 통과해야 하는가?"라고 묻는 사람도 있을 것이다. 그것은 본인이 무지에 따라 선택한 결과다. 그 무지의 결과로 선과 악을 모두 이해하게 되고, 어둠을 통과하는 동안 빛의 진가를 더욱 절실히 느끼게 된다.

악이 무지가 초래한 직접적인 결과인 만큼, 악이 주는 교훈을 완전히 깨달으면 무지를 지혜로 채울 수 있게 된다. 그러나 순종하지 않는 아이가 학교에서 배우려 하지 않듯, 경험에서 교훈을 터득할 생각이 없는 사람은 계속 어둠에 갇힌 채 질병, 실망, 슬픔이 무한 반복되는 벌을 받게 될 것이다.

그러므로 자신을 둘러싼 악에서 벗어나려면 기꺼이 배울 준비가 되어 있어야 한다. 또 이러한 자기 수양의 과정 없이는 한 톨의 지혜도, 영속적인 행복과 평화도 얻을 수 없다는 마음가짐이 필요하다.

어두운 방에 자신을 가두고는 세상에 빛이 존재하지 않는다고 말하는 사람도 있을 것이다. 하지만 바깥으로 나가면 빛은 어디에나 있고, 어둠은 자신의 좁은 방에만 있을 뿐이란 걸 알게 된다.

따라서 진리의 빛을 차단하든지, 자신이 주위에 둘러친 편견, 이기심, 오해의 벽을 허물고 사방에 펼쳐진 영광의 빛을 받아들일지는 각자가 결정하기 나름이다.

단순히 이론이 아닌 진지한 자기 성찰을 통해, 악은 지나가는 한 단계이자 스스로 만들어낸 그림자라는 사실을 깨달아야 한다. 당신의 모든 고통, 슬픔, 불행은 절대적 법칙에서 한 치도 벗어나지 않고 당신에게 찾아온 것이다. 이유 없고 불필요한 시련이란 없다. 대신 일단 고비를 견디고 그 악의 근원을 이해한다면, 당신은 더 강하고 현명하고 고고한 인간으로 거듭날 수 있다.

이 깨달음의 경지에 완전히 들어서면 본인의 환경을 스스로 형성하고, 모든 악을 선으로 바꾸며, 자기 운명을 능숙하게 엮어나갈 수 있는 위치에 올라설 것이다.

오 파수꾼이여, 아직 밤이지만 보이는가?

산꼭대기에 새벽이 희미하게 깜박이는 모습을.

빛 중의 빛인 황금빛 사자가

산 정상 위에 아름다운 발을 내디딘 모습을.

그가 어둠을 쫓아내고,

밤의 모든 악마를 쓸어버리는 게 느껴지는가?

쫙 내리쬐는 그의 빛줄기가 보이는가?

악의 최후를 알리는 그의 목소리가 들리는가?

아침이 온다, 빛의 연인인 아침이.

벌써 산마루를 금빛으로 물들이며

밤을 향해 다가오는

그의 환한 발길이 어렴풋이 보이는구나.

어둠은 지나가리라,

어둠을 사랑하고 빛을 미워하는 모든 것과 함께.

밤이 지나면 영원히 사라지리라.

기쁘구나!

황금빛 사자가 노래하며 발걸음을 재촉하고 있으니.

12장

내면이 단단하면
절대로 흔들리지 않는다

당신의 자의식이 곧 당신이 속한 세계다. 우주 만물은 당신의 내적 경험으로 녹아든다. 외부가 어떻게 돌아가는지는 별로 중요하지 않다. 어차피 모든 것은 당신 자신의 의식 상태를 반영하기 때문이다.

내면의 모든 것이 중요하다. 외부의 모든 것은 내면 상태를 비추는 거울이요, 내면에 따라 채색될 것이기 때문이다. 내가 확실히 안다고 생각하는 모든 지식은 내 경험에서 축적된 산물이다. 앞으로 습득할 모든 지식도 경험이라는 관문을 통과함으로써 내 일부가 된다.

내 생각, 욕망 그리고 열망이 내가 속한 세계를 구성한다. 각자가 생각하는 아름다움과 기쁨, 행복, 추악, 슬픔, 고통 등 우주의 만물도 그 사람의 내면에 있다. 한 개인의 생각은 그 사람의 삶, 세계, 우주를 생성하기도 하고 망가뜨리기도 한다. 인간의 내면이 생각의 힘으로 차곡차곡 다져지듯, 외적인 삶과 환경도 생각에 따라 형성된다.

마음속 가장 깊숙한 방에 웅크리고 있는 생각도, 그것이 무엇이든 조만간 불가피한 작용 반작용의 법칙에 따라 삶의 외부로 모습을 드러낼 것이다. 불순하고 추악하고 이기적인 영혼은 불행과 재앙을 향해 직진한다. 반면에 순수하고 이타적이며 고고한 영혼은 곧장 행복과 번영을 향해 나아간다. 사람의 영혼은 무엇이든 자신이 생각하는 것을 그대로 끌어당기기에, 생각하지 않는 것은 어떤 것도 그 영혼으로 들어올 수 없다. 이 사실을 깨닫는다면 신성한 보편 법칙을 인식했다고 봐도 좋다.

삶을 형성하기도 하고 망가뜨리기도 하는 모든 인생사는 그 사람의 내적 삶에서 벌어지는 사고의 특성과 힘이 빚어낸 결과물이다. 모든 영혼은 경험과 생각이 복잡하게 얽혀 있고, 육체는 영혼을 그때그때 표출하는 수단에 불과하다.

그러므로 자신의 생각이 곧 실제 자아다. 그리고 생물이든 무생물이든 주변 세계는 모두 보는 사람의 생각에 따라 옷을 갈아입는다.

부처는 "우리의 모든 측면은 생각의 산물이다. 우리 존재는 생각을 토대로 정립되고, 생각으로 이루어져 있다"라고 말했다. 그러므로 어떤 사람이 행복하다면, 이유는 그가 행복한 생각 속에서 살기 때문이다. 반대로 불행한 사람은 정신을 피폐하게 하고 기운 빠지는 생각에 사로잡혀 있다는 의미다.

소심하든 용감하든, 어리석든 현명하든, 머릿속이 어지럽든 차분하든 누구나 그러한 내적 상태에 이르게 된 원인은 그 사람의 영혼 안에 있지, 결코 외부에 있지 않다. 물론 "외부 상황이 정말 우리 마음에 영향을 미치지 않는다는 말인가?"라고 항변하는 사람도 있을 것이다. 영향을 미치지 않는다고 할 수는 없지만, 그런 상황도 자신이 그것에 얼마나 휘둘릴지 마음먹은 범위에서만 영향을 미친다는 것만큼은 틀림없다.

상황에 쉽사리 흔들리는 사람은 생각의 본질, 활용법, 힘을 제대로 이해하지 못하기 때문이다.

사람들은 외부 요소가 자기 삶을 채우거나 무너뜨린다고 믿는다. (그리고 이 믿음에 따라 희로애락을 느낀다.) 그러다 보니 그 자체로 아무런 힘도 없는 외부 요소들에 힘을 부여하며, 외적인 것들에 노예처럼 종속되어 살아간다. 이는 사실 단순히 상황에 굴복하는 게 아니라, 상황을 바라보는 우울감이나 기쁨, 두려움, 희망, 의욕, 무기력 등 자신의 감정에 굴복하는 것이다.

젊은 나이에 수년간 힘들게 모은 돈을 잃은 두 사람이 있었다. 한 사람은 망연자실한 채 분통과 걱정, 낙담에 빠졌다. 다른 한 사람은 아침 신문에서 자신의 거래 은행이 파산해 모든 예금을 날렸다는 소식을 읽고는 침착하고 단호하게 말했다.

"지나간 일인데 어쩔 수 없지. 걱정한다고 돈이 다시 들어오는 것도 아니고. 열심히 일해서 또 벌어야겠군."

심기일전한 그는 다시 일해서 곧 재산을 모은 반면, 절망하던 사람은 돈을 잃었다는 사실에 계속 집착하고 '불운'을 한탄하다가 상황의 꼭두각시가 되고 말았다. 사실 그 불행한 상황도 알고 보면 자신의 나약하고 수동적인 생각일 뿐이다.

돈을 잃은 같은 사건이 한 사람에게는 어둡고 절망적인 생각에 휩싸이게 만든 저주와도 같았다. 그러나 다른 한 사람에게는 이 사건이 마음을 강하게 먹고, 희망을 품고, 다시 일어서려 노력하는 계기로 작용했기에 전화위복이 되었다.

상황 자체에 우리를 울고 웃게 하는 힘이 있다면 같은

상황을 대처하는 사람들의 자세도 다 똑같을 것이다. 그러나 같은 상황에 맞닥뜨려도 어떤 사람은 좋게, 또 어떤 사람은 나쁘게 받아들인다는 사실은 선과 악이 상황이 아닌 그 사람의 마음속에 있다는 증표다.

이 진실을 깨닫고 나면 자신의 생각을 제어하고, 마음을 조절하고 단련하며, 영혼의 내적 신전을 재건할 수 있을 것이다. 이로써 쓸모없고 불필요한 모든 잡념을 떨쳐버리고 기쁨과 평온, 힘과 생명, 연민과 사랑, 아름다움과 불멸의 생각만이 자아로 통합된다. 그러면 당신의 영혼은 즐겁고 차분해지고, 강하고 건전해지며, 자비와 사랑이 넘실대고, 불멸의 아름다움으로 빛날 것이다.

우리가 사건을 해석할 때 자신의 생각으로 덧씌우듯이, 우리 눈에 보이는 주변 세계의 사물도 자신의 생각을 덧입혀 바라본다. 따라서 같은 대상을 보고도 누군가는 조화롭고 아름답게 느끼는 반면, 다른 누군가에게는 역겹고 추하게 느껴진다.

한 열정적인 박물학자가 어느 날 취미 활동을 위해 시골길을 배회하던 중 농장 근처에서 웅덩이를 발견했다. 그는 나중에 현미경으로 검사해보려고 웅덩이 물을 작은 병에 채취하면서, 곁에 서 있던 한 무지한 농부에게 물속에 숨겨진 수많은 신비에 관해 다짜고짜 열변을 토했다. 그리고 다음과 같이 말을 맺었다.

"그래요. 이 웅덩이 안에는 100가지, 아니 100만 가지 세계가 담겨 있답니다. 그걸 다 이해할 수 있는 감각이나 도구가 없는 게 안타까울 따름이지요."

그러자 순진한 농부는 덤덤히 말했다.

"웅덩이 속에 올챙이가 많다는 건 저도 압니다. 잡기도 쉬워요."

자연에 관한 사실에 해박한 박물학자는 웅덩이에서 아름다움, 조화, 숨겨진 장관을 발견하지만, 그런 것들에 눈이 뜨지 못한 자에게는 지저분한 진흙투성이의 웅덩이로만 비칠 뿐이다.

행인이 무심코 밟는 들꽃도 시인의 영적인 눈에는 보이지 않는 세계에서 온 천사의 사자로 보인다. 바다 역시 많은 사람에게 배가 항해하다가 때로 난파되기도 하는 음울한 망망대해일 뿐이다. 하지만 음악가에게는 신성한 화음을 시시각각 다채롭게 들려주는 살아 있는 생명체다.

같은 곳을 바라봐도 속인은 재앙과 혼돈을 발견하고, 철학자는 완벽한 원인과 결과의 법칙을 발견한다. 유물론자는 죽음의 반복만을 본다면, 신비주의자는 가슴 뛰는 영원한 삶을 알아본다.

또한 우리가 어떤 사건과 대상에 자신의 생각으로 의미

를 부여하듯, 다른 사람의 마음도 자신의 생각대로 해석한다. 의심하기 좋아하는 사람은 모든 사람이 의심스럽다고 생각한다. 거짓말을 잘하는 사람은 온전히 진실만을 말하는 특이한 사람은 세상에 없다며 자신을 위로한다.

질투심 많은 사람은 모든 인간의 마음에서 질투심을 발견한다. 구두쇠는 모두가 자신의 돈을 탐한다고 생각한다. 양심을 내주고 부를 쌓은 사람은 세상이 자기 돈을 노리는 양심 없는 도둑들로 가득하다는 망상에 사로잡혀 베개 밑에 권총을 둔 채 잠을 청하며, 자포자기 인생을 사는 호색가는 성자를 위선자로 여긴다.

반면에 생각이 사랑으로 충만한 사람은 모든 것을 사랑과 공감의 원천으로 바라본다. 충직한 사람은 쓸데없는 의심으로 괴로워하지 않는다. 남의 행운을 기뻐해줄 만큼 선량하고 인정 많은 사람에게는 질투심이라는 감정이 생소하기만 하다. 그리고 자신 안에서 신성을 깨친 사람은 모든 존재, 심지어 짐승에게서도 신성을 인식한다.

사람은 원인과 결과의 법칙에 따라 자신의 생각과 같은 생각을 하는 사람들에 자석처럼 이끌린다. 그러다 보니 서로 비슷한 사람들끼리 어울리고, 결과적으로 자신의 사고방식에 더욱더 깊게 함몰된다. '유유상종'이라는 말은 일반적으로 사용되는 이상의 깊은 의미를 지닌다. 물질세계에서도 그렇지만, 정신세계에서도 생각은 비슷한 유형끼리 서로 달라붙는다.

친절을 바라는가? 남을 친절하게 대하라.
진실을 원하는가? 남에게 진실해져라.
결국 뿌린 대로 거둘 것이요,
당신의 세계는 곧 당신을 비추는 거울이로다.

사후에 무덤 그 이상의 더 행복한 세계를 꿈꾸고 그곳에 다다르기 위해 기도하는 사람을 위한 희소식이 있다. 그 행복한 깨달음의 세계에 들어가기 위해서는 지금도 늦지 않았다. 그 세계는 우리 내면에 있는 온 우주다. 발견하고, 받아들이고, 자기 것으로 취하는 것은 내면의 주인이 마음먹기에 달려 있다. 존재의 내면적 법칙을 아는 사람은 이렇게 말했다.

"사람들이 '여기 있다, 저기 있다' 외칠지라도 부화뇌동하지 말라. 신의 왕국은 당신 안에 있노라."

이 말을 의심 없이 받아들이고, 명상을 통해 내면으로 체화하길 바란다.

그러면 내면세계를 정화하고 다시 세우기 시작할 것이다. 그리고 깨달음을 거듭하는 과정에서, 스스로 영혼을

통제하게 될 때 생기는 마법 같은 힘 외에 외부 요소는 정
말 아무것도 아니라는 사실을 알게 될 것이다.

　　세상을 바로잡고 싶다면
　　이 모든 악과 불행을 추방하고 싶다면
　　메마른 불모지에 꽃을 피우고
　　황량한 사막을 장미 정원처럼 비옥하게 하고 싶다면
　　먼저 자신을 바로잡아라.
　　오랫동안 외로이 죄악에 사로잡혀 있던 세상을 돌리고
　　모든 상처받은 마음을 회복하고
　　비탄을 물리쳐 그 안에 달콤한 위안을 들이고 싶다면
　　자신이 가던 길부터 돌려라.
　　슬픔과 고통을 보내고
　　세상의 고질병을 고쳐
　　만물을 치유하는 기쁨을 맞이하려면
　　먼저 자신을 치유하라.
　　죽음의 꿈과 어둠의 투쟁으로부터
　　세상을 흔들어 깨우고
　　사랑과 평화
　　그리고 영원한 생명의 빛과 광명을 불러오고 싶다면
　　먼저 자신부터 깨어 있으라.

13장

불행한 삶에서 당장 벗어나라

악은 자아가 영원한 선의 초월적 형상을 가로막아 생긴 그림자일 뿐이고 세상은 자신의 모습을 비추는 거울이라는 것을 깨닫는다면, 대법칙을 마음에 그리고 발견하며 실현하는 인식의 단계로 힘찬 발걸음을 내디딜 수 있다. 이러한 깨달음을 통해 모든 것은 원인과 결과의 끊임없는 상호작용 속에 있으며, 그 어떤 것도 인과 법칙과 분리될 수 없다는 진리를 얻게 된다.

인간의 가장 사소한 생각, 말, 행위에서부터 천체의 질서에 이르기까지 맨 위에는 대법칙이 지휘자로서 군림한다. 임의적인 상태란 단 한 순간도 존재할 수 없다. 그러한 상태는 법칙을 부정하고 무력화하는 것이기 때문이다.

그러므로 삶의 모든 환경은 질서 있고 조화로운 순서로 묶여 있으며, 모든 환경의 비밀과 원인은 그 안에 담겨 있다. "무엇이든 뿌린 대로 거두리라"라는 격언은 영원의 문 위에 불타는 문자로 새겨져 있다. 이는 누구도 부인할 수 없고, 빠져나갈 수 없으며, 피할 수도 없다. 불 속에 손을 넣은 사람은 불이 꺼질 때까지 손이 타들어갈 테고, 불을 저주하거나 신에게 기도한다고 달라지는 것은 없다.

마음의 영역에도 정확히 똑같은 법칙이 적용된다. 증오, 분노, 질투, 시기, 정욕, 탐욕, 이 모든 감정은 타오르는 불이며, 누구든지 그것들을 만지는 자든 이글거리는 고통을 겪게 될 것이다.

이 모든 마음 상태를 '악'이라고 하며, 이것은 무지한 영혼이 불변의 법칙을 전복시키려 애쓴 결과로 탄생한 감정이다. 따라서 내면의 혼란과 혼돈을 초래하고, 곧 슬픔, 고통, 절망과 함께 질병, 실패, 불행 등 외부 상황이라는 형태로 현실화된다.

사랑, 관대, 선의, 순수는 비통한 영혼에 평화를 불어넣는 상쾌한 공기이며, 영원한 법칙과 조화를 이루어 건강, 평온한 환경, 틀림없는 성공, 행운의 형태로 실현된다. 우주에 스며들어 있는 이 대법칙을 완전히 이해하면 법칙에 순종하는 마음의 상태에 이른다. 정의, 조화, 사랑이 우주의 최고선이라는 것을 안다면 모든 역경과 고통이 법칙에 불순종한 결과라는 것도 알게 될 것이다.

이러한 이해가 선결되어야만 힘과 능력을 기르고, 참된 삶을 살며, 지속적인 성공과 행복의 주춧돌을 놓을 수 있다. 모든 상황에서 인내심을 잃지 않고 모든 여건을 자신에게 꼭 필요한 단련의 장으로 받아들인다면 어떤 고통스러운 상황도 극복하고 그 고통이 다시 찾아올까 걱정할 필요도 없다. 대법칙에 순종하는 힘이 고통을 완전히 제거하기 때문이다.

순종하는 사람은 법칙과 조화를 이루며 실제로 자신을 법칙과 동일시한다. 이런 사람은 무엇을 정복하든 그 정복은 영원할 것이며, 자신이 쌓아 올린 내면세계는 무엇이 됐든 절대 파괴되지 않는다.

모든 나약함과 마찬가지로 모든 힘의 근원도 내면에 있다. 모든 행복의 비결도 불행과 마찬가지로 내면에 있다. 내면이 성장하지 않으면 항상 제자리걸음일 것이고, 진리를 착실히 쌓지 않고서 확실한 번영과 평화의 발판은 없다.

당신은 상황 때문에 꼼짝달싹할 수 없다고 말하고 싶을지도 모른다. 그리고 더 나은 기회, 더 넓은 활동 무대, 더 유복한 물질적 조건을 외치며, 내심 자신의 손발을 묶는 운명을 탓할 것이다.

이 글은 당신을 위한 글이며, 나는 지금 바로 당신에게 말하고 있다. 그러니 명심하길 바란다. 지금 하는 말은 진실이니, 이 진실이 당신 마음에 불타오르게 하라. 내면적 삶을 개선하겠다고 확고하게 결심한다면, 외면적 삶의 환경도 당신이 원하는 대로 개선될 것이다.

처음에는 이 여정이 무모해 보일 것이다. (진리란 원래 그런 법이다. 오직 오해와 망상만이 처음에는 매력적이고 매혹적으로 보인다.) 그러나 이 여정을 시작하겠다고 결심한 후 끈기 있게 마음을 단련하고, 나약한 마음을 뿌리 뽑고, 내면의 영적, 정신적 힘을 끄집어낸다면 당신은 외적인 삶에 찾아올 마법 같은 변화에 놀라게 될 것이다.

앞으로 나아갈수록 이 여정에는 황금 같은 기회가 흩뿌려질 것이고, 그 기회를 적절하게 활용하는 힘과 판단력이 마음속에서 솟아오를 것이다. 또한 초대하지 않아도 다정한 친구들이 제 발로 찾아올 것이다. 바늘이 자석에 붙듯이 당신과 마음이 통하는 영혼들이 다가올 것이다. 그리고 당신에게 필요한 모든 책과 외부의 도움은 구하려 하지 않아도 절로 찾아올 것이다.

어쩌면 당신은 가난의 사슬에 무겁게 짓눌려 있고, 친구도 없이 외로우며, 자신의 짐을 벗어 던질 수 있기를 간절히 갈망하고 있을 것이다. 그러나 짐은 점점 더 쌓여만 가고 갈수록 짙어지는 어둠에 휩싸인 느낌이 들 것이다.

또한 자신의 운명을 불평하고 한탄할 것이다. 출생 배경, 부모, 고용주를 탓하거나 자신에게는 그토록 부당한 가난과 고난을 안겨줬으면서 다른 이에게는 풍요와 안락함을 선사한 불공평한 신을 원망할지도 모른다.

이제 불평불만은 그만하라. 비난하는 대상이 무엇이든, 그것은 당신이 가난한 원인이 아니다. 원인은 자기 안에 있고, 원인이 있는 바로 그곳에 해결책도 있다. 당신이 불평 많은 사람이라는 사실 자체가 당신이 그토록 불운한 이유를 설명한다. 그리고 모든 노력과 발전의 출발점이 되는 믿음이 당신에게 부족하다는 표시다.

법칙의 세계에서는 불평 많은 사람이 설 자리가 없으며, 걱정은 영혼의 자멸 행위다. 바로 그러한 마음가짐이 자신을 속박하는 사슬을 강화하고 주위의 어둠을 더욱 자기 쪽으로 끌어당긴다. 삶에 대한 관점을 바꾸면 외적인 삶 또한 바뀔 것이다.

믿음과 이해를 토대로 자신의 가치관을 다부지게 가다듬고, 더 나은 환경과 폭넓은 기회에 걸맞은 사람이 되어야 한다. 자신에게 주어진 여건에서 최선을 다하는 것이

급선무다. 비교적 사소한 이득을 간과하면서 커다란 이득을 노리는 자기기만은 금물이다. 설령 커다란 이득을 손에 넣을 수 있더라도 그 이득은 영원하지 않다. 오히려 한때 가볍게 보아 넘겼던 교훈을 배우기 위해 얼마 못 가 원위치로 되돌아가야 할 것이다.

아이가 학교에서 다음 과정으로 넘어가기 전에 하나의 표준 과정을 마쳐야 하듯, 당신도 더 위대한 선을 이루려면 일단 자신이 이미 지닌 것을 충실히 활용해야 한다.

달란트의 비유는 이 진리를 멋지게 보여주는 예다. 우리가 소유한 것이 아무리 하찮고 사소할지라도 이를 오용하고 무시하고 깎아내린다면 그조차 빼앗길 것임을 명백히 보여주기 때문이다. 결국 우리의 행위는 우리가 현재 어떤 처지에 놓이게 된 원인을 그대로 보여주는 것이다.

당신이 불결하고 열악한 주변 환경에 둘러싸인 채 작은 오두막에 살고 있다고 치자. 당신은 더 넓고 위생적인 거처를 원할 것이다. 그렇다면 우선 지금 살고 있는 오두막을 작은 천국으로 만들어 자신이 꿈꾸는 이상적 거처와 가능한 한 비슷해지게끔 노력해야 한다.

일단 얼룩 한 점 남지 않게 항시 청소하라. 변변찮은 수단으로나마 최대한 예쁘고 사랑스럽게 가꾸어라. 평범한 음식도 정성껏 요리하고, 소박한 식사지만 최대한 우아하게 차려보라. 손님맞이용 카펫을 살 여유가 없다면 미소와 환영을 바닥에 깔아 인내심이라는 망치로 친절의 못을 단단히 박아라. 이러한 카펫은 햇볕에 바래지도 않고, 시간이 아무리 지나도 절대 닳지 않는다.

이렇게 현재 환경을 품격 있게 가꾸는 방법으로 주어진 환경을 극복하고, 더 좋은 환경을 찾아 떠나야 할 필요를 초월할 수 있다. 그러다 보면 언젠가 적절한 때가 왔을 때, 전부터 늘 당신을 기다려왔고 당신에게 적합한 더 좋은 집과 환경이 눈앞에 나타날 것이다.

당신은 일하는 시간이 너무 고되고 길다고 생각하며, 사색과 자기 계발의 시간을 좀 더 원할지도 모른다. 그렇다면 자신에게 주어진 얼마 안 되는 여가를 최대한 잘 활용하고 있는지 곰곰이 생각해보라. 이미 있는 자투리 시간을 낭비하는 사람에게는 더 많은 여유 시간이 생겨봤자 달라지는 게 없다. 그저 더 나태하고 무심해질 뿐이다.

가난도, 시간과 여가의 부족도, 당신의 생각과 달리 악이 아니다. 만약 당신이 가난하거나 시간이 없어서 지금 처지를 벗어나지 못한다고 생각한다면 당신의 나약한 마음이 그것들을 악으로 덧씌웠기 때문이다.

당신이 그들에게서 보는 악은 사실 본인에게 있다. 자기 마음을 형성하고 조종하는 힘이 본인에게 있는 한, 운명의 창조자는 자신이라는 사실을 온전히 깨닫도록 노력하라. 그리고 자기 훈련을 통해 스스로 변화하는 과정에서 하나둘 깨닫는 게 늘어날수록, 지금껏 악이라고 생각해온 것들이 축복으로 바뀌는 것을 보게 될 것이다.

그러면 결핍을 기회 삼아 인내, 희망, 용기를 키울 수 있다. 그리고 시간이 부족한 여건을 오히려 그 안에서 귀중한 순간을 포착하고, 그 짧은 시간을 활용하기 위해 기민한 행동력과 결단력을 키울 계기로 삼을 것이다.

지저분한 거름 속에서 가장 아름다운 꽃이 자라듯, 인류는 결핍이라는 어둠 속에서 가장 아름다운 꽃으로 만개한다. 고난과 씨름하고 이를 극복하느라 힘든 환경에 처할수록 가장 진면목을 발휘하고 그 영광을 드러내는 게 인간의 미덕이다.

만약 고용주의 횡포에 시달리고 가혹한 대우를 받고 있다면, 이 시련도 단련에 필요한 과정으로 생각하라. 못된 고용주라도 용서하고 너그럽게 대하라. 끊임없이 인내와 자제를 실천하라. 불리한 환경을 정신적, 영적 힘을 얻는 기회로 활용하라.

당신은 묵묵한 본보기가 되어 고용주를 선한 영향력으로 가르칠 것이다. 고용주는 어느 순간 자신의 행동이 부끄러워져 잘못을 뉘우칠 것이다. 동시에 당신은 정신적으로 더욱 고차원의 경지에 올라, 그간 바라던 환경이 나타날 때 그곳으로 발을 내딛고 새 출발을 할 수 있을 것이다.

자신이 노예 같다고 비관하지 말고, 노예 상태에서 벗어날 고상한 행동으로 자신을 끌어올려라. 남에게 종속된 자신의 처지를 불평하기 전에 당신이 자기 마음에 종속된 건 아닌지 생각해보라.

내면을 보라. 그것도 주의 깊고 냉정하게 살펴보라. 내면에 노예 같은 생각과 욕망은 없는지, 일상생활에서도 노예처럼 행동하는 습관은 없는지 다시 생각하게 될 것이다.

깨달았다면 극복하라. 더 이상 자기 자신의 노예가 되지 않겠다고 결심하라. 그러면 누구도 당신을 노예로 부릴 힘이 없다는 걸 알게 될 것이다. 자아를 극복하면 모든 역경도, 눈앞에 닥친 어떤 어려움도 이겨낼 수 있다.

부자에게 억눌리고 있다고 불평하지 말라. 당신이 부자가 되면 남을 짓밟지 않으리란 자신이 있는가? 우주에는 공정하고 영원한 절대 법칙이 있으니, 오늘 남을 억압하는 사람은 내일 누군가에게 억압받을 것이다. 이 법칙에는 예외가 없어서 그 누구도 이 법칙에서 벗어날 수 없다.

어쩌면 당신은 전생에 부유하고 남을 억압하던 사람이었다가, 우주의 대법칙을 어긴 죄의 빚을 현생에서 갚고 있을 뿐일지도 모른다. 그러므로 입술을 꾹 깨물고 믿음을 실천하라. 영원한 정의, 영원한 선을 늘 염두에 두라. 자신을 개인적, 일시적 존재에서 초월적, 영구적 존재로 끌어올리도록 노력하라.

다른 사람이 나를 해치고 억압한다는 망상을 떨쳐버리고, 자신의 내면생활과 삶을 지배하는 법칙을 더 깊이 이해하도록 노력하라. 그러면 실제로 당신을 해치는 것은 당신 안에 있을 뿐임을 깨달을 것이다. 자기 연민만큼 파멸적이고, 스스로를 피폐하게 하고, 영혼을 파괴하는 행위는 없다.

자기 연민에서 탈출하라. 자기 연민이라는 병폐가 당신의 마음을 좀먹는 동안에는 절대 더 충만한 삶으로 성장할 것이라 기대할 수 없다. 다른 사람에 대한 비난을 거두고, 자신에게 비난의 화살을 돌려라. 티끌 한 점 없이 순수하지 않거나 결백한 선의 빛을 들여보내지 않는 어떤 행위, 욕망, 생각도 용납하지 말라. 그러고 나면 영원의 세계를 터로 삼아 그 위에 집을 짓고, 때가 되면 자신의 행복과 안녕에 필요한 모든 것이 저절로 찾아올 것이다.

이러한 이기적, 부정적 상태를 뿌리 뽑지 않고서는 빈곤 등 불쾌한 환경을 영구히 극복할 방법이 없다. 빈곤과 같은 불쾌한 환경은 생각의 상태를 반영하고, 생각에 따라 지속된다.

진정한 부를 얻으려면 덕을 갈고닦아 영혼을 풍요롭게 해야 한다. 마음이 참되고 덕스럽지 않으면 번영도 힘도 있을 수 없다. 그저 번영과 힘처럼 보이는 현상이 있을 뿐이다. 덕을 갖추지도 못했고 덕을 쌓으려는 의지도 없는 사람이 돈을 많이 버는 경우도 있기는 하다. 그러나 그렇게 모은 돈은 진정한 부가 아니어서, 열병처럼 덧없다.

다윗은 이렇게 고백했다.

"내가 악인의 번영을 보고 오만한 자를 부러워하였니라. (…) 그들의 살찐 눈은 튀어나오고, 마음이 바라는 것 이상으로 많은 것을 소유하며 (…) 진실로 내 마음을 깨끗이 하고 내 손을 씻어 결백하다고 한 것이 헛되도다. (…) 이 연유를 알고자 생각하니 심히 괴로웠으나, 내가 신의 성소에 들어가고 나서야 그들의 종말을 깨달았나이다."

다윗은 악한 자들이 성공한 모습을 보고 견디기 힘들어했으나, 신의 성소에 들어가 그들의 종말을 깨달았다.

당신도 그 성소에 들어갈 수 있다. 그곳은 바로 당신 안에 있기 때문이다. 성소는 추악하고 사사롭고 무상한 모든 것을 흘려보낸 후, 영원한 우주의 대법칙이 실현된 이후의 의식 상태다.

또한 성소는 곧 신과 같은 의식 상태이자, 최고선의 성역이다. 오랜 분투와 수양을 통해 그 거룩한 신전의 문으로 들어가는 데 성공하면, 번쩍 뜨인 눈으로 선이든 악이든 인간의 모든 생각과 노력의 끝과 결실을 막힘 없이 꿰뚫어 보게 될 것이다. 그러면 당신은 부도덕한 사람이 외견상 부를 축적하는 모습을 보아도 더 이상 흔들리지 않고 자신의 믿음을 유지할 수 있다. 그가 다시 가난과 타락에 빠질 것임을 알기 때문이다.

덕이 없는 부자는 사실 가난한 사람이다. 마치 바다로 흘러가는 강물처럼, 분명 그도 온갖 부귀영화를 누리면서도 가난과 불행을 향해 표류하고 있다. 그리고 그는 비록 부자로 죽더라도 다음 생으로 돌아와 자신이 뿌린 부도덕의 쓰디쓴 열매를 전부 거둬야만 한다. 그는 아무리 여러 번 부자가 되어도, 오랜 경험과 고통으로 내면의 빈곤을 극복하기 전까지는 그만큼 또 여러 번 가난에 빠진다.

반면에 겉으로는 가난하지만 덕이 풍부한 사람은 진정한 부자다. 그는 물질적으로 아무리 가난해도 분명 번영을 향해 나아가고 있다. 그에게는 기쁨과 행복으로 충만한 세계가 기다리고 있다. 진정 영원한 번영을 원한다면 먼저 덕을 갖춰야 한다.

그러므로 번영을 삶의 유일하고 직접적인 목표로 삼고, 그 목표를 탐욕스럽게 추구하는 것은 현명하지 못하다. 이는 결국 자충수가 될 것이다. 그보다 자기 완성을 목표로 삼고, 이타적인 봉사로 사회에 쓸모 있는 사람이 되어, 언제나 불변의 최고선을 향해 믿음의 손길을 뻗어야 한다.

당신 자신을 위해서가 아닌, 다른 사람들을 축복하고 선을 행하기 위한 부를 추구하라. 이것이 부를 원하는 진정한 동기가 될 때, 부는 당신에게 올 것이다. 부에 둘러싸여 있으면서도 자신을 돈의 주인이 아닌 청지기로 여기는 사람은 진정 강하고 이타적인 사람이다.

그러나 당신이 왜 부자가 되고 싶은지 동기를 잘 살펴보라. 대부분 다른 사람을 행복하게 해주기 위해 돈이 필요하다지만, 실제 근본적인 동기는 인정받고 싶은 욕구, 그리고 자선가나 개혁가 행세를 하려는 욕망이다.

지금 가진 적은 돈으로 선을 행하지 못하는 사람은 돈이 많아질수록 더 이기적으로 변한다. 그리고 설령 선행처럼 보이는 일일지라도 돈으로 행한 모든 행위는 결국 교묘한 자화자찬을 위한 것에 불과하다.

진심으로 선을 행하고 싶다면, 선행을 위해 돈이 모이기를 기다릴 필요는 없다. 바로 이 순간, 지금 그 자리에서 얼마든지 선을 행할 수 있다. 당신이 본인의 믿음대로 정말 이타적인 사람이라면, 지금 바로 다른 사람들을 위해 희생함으로써 자신의 이타적인 면모를 입증할 것이다.

가난해서 희생할 여유가 없다는 건 핑계다. 가난한 사람도 자기가 가진 모든 돈을 헌금함에 넣지 않는가.

진실로 선을 행하고자 하는 사람은 돈을 모을 때까지 기다리지 않고 곧장 희생의 제단으로 나아간다. 그곳에 부질없는 자아를 남겨두고 이웃과 이방인, 친구와 적 가리지 않고 모두에게 축복의 숨결을 불어넣는다.

모든 결과에는 원인이 있듯, 번영과 힘은 내면의 선에서 나오고 가난과 나약함은 내면의 악에서 나온다. 돈으로는 진정한 부를 쌓거나 높은 지위에 오르거나 권력을 얻을 수 없다. 돈에만 의지하는 건 살얼음판을 걷는 것과 같다.

진정한 부는 자신의 미덕이요, 진정한 힘은 당신이 그 미덕을 발휘하는 능력이다. 마음을 바로잡으면 삶도 바로잡힌다. 욕망, 증오, 분노, 허영, 오만, 탐욕, 방종, 자기 본위, 아집은 모두 가난하고 나약해지는 길이다. 반면에 사랑, 순수, 관용, 온유, 연민, 너그러움, 무아, 무욕은 부와 힘의 근원이다.

가난과 나약함의 요인들을 극복하고 나면, 모든 것을 제압할 압도적인 힘이 내면에서 솟아난다. 그리고 최고의 미덕을 확립하는 데 성공한 사람은 온 세상을 자신의 발아래에 두고 높이 올라설 수 있다.

그러나 부자도 가난한 사람과 마찬가지로 그들 나름의 불쾌한 환경에서 살고 있으며, 오히려 가난한 사람보다 행복과 거리가 먼 경우가 많다. 이를 통해 우리는 행복이 외부의 조력이나 물질적 소유가 아닌 내적 삶에 달려 있다는 것을 알 수 있다.

당신이 고용주라면 당신이 고용한 직원들과 끊임없는 마찰로 어려움을 겪을 것이다. 아무리 착하고 믿음직한 직원들을 구해도 그들은 조만간 떠나곤 한다. 그 결과 당신은 인간의 본성에 대한 믿음을 잃기 시작했거나 완전히 잃었을 것이다.

그들에게 임금을 올려주고 어느 정도 자율성을 허용하며 노력해도 문제는 해결되지 않는다. 따라서 조언을 한마디 하자면 이렇다. 이 모든 애로점의 원인은 직원이 아닌 당신에게 있다. 자신의 잘못을 발견하고 고치겠다는 겸손하고 진지한 자세로 내면을 들여다본다면, 곧 모든 불행의 근원이 밝혀질 것이다.

답은 이기적 욕심일 수도 있고, 아니면 은근히 내재한 의심이나 몰인정한 마음과 태도일 수도 있다. 이런 것들은 언행으로 직접 표출되지 않을지라도, 주변 사람들에게 해를 끼칠 뿐 아니라 자신에게도 반작용으로 되돌아온다.

직원들을 친절하게 대하고, 자신이 그들의 입장이 되었을 때 하고 싶지 않을 만큼 혹사할 일이라면 그들에게도 시키지 말라. 자신을 완전히 잊고 고용주의 이익을 위해 힘쓸 만큼 겸손한 영혼을 갖춘 직원은 드물뿐더러 보기에도 흐뭇하다. 그러나 자신의 행복을 잊고. 자신의 손에 생계가 달린 직원들의 행복을 먼저 챙기는 고귀한 영혼의 고용주는 훨씬 더 드물고 신성한 아름다움마저 자아낸다.

그런 사람의 행복도는 남들과 비할 바가 못 되며, 자신이 고용한 직원에 대해 불평할 일도 없다. 다수의 직원을 거느리면서도 한 명도 해고하지 않아 명성이 자자했던 한 고용주는 이렇게 말했다.

"나는 직원들과 더없이 행복한 관계를 유지해왔다. 어떻게 그게 가능한지 설명하자면, 내가 대접받고 싶은 대로 그들을 대해주었다는 것밖에 달리 할 말이 없다."

그의 말에는 어떤 형태로든 자신에게 유쾌한 환경을 확보하고 불쾌한 환경을 극복하는 비결이 담겨 있다.

당신은 외롭고 소외된 기분에 "세상에 친구가 한 명도 없다"라고 말하고 싶은가? 그렇다면 본인의 행복을 위해서라도 자신 외에는 누구도 비난하지 않기를 바란다. 다른 사람들에게 친절히 대하면 곧 친구들이 당신 주위로 몰려든다. 순수하고 다정한 마음으로 무장하면 모두의 사랑을 받게 될 것이다.

자신의 삶을 힘겹게 하는 환경이 무엇이든, 내면에서 스스로 정화하고 정복하는 힘을 기르고 활용하면 어떤 환경도 극복할 수 있다. 불쾌한 환경은 지긋지긋한 가난이나 (여기서 말하는 가난이란 해방된 영혼의 영광인 자발적 가난이 아니라 불행의 근원으로서의 가난임을 기억하라) 어깨를 짓누르는 부, 삶의 이곳저곳에 거미줄처럼 얽힌 숱한 불행의 어둠, 슬픔, 골칫거리 등을 포함한다. 이 중 무엇이 자신을 괴롭게 했든, 그 괴로움을 살아 숨 쉬게 만든 자신의 이기적 요소들을 극복하면 이 모든 불쾌한 환경을 이겨낼 수 있다.

대법칙의 기준에서 보건대, 과거의 생각과 행위 중에 해결하거나 속죄해야 할 것들이 있더라도 문제 되지 않는다. 역시 같은 대법칙에 따라 우리는 살면서 매 순간 새로운 생각과 행위를 생성하고, 그 생각과 행위를 좋게도 나쁘게도 바꿀 힘이 있기 때문이다.

또한 어떤 사람이 (뿌린 대로 거둔 결과) 돈이나 지위를 잃었다고 해서 그의 기개나 강단도 사라진다고 볼 순 없다. 그리고 기개와 강단이야말로 진정한 부와 힘, 행복의 근원이다. 자아에 집착하는 사람은 자기 자신이 가장 큰 적이어서 늘 적에게 둘러싸인 채 사는 셈이다.

반면에 자아를 버리는 사람은 가장 큰 구세주가 자기 자신이기에, 든든한 보호막 같은 친구들이 주위에 가득하다. 순수한 마음이 발하는 신성한 광채 앞에서는 모든 어둠이 맥을 못 추고 모든 먹구름이 사라진다. 자아를 정복한 사람은 우주를 정복한 것과 같다.

그러니 가난에서 탈출하고, 고통에서 빠져나오라. 자아에 갇혀 있지 말고 번민, 한숨, 불평, 속앓이, 고독에서 벗어나라. 하찮은 이기심이라는 낡디낡은 헌 옷을 벗고 만물을 포용하는 사랑의 새 옷으로 갈아입어라. 그러면 내면의 천국을 깨닫게 될 것이고, 그것은 삶의 모든 외부 요소에도 반영될 것이다.

자신을 정복하기 위해 힘찬 발걸음을 내디딘 사람, 믿음을 지팡이 삼아 자기희생의 길을 걷는 사람은 분명 궁극의 번영을 누릴 것이다. 그리하여 풍요롭고 영원한 기쁨과 행복을 수확할 것이다.

최고선을 추구하는 이들에게는
모든 것이 그 궁극의 지혜로 가는 길에 도움을 준다.
어떤 나쁜 일도 허투루 오지 않고,
악은 지혜가 빌려준 날개를 달고 휘휘 날아가버린다.
슬픔의 어둠은
기쁨으로 빛나기를 기다리는 별을 가리지만
지옥은 천국을 섬기니,
밤이 지나면 멀리서 황금빛 영광이 밀려온다.

실패는 더 고귀한 꿈,

더 순수한 목표를 향해 올라가기 위한 과정일 뿐.

상실은 언젠가 이득으로 변할 터,

시간의 언덕을 오르는 진실한 도약에 기쁨이 동행한다.

고통은 거룩한 축복의 길로

신성한 생각과 말과 행동으로 인도하나니,

어두운 먹구름과 빛나는 광선은

하늘로 향한 인생의 대로를 타고 올라 부딪힌다.

불행은 그 길을 흐리게 할 뿐,

하늘 높이 밝게 빛나는 성공의 종착지는

우리가 무사히 도착해 머물기를 기다린다.

우리의 희망찬 계곡에 장막처럼

어둠을 드리우는 의심과 두려움,

그늘과 맞서 영혼은 발버둥 치고

쓰라린 눈물을 거두고

마음은 아프고 불행하고 비통하고

끊어진 인연에 상처도 입지만

이 모든 것은 믿음을 굳건히 하고

생명의 길로 올라가는 단계.

사랑이 온다, 가여운 마음으로 조심스럽게

사랑이 속세에서 온 순례자를 맞이하러 달려온다.

모든 영광과 선이 순종하는 자들이

도착하기를 기다리는구나.

14장

당신이 가진 생각의 힘을 믿어라

세상에서 가장 강력한 힘은 고요하다. 그리고 이 힘은 강도에 따라 올바르게 사용하면 유익해지고, 잘못 사용하면 파괴적으로 변한다.

이것은 증기, 전기 등 기계적 힘에 있어서 상식이지만, 이 상식이 마음의 영역에도 적용된다는 것을 아는 사람은 별로 없다. (무엇보다 가장 강력한 힘인) 생각의 힘은 우리 안에서 끊임없이 생성되어 구원 혹은 파괴의 흐름으로 배출된다.

인간은 진화의 단계 중 현시점에 이르러 이러한 생각의 힘을 얻게 되었고, 현재 진화의 전체적인 방향대로라면 언젠가 이 힘을 완전히 정복할 수 있어야 한다. 물질계에서 인간이 얻을 수 있는 최대한의 지혜는 완전한 극기를 통해서만 성취할 수 있다. 그리고 "원수를 사랑하라"라는 격언은 망설이지 말고 지금 당장 그 숭고한 지혜를 자기 것으로 만들라는 충고라고 볼 수 있다. 그러려면 지금 물 위를 둥둥 떠다니는 지푸라기처럼 이기심의 흐름에 무력하게 흔들리고 예속된 생각의 힘을 부여잡고 제어해서 바꿔야 한다.

최고의 대법칙을 완전히 터득한 고대 이스라엘 예언자들은 언제나 외적 사건을 내적 생각과 결부했고, 국가의 재난이나 번영도 당시 국민의 머릿속을 지배한 생각과 욕망에 연결 지었다.

그들은 생각에 인과 법칙을 일으키는 힘이 있다는 것을 알았기에 이를 토대로 모든 참된 지혜와 힘, 그리고 무엇보다 모든 예지력을 습득할 수 있었다. 국가적 사건은 그저 국민의 정신적 힘이 작용한 결과일 뿐이다.

전쟁, 전염병, 기근은 잘못된 방향으로 흐른 생각의 힘들이 만나 충돌한 결과로, 파괴가 대법칙의 매개체로 개입하여 절정으로 폭발한 결과다.

전쟁을 한 지도자나 한 집단의 잘못으로 돌리는 것은 어리석다. 전쟁은 국가적 차원의 이기심을 극단적으로 보여주는 참사다. 모든 기운을 끌어와 현상으로 가시화하는 것은 바로 조용하고도 놀라운 생각의 힘이다.

우주는 생각에서 자라났다. 가장 최근에 밝혀진 연구 결과에 따르면 물질은 단지 객관화된 사고일 뿐이다. 모든 인간의 성취는 먼저 생각에서 탄생해서 구체화된다. 작가, 발명가, 건축가는 먼저 생각 속에서 자신의 작업을 구상한다. 정신계에서 완전히 조화를 이룬 총체를 완성하면, 그다음 그것에 형체를 부여하여 물질계나 감각계로 가져온다.

생각의 힘은 절대적 법칙과 조화를 이루어 올바른 방향으로 나아가면 건설적, 보존적이지만, 잘못 틀어지면 파국적, 자기 파괴적으로 된다.

전능한 최고선에 대한 완전하고 확고한 믿음에 맞춰 내면의 모든 생각을 조정하는 것이 그 선과 협력하는 길이요, 모든 악을 해체하고 파괴할 방법을 자기 안에서 깨닫는 길이다. 믿어라, 그러면 생명을 얻을 것이다.

여기서 구원의 참된 의미를 짚고 넘어가자. 구원은 영원히 밝은 빛을 뿜어내며 생동하는 선의 세계에 들어섬으로써 어둠과 불신의 악에서 탈출하는 것이다.

두려움, 걱정, 불안, 의심, 고민, 분통, 낙담에는 무지와 불신이 밑바탕에 깔려 있다. 그리고 이 모든 마음의 상태는 이기심에 굴복한 직접적인 결과이자, 악의 힘이 가장 세다는 태생적 믿음에 의해 형성된다. 바로 이런 믿음이 사실상 무신론이다. 그리고 이러한 부정적이고 영혼을 파괴하는 마음의 상태에 갇혀 사는 사람만을 진정한 의미에서의 무신론자라고 부른다.

인류에게 필요한 구원은 바로 이러한 환경으로부터의 구원이다. 무력하게 복종하는 노예 상태에 머물러 있는 한, 누구도 구원받았다고 자랑스러워해서는 안 된다.

불안과 걱정은 저주 못지않은 죄악이다. 본질적으로 영원한 정의, 전능한 선, 무한한 사랑을 믿는 사람이 어떻게 근심과 걱정이 있겠는가? 불안, 걱정, 의심은 대법칙에 순종하기를 거부하고 믿음이 없는 사람의 전유물이다.

나약해지고 실패하는 모든 원인은 마음 상태에 있다. 나약한 마음과 실패는 긍정적인 생각의 힘이 소멸하고 무너졌다는 증표다. 생각의 힘이 온전했다면 목표를 향해 힘껏 달려가 유익한 결실을 맺었을 것이다.

이러한 부정적 여건을 극복하는 것은 힘찬 삶을 시작하는 것이자, 자아의 노예가 아닌 내 삶의 주인이 되는 길이다. 이렇게 환경을 극복할 유일한 방법은 내면을 꾸준히 갈고닦아 진리를 깨닫는 것이다.

속으로 악을 부정해봤자 소용없다. 매일 실천을 통해 악을 극복하고 이해해야 한다. 속으로 선을 긍정해봤자 역부족이다. 꾸준한 노력으로 받아들이고 깨우쳐야 한다. 자제력을 현명하게 실천하면 내면에 있는 생각의 위력을 금세 이해하게 되고, 나중에는 그 힘을 올바르게 활용하고 지휘할 힘도 기르게 된다.

자아를 통제할 수 있는 사람, 정신에 지배되지 않고 정신을 지배할 수 있는 사람은 어떤 일이나 외부 환경도 정복하게 될 것이다. 손대는 일마다 실패하고 만약 성공해도 성공이 오래가지 못하는 사람이 있다면, 생각의 힘을 거부하는 마음의 상태에서 좀체 벗어나지 못하기 때문이다.

의심의 수렁에서 영영 헤어나지 못하고, 모래에 끝없이 빨려들듯 두려움에서 허우적거리며, 불안의 바람에 잇따라 흔들린다면, 설령 성공과 위신이 눈앞에서 기다리고 있더라도 노예처럼 종속된 삶을 살 수밖에 없다.

이런 사람은 믿음도 자제력도 없으므로 자기 일을 제힘으로 통제하지 못하고 상황의 노예가 된다. 더 정확히 말하면 자기 자신의 노예다. 이런 사람은 고통에서 배우고, 나아가 쓰라린 경험의 압박을 느껴봐야 나약함을 탈피하고 강해질 수 있다. 믿음과 목표는 삶의 원동력이 된다.

굳건한 믿음과 흔들리지 않는 목표가 있다면 이루지 못할 일은 없다. 날마다 묵묵히 믿음을 실천함으로써 생각의 힘은 한데 모이고, 날마다 묵묵히 목표 의식을 강화함으로써 생각의 힘은 성취에 가까워진다.

당신이 인생에서 어떤 위치에 있든, 그리고 성공, 능력, 힘을 얼마만큼 얻기를 원하든, 먼저 차분하고 평온한 마음을 길러 생각의 힘을 집중하는 방법을 터득해야 한다. 당신이 사업가라면 어느 날 갑자기 감당하기 힘든 어려움이나 재난에 직면할지도 모른다. 그러면 점점 두렵고 불안해져서 어찌할 바를 모르게 된다.

이와 같은 마음의 상태가 계속되면 결과는 치명적이다. 불안이 개입되는 순간 올바른 판단력을 잃기 때문이다. 이제 새벽이나 밤에 한두 시간을 내어 어떤 방해도 받지 않는 조용한 방이나 혼자만의 공간으로 가라. 그곳에 편히 앉아 자신의 삶에서 즐겁고 행복했던 기억을 떠올리며 억지로라도 마음을 불안의 대상에서 멀어지게 하면, 차분하고 평온한 기운이 점차 마음에 스며들어 불안이 사라질 것이다.

걱정이라는 저차원의 마음 상태로 되돌아가려거든 얼른 평화롭고 강인한 고차원의 정신 상태로 마음을 다시 일으켜 세워야 한다. 이것이 충분히 가능해지면 온 마음을 집중해 어려움도 해결할 수 있다. 걱정한다고 풀리지 않던 복잡한 문제들도 명쾌하고 쉽게 다가올 것이다. 또한 침착하고 평정한 마음 상태에서만 가능한 명확한 통찰력과 완전한 판단력을 바탕으로, 앞으로 어떤 길을 추구하고 어떤 목적을 지향해야 바람직한지도 감이 잡힐 것이다.

마음이 완벽한 평정의 경지에 오르려면 매일같이 노력해야겠지만, 끝까지 포기하지 않는다면 반드시 성취할 수 있다. 그리고 그렇게 평온해진 마음 상태로 자신에게 주어진 일을 실행에 옮기면 된다.

그러나 다시 일상의 일을 처리하다 보면 또 걱정이 찾아와 머릿속을 지배할 테고, 그럴 때면 지금까지의 과정이 잘못되었거나 어리석었다고 생각하기 쉽다. 그래도 그러한 마음의 소리에 귀를 기울여선 안 된다.

불안의 어둠에 휘둘리지 말고, 평온할 때의 통찰력을 절대적으로 믿고 따라야 한다. 평온한 시간에 깨달은 생각이 올바르고 정확한 법이다. 이러한 정신 수양을 통해 흩어져 있던 생각의 힘이 다시 합쳐질 것이다. 그러면 마치 탐조등의 불빛을 비춘 듯 해결책이 환하게 눈에 들어오고 문제는 맥없으리만치 스르륵 풀린다.

조용하고도 강력한 생각의 힘을 집중하면 아무리 어려워 보여도 결국 풀지 못할 문제는 없다. 또 영혼의 힘을 옳은 방향으로 현명하게 사용하면 부당한 목표가 아니고서야 금방 실현하지 못할 목표도 없다.

내면의 본성을 깊이 탐구해 그 안에 도사리고 있는 수많은 적을 극복하라. 그래야만 생각에서 우러나오는 미묘한 힘, 생각과 외부 및 물질계 간의 떼려야 뗄 수 없는 관계를 인식할 수 있다. 또한 올바른 균형과 방향이 잡힌 생각에는 삶의 환경을 재조정하고 변화시킬 마법 같은 힘이 있다는 점도 알게 될 것이다.

머릿속을 스치는 모든 생각은 하나의 힘으로 모여 외부에 표출된다. 그리고 생각은 그 성격과 정도에 따라 자기를 받아들일 마음속에 머물 자리를 잡는다. 그것이 나중에 마음의 주인에게 반응하는 형태가 선 또는 악이다. 마음과 마음 사이에 끊임없는 상호작용이 오가는 동안, 생각의 힘도 계속해서 옷을 바꿔 입는다.

이기적이고 혼란한 생각은 그만큼 악의적이고 파괴적인 힘이며, 다른 이들의 마음속에 있는 악까지 자극하고 부풀리기 위해 이 땅에 내려온 악의 사자다. 그 악은 다시 힘을 키워 마음의 주인에게 되먹임처럼 돌아온다.

평온하고 순수하며 이타적인 생각은 생기와 치유, 축복을 날개에 달고 세상에 파견되어 악의 세력에 맞서는 수많은 천사의 사자와 같다. 근심과 슬픔의 거친 파도 위에 기쁨의 기름을 붓고, 상처받은 마음이 불멸의 천성을 회복하게 해준다.

좋은 생각으로 마음을 채워라. 좋은 생각은 좋은 환경이라는 형태로 삶의 외부 영역에서까지 빠르게 실현될 것이다. 영혼의 힘을 통제하라. 그러면 삶의 외부 요소도 원하는 대로 형성할 수 있을 것이다.

구세주와 죄인의 차이점은 전자가 자기 안의 모든 힘을 완벽히 통제하는 반면, 후자는 그 힘에 지배되고 통제된다는 것이다. 진정한 힘과 지속적 평화를 얻을 길은 자제, 극기, 자기 정화밖에 없다. 제 성질을 이기지 못하면 무기력하고 불행하며 세상에도 거의 도움이 되지 못한다.

좋아하거나 싫어하는 사소한 것부터 변덕스러운 애증, 순간적으로 치밀어 오르는 분노, 의심, 질투, 그 외 스스로 제어하지 못하는 모든 감정 변화를 극복하는 것, 이것들은 삶이라는 그물을 행복과 번영의 황금 실로 엮을 의지가 있는 사람이라면 앞으로 풀어야 할 숙제다.

기분의 변화에 노예처럼 종속된 인생을 사는 한, 다른 사람과 외적 도움에 의존해 살아가야만 할 것이다. 확고하고 탄탄한 길을 걷고 어떤 성취를 이루고자 한다면, 모든 방해 요소를 극복하고 마음의 동요를 통제할 줄 알아야 한다. 흔히 말하는 '고요 속으로 들어가서' 마음을 쉬게 하는 습관을 매일 실천해야 한다. 이는 불안한 생각을 평온하게, 약한 생각을 강하게 바꾸는 방법이다.

이 실천을 성공적으로 수행해야만 정신의 힘을 인생의 문제와 목표에 집중하고 괄목할 만한 성공을 기대할 수 있다. 이것은 분산된 힘을 하나의 강력한 방향으로 전환하는 과정이다.

잘 정비된 수로는 여기저기의 폐수를 한데 모아 걸러내고 배수함으로써 버려진 늪지대를 황금빛 옥수수밭이나 풍성한 정원으로 바꾼다. 마찬가지로 마음을 평온히 하고 생각의 방향을 의지대로 통제하는 사람은 자신의 영혼을 구원하고 마음과 삶에 열매를 맺게 한다.

자신의 충동과 생각을 통제해내면, 전에 없던 고요한 힘이 싹트는 것을 느끼기 시작할 테고, 안정된 평정심과 강인한 기운이 내면에 자리잡을 것이다. 또한 잠재되어 있던 힘이 저절로 고개를 내밀기 시작할 것이다. 당신은 이제 그전까지의 나약하고 부질없던 노력 대신, 성공을 향하는 침착한 자신감으로 만사에 임하게 될 것이다.

이 새로운 힘과 자신감에 더해 '직관'이 내면에서 깨어나, 더 이상 어두운 추측의 길이 아닌 빛나는 확신의 길을 걸을 것이다. 이렇게 영혼의 통찰력이 꽃을 피우면 판단력과 정신적 투시력도 무한히 확장될 것이며, 앞일을 감지하고 자기 노력의 결과를 놀라우리만치 정확히 예측할 수 있는 예지력이 내면에서 발전할 것이다.

내면이 변화하면 그만큼 인생관도 바뀔 것이다. 또한 다른 사람들을 대하는 정신적 태도를 바꾸면, 당신을 향한 그들의 태도와 행동도 바뀐다. 나약하고 파괴적이며 저급한 생각을 딛고 강하고 순수하며 고귀한 생각으로 올라서면, 힘을 주는 긍정적이고 건설적인 흐름이 생성되어 당신의 행복은 헤아릴 수 없을 만큼 배가될 것이다. 그리고 오직 자기통제를 통해서만 느낄 수 있는 기쁨과 힘, 강인한 기운을 맛보기 시작할 것이다.

이 기쁨과 기운은 당신에게서 계속 발산될 것이다. 그래서 어떤 노력을 하지 않아도 아니, 심지어 전혀 의식하지 못하더라도 강한 사람들을 내 주변으로 끌어들일 것이고, 영향력을 손에 쥐게 될 것이다. 나아가 외부에서 일어나는 일들도 당신의 변화한 사고 세계에 따라 절로 긍정적으로 형성될 것이다.

"사람의 원수가 자기 집안 식구이니라(「마태복음」 10장 36절 - 옮긴이)."

훌륭하고 강하며 행복해지고자 하는 사람은 더 이상 부정적이고 천박하고 불순한 생각의 흐름을 수동적으로 받아들여선 안 된다. 현명한 집주인이 하인들에게 지시를 내리며 손님을 대접하듯, 현명한 사람은 자기 욕구에 엄하게 지시를 내려 영혼의 저택에 들여보낼 생각을 선별할 줄 알아야 한다.

아주 약간이라도 극기를 실천하는 데 성공하면 그 사람의 힘은 대폭 증가한다. 그리고 이 신성한 성취를 완성해 낸 사람은 뜻밖의 지혜와 내적인 힘, 평온을 얻고, 우주의 모든 힘이 영혼의 주인인 자신의 발걸음을 돕고 지켜준다는 것을 깨닫는다.

하늘 끝까지 저 높이 승천하고 싶은가,
땅 밑을 뚫고 저 밑바닥까지 추락하고 싶은가?
끝없이 아름다움을 꿈꾸며 살든지,
아니면 가장 원초적인 생각에 머물든지
마음먹기 나름이라.
생각이 그대 위의 천국이요,
그대 아래의 지옥이기도 하니,
행복은 생각 안에 있고
생각에서 비롯하지 않는 고통도 없다.
생각 없이는 세상도 존재할 수 없는 법.
영광은 꿈속에만 있을 뿐.
그리고 영원한 생각으로부터 시대의 서사극이 펼쳐진다.
존엄과 치욕, 슬픔, 고통과 번뇌, 사랑과 증오는
운명을 지배하는 생각의

강력한 맥동을 뒤덮은 가면일 뿐.

무지개 일곱 빛깔이 하나의 무색 광선을 이루듯

우주 만물의 변화는 하나의 영원한 꿈을 이룬다.

그리고 그 꿈은 모두 그대 안에 있으니,

꿈꾸는 자는 강하고 생동하는 생각으로

자신을 깨워줄 아침을 긴 밤 내내 기다린다.

아침이면 이상은 현실이 되어,

순수하고 완벽한 존재가 거하는

가장 높고 신성한 천국에서

지옥의 꿈은 흩어져 사라진다.

악을 머금은 생각이 곧 악이요,

우리를 선하게 하는 생각이 곧 선이로다.

빛과 어둠, 죄와 순수도 생각에서 자라는 법.

가장 위대한 생각에 머물면

가장 위대한 것을 발견하게 될 것이요.

가장 높은 곳에 마음을 고정하면

가장 고결한 존재로 올라설 수 있으리라.

15장

맑은 영혼이
건강한 육체를 이끈다

어렸을 때 아무리 들어도 질리지 않는 옛날이야기를 얼마나 재미있어했는지 기억할 것이다. 우리의 착한 주인공이 교활한 마녀, 무시무시한 거인, 사악한 왕이 계략을 꾸미는 위기의 순간에도 매번 구출되며 변화무쌍한 운명을 겪을 때면 넋을 잃고 다음 전개를 기다리곤 했다.

어린 시절의 우리는 주인공의 운명이 잘못되지 않으리라는 확신이 있었고, 결국에는 그들이 모든 적을 이길 것임을 의심하지도 않았다. 우리는 동화 속 요정들이 절대 틀릴 리 없으며, 선과 진실만을 위해 분투한 주인공들을 외면하지 않는다는 것을 알았기 때문이다.

요정 여왕이 결정적 순간에 각종 마법을 발휘하여 모든 어둠과 문젯거리를 물리치고 주인공들의 모든 소원을 들어주었을 때, 우리 마음속에는 형언할 수 없는 기쁨이 고동쳤다. 그리고 결말은 "그 후로 그들은 영원히 행복하게 살았답니다"였다.

그러나 우리는 나이를 먹고 이른바 인생의 '현실'이 더 가깝게 와닿기 시작하면서 아름다운 요정의 세계를 잊었다. 그곳에 살던 놀라운 등장인물들은 기억의 저편으로 밀려나 그늘진 비현실적 세계로 들어가버렸다.

우리는 유치한 꿈의 세계에서 벗어나야 현명하고 강한 어른이 된다고 생각했다. 그러나 경이로운 지혜의 세계를 마주하면 다시 어린아이가 된다. 가슴 뛰게 하던 어린 시절의 꿈으로 되돌아가, 동화 속 교훈이 사실이고 현실임을 알게 된다.

요정은 워낙 작아서 거의 보이지 않지만, 모든 것을 정복하는 마법의 힘을 지녀서 선한 사람에게 건강, 부, 행복과 온갖 자연의 선물을 아낌없이 내준다. 그리고 요정은 지혜를 쌓아 생각의 힘과 내면세계를 지배하는 법칙을 이해한 사람의 영적 영역에서 다시 현실이 되어 불멸한다.

요정은 이런 사람의 내면에서 최고선과 조화를 이루며 생각의 존재, 생각의 메신저, 생각의 힘으로 다시 살아난다. 그리고 날마다 자신의 마음을 최고선과 조화시키려 노력하는 사람들은 실제로 참된 건강과 부, 행복을 얻는다.

세상에 선만큼 든든한 지지대는 없다. 그리고 내가 말하는 '선'이란 단순히 겉으로만 도덕적 규칙에 순응한다는 의미가 아니다. 순수한 생각, 고귀한 야망, 이타적 사랑, 허영으로부터의 탈피를 가리킨다.

좋은 생각을 변함없이 유지하면 다정하고 강한 힘의 영적 분위기를 주변에 드리워 모든 사람에게 깊은 인상을 남긴다. 떠오르는 태양이 그림자를 맥없이 물러나게 하듯, 순수와 믿음으로 단단해진 마음에서 나오는 긍정적인 생각은 모든 악의 세력에 탐조등의 불빛을 내리쬐어 속절없이 줄행랑치게 한다.

신실하고 흔들림 없이 순수한 사람에게는 건강, 성공, 힘이 따라온다. 그런 이에게는 악이 자라나기 위한 먹이가 전혀 없으므로 질병, 실패, 재난 등도 발 디딜 여지가 없다.

육체적 조건도 대체로 정신적 상태에 좌우되는데, 과학계 역시 이 사실에 급속도로 주목하고 있다. 육신을 자아와 동일시하는 낡은 유물론적 믿음은 급속히 쇠퇴하고 있다. 대신 인간은 육신보다 위에 있고, 육신은 생각의 힘으로 만들어진다는 희망찬 믿음이 그 자리에 들어서고 있다.

요새는 소화 불량에 걸려서 기운이 없는 게 아니라, 기운이 없어서 소화 불량에 걸린다는 사실을 다들 깨닫기 시작했다. 만병의 근원이 마음에 있다는 사실은 머지않아 상식이 될 것이다.

악의 뿌리와 근원은 우주가 아닌 마음에 있다. 또한 죄와 질병, 슬픔, 고난은 우주 질서에 속하는 것도, 사물의 본성에 내재하는 것도 아니다. 실은 우리가 사물의 올바른 관계에 무지해서 초래된 직접적 결과다.

속설에 따르면, 옛날 인도에 아주 철저하게 순수하고 단순한 삶을 살아 온 철학자 집단이 있었다. 그들은 보통 150세까지 살았고, 혹여 병에 걸리면 그걸 용서하지 못할 수치로 여겼다. 그들에게 질병이란 대법칙을 어긴 결과와도 같았기 때문이다.

질병은 진노한 신이 아무나 붙잡고 내리는 벌이나 무분별한 섭리의 시험이 아니다. 우리는 질병이 자신의 실수나 죄의 결과라는 사실을 얼른 깨닫고 인정해야 더 빨리 건강한 삶으로 진입할 수 있다.

질병은 질병을 자초하는 사람, 심신이 질병을 끌어들이는 사람에게 찾아간다. 반면 강하고 순수하며 긍정적인 생각으로 치유와 생기의 기운을 생성하는 사람들에게서는 도망친다. 분노, 걱정, 질투, 탐욕 같은 부조화의 마음 상태에 빠진 채 완벽한 육체적 건강을 기대한다면 이는 불가능한 기대다. 이런 사람은 계속 마음속에 질병의 씨앗을 뿌리고 있기 때문이다.

현자는 이러한 병든 마음의 상태와 신중하게 거리를 둔다. 그는 이 감정들이 더러운 하수구나 오염된 집보다 훨씬 위험하다는 것을 알기 때문이다.

육체가 모든 고통에서 벗어나 완전한 조화를 누리길 바란다면, 먼저 마음을 정리하고 생각을 조화롭게 하라. 즐거운 생각, 사랑이 충만한 생각을 하라. 선의 묘약이 자신의 혈관을 타고 흐르게 하라. 그 외에 다른 약은 필요하지 않다. 질투, 의심, 걱정, 미움, 방종을 버려라. 그러면 소화불량, 담즙증, 불안증, 관절통도 씻겨 나갈 것이다.

정신을 쇠약하게 하고 사기를 떨어뜨리는 습관에 계속 집착한다면, 육체가 병으로 쓰러져도 어쩔 도리가 없다. 마음의 습관과 몸 상태 사이의 밀접한 관계를 보여주는 한 일화가 있다.

어떤 남자가 중병에 걸려 의사를 줄줄이 찾아다녔으나 허사였다. 그러다 치료 효과에 좋다는 온천수로 유명한 마을로 가서 그곳의 물로 목욕도 했지만, 병세는 갈수록 깊어만 갔다.

어느 날 밤 그는 꿈에 어떤 정령이 나타나서 "형제여,

모든 치료 방법을 시도해보았는가?"라고 물었다. 남자는 "네, 안 해본 방법이 없습니다"라고 대답했다. 정령이 말했다. "아니다. 나를 따라오라. 그대가 미처 발견하지 못한 온천이 있다." 남자가 따라가자, 정령은 맑은 물가로 그를 데려가 "이 물에 몸을 담그라. 그러면 반드시 나을 것이다"라고 말하고는 곧 자취를 감췄다.

그 남자는 온천에 몸을 담갔고, 물에서 나오자마자 깨끗이 나았다. 동시에 그가 물 위를 보니 "단념하라"라는 문구가 쓰여 있었다. 잠에서 깬 그는 꿈이 시사하는 의미를 깨달았다. 그리고 내면을 들여다본 후 자신이 줄곧 방종이라는 죄악의 제물이었음을 인식하고, 방종한 태도를 영원히 버리겠다고 맹세했다.

그가 맹세를 지켰더니 그날부터 괴로움이 사라지고 얼마 후 건강도 완전히 회복했다. 세상에는 자신의 몸이 과로로 망가졌다고 불평하는 사람이 많다. 그러나 질병은 어리석은 에너지 낭비로 발생하는 경우가 더 많다.

건강을 지키려면 사사건건 부딪치지 말고 둥글둥글하게 지낼 줄 알아야 한다. 불안해하거나 흥분하거나 사소한 일에 불필요하게 집착하면 몸도 버텨내지 못한다.

정신노동이든 육체노동이든, 일은 유익하고 건강에 이롭다. 모든 불안과 걱정에서 벗어나 꾸준하고 차분한 끈기로 오직 지금 하는 일에만 몰두하는 사람은 늘 서두르고 불안해하는 사람보다 훨씬 많은 일을 성취할 뿐 아니라 남들은 잃기 쉬운 건강도 유지한다.

진정한 건강과 진정한 성공은 나란히 함께한다. 건강도 성공도 생각의 영역에서 서로 긴밀히 얽혀 있기 때문이다. 정신이 조화로우면 신체가 건강해지듯, 신체가 건강해야 마음이 세운 계획을 조화로운 순서로 실행할 수 있다.

생각을 정리하면 삶도 바로잡힐 것이다. 격정과 편견이 출렁이는 바다에 평온의 기름을 부어라. 그러면 생명의 바다를 가로지르는 영혼의 돛단배는 아무리 불행의 폭풍이 위협하더라도 난파하지 않을 것이다.

그리고 조타수가 즐거운 마음과 초심 그대로의 믿음으로 조종할 때, 이 배는 한층 더 순항할 것이다. 이전 같았으면 배를 침몰시킬 만한 수많은 위험 속에서도 무사히 지나갈 것이다.

모든 영속적인 성취에는 믿음의 힘이 깔려 있다. 최고 선을 믿고, 대자연의 법칙을 믿고, 자신의 소임을 믿고, 그 소임을 완수할 자신의 능력을 믿는다면, 넘어지지 않고 목적을 성취하는 데 필요한 반석에 올라선 것이다.

어떤 상황에서든 당신 안에 있는 가장 고고한 설득의 목소리를 따라야 한다. 항상 신성한 자아에 충실히 하고,

내면의 빛과 내면의 목소리에 의지하며, 두려움 없는 평정심으로 목표를 추구하라. 그 모든 올곧은 생각과 노력은 미래에 보상받게 될 것이다. 우주의 법칙은 결코 틀리는 법이 없다. 당신의 의지에 따라 한 치의 오차도 없이 되돌아온다는 것, 이 사실을 아는 것이 믿음이자 믿으며 사는 삶이다.

그러한 믿음의 힘으로 불확실한 어둠의 바다가 갈라지고, 모든 난관이 켜켜이 쌓인 산도 무너질 수 있다. 그 와중에도 믿음의 영혼은 무사히 앞으로 나아간다.

값을 매길 수 없는 이 불굴의 믿음을 자기 것으로 취하도록 노력하라! 이 믿음은 삶을 고통을 넘어 위대하게 하는 모든 것, 그중에서도 특히 행복과 성공, 평화, 힘을 위한 부적과도 같다.

믿음을 주춧돌로 삼아라. 그러면 영원한 반석 위에 영원한 재료를 가지고 절대 무너지지 않을 구조물을 세울 수 있다. 그것은 언젠가는 먼지처럼 사라질 모든 물질적 사치와 부의 축적을 초월할 것이기 때문이다.

슬픔의 심연으로 내팽개쳐졌든 환희의 높은 경지로 올라섰든, 항상 이 믿음을 굳건히 붙잡아라. 그리고 믿음의 반석을 언제든 돌아갈 수 있는 피난처로 여기고, 흔들리지 않는 불멸의 기반 위에 굳건히 발을 디뎌라.

그러한 믿음을 중심에 두면 자신에게 돌진하는 모든 악의 세력을 유리 장난감 부수듯 물리칠 수 있는 영적인 힘을 갖게 될 것이다. 그리고 세속적 성공만 추구하는 사람 같으면 절대 알지도 꿈꾸지도 못할 성공을 이룰 것이다.

"만일 너희가 믿음이 있고 의심하지 아니하면 이 일을 할 뿐 아니라 (…) 너희가 이 산을 향해 땅에서 들려 바다에 빠지라 명해도 그렇게 될 것이다(「마태복음」 21장 21절 - 옮긴이)."

오늘날 이 믿음을 깨닫고 피와 살에 새겨, 날마다 그 믿음 안에서 살아가는 사람들이 있다. 그들은 극한의 시험을 거쳐 그 영광과 평화를 자기 것으로 만들었다. 그들의 호령에 슬픔과 절망, 정신적 쇠약과 육체적 고통의 산들은 망각의 바다로 던져졌다.

이러한 믿음이 생기면 성공과 실패에 괴로워하지 않아도 성공이 제 발로 찾아온다. 올바른 생각과 노력이 응당 올바른 결과로 이어진다는 것을 아는 사람은 결과를 걱정할 필요 없이 즐겁고 평온하게 일할 수 있다.

내가 아는 한 여성은 늘 행복과 만족을 누리고 있었는데, 최근 한 친구가 그녀에게 이렇게 말했다.

"오, 당신은 정말 운이 좋군요! 원하는 것은 뭐든지 이루어지니까요."

사실 겉으로만 운이 좋게 보일 뿐이었다. 그러나 사실 이 여성의 삶에 들어온 축복은 모두 그녀가 평생에 걸쳐 완벽한 내적 행복의 경지에 오르기 위해 수양하고 노력한 결과였다. 단지 행복하게 해달라고 빌기만 하면 결과에 실망할 뿐이다. 중요한 것은 실천하는 삶이다.

어리석은 사람은 기대만 하고 기대대로 일이 풀리지 않으면 투덜거린다. 현명한 사람은 노력하고 담담히 결과를 기다린다. 그리고 이 여성은 외적으로나 내적으로나 노력했고, 특히 내면 수양에 더 힘을 쏟았다. 그리고 눈에 보이지 않는 영혼의 손길로 아름다운 빛의 성전을 세워 믿음, 소망, 기쁨, 헌신, 사랑의 보석으로 장식했다. 그 성전은 항상 그녀 주위에 영광의 빛을 발했다.

영광의 광채는 그녀의 눈에서 빛났을 뿐 아니라, 얼굴에서도 빛나고 목소리로도 울림이 전해졌다. 그녀와 만나는 누구든 그 매혹적인 마법을 느낄 수 있었다.

당신도 이 여성처럼 될 수 있다. 당신의 성공, 실패, 영향력, 당신의 전 생애는 당신 손에 달려 있다. 당신을 지배하는 사고의 흐름이 당신의 운명을 결정하기 때문이다. 다정하고 순수하며 행복한 생각을 내보내면 축복이 손에 떨어질 것이며 식탁에는 평화의 식탁보가 펼쳐질 것이다.

불순하고 불행하며 증오에 찬 생각을 분출하면 저주가

머리 위로 쏟아질 것이며 두려움과 불안이 베개를 적실 것이다. 어떤 운명이 주어지든, 당신의 운명은 무조건 당신이 창조한다. 당신의 삶을 형성하고 망치는 힘은 매 순간 자신에게서 발산된다.

마음이 넓고 다정하며 이타적인 사람은 비록 돈을 적게 벌더라도 위대하고 지속적인 영향력과 성공이 따를 것이다. 반면 이기심이라는 좁은 한계에 마음을 가둔 사람은 비록 백만장자가 된다 한들 그의 영향력과 성공은 훗날 아주 미미한 것으로 판명될 것이다.

그러므로 순수하고 이타적인 정신을 함양하고 이를 순수와 믿음, 일관된 목적과 결합하라. 그러면 건강과 지속적 성공이 찾아올 뿐 아니라 내면이 위대해지고 강건해질 것이다.

현재의 지위가 마음에 들지 않고 일에 마음이 쏠리지 않더라도, 맡은 바를 충실히 수행하라. 더 좋은 위치와 기회가 기다린다는 편안한 마음으로 새로운 가능성이 올 것을 믿고 항상 활동적인 자세를 유지하라. 그러다 보면 새로운 기회가 열리는 결정적 순간이 찾아왔을 때, 그동안 정신 수양을 통해 기른 지력과 예지력, 완벽히 준비된 마음을 바탕으로 그 기회를 붙잡을 수 있다.

어떤 소임을 맡았든 그 일에 온 정신을 집중하고 최대

한의 에너지를 쏟아부어야 한다. 작은 일을 완수하면 당연히 더 큰 일도 해낼 수 있다. 꾸준히 점진적으로 올라서면 절대 쓰러지지 않을 것이다. 여기에 진정한 힘의 비밀이 있다.

부단한 실천으로 자신의 역량을 관리하고, 언제든 주어진 시점에 집중하는 방법을 터득하라. 어리석은 사람은 육체적 방종은 물론 경박한 언행, 시답잖은 수다, 독단적 아집에 모든 정신적, 영적 에너지를 낭비한다.

강한 힘을 키우려면 침착하고 냉철해져야 한다. 그리고 홀로 설 수 있어야 한다. 모든 힘은 굳건하게 서 있는 것과 연관되어 있다. 우뚝 솟은 산, 거대한 바위, 폭풍에 꺾이지 않는 참나무는 모두 고독하지만 장엄하고, 굴하지 않는 기개를 갖췄다는 점에서 우리에게 힘을 상징한다. 반면에 흩날리는 모래, 축 늘어진 나뭇가지, 흔들리는 갈대는 나약함을 상징한다. 이들은 수시로 움직이고 쉽게 굴복하며, 무리로부터 떨어지면 전혀 홀로서기를 할 수 없기 때문이다.

힘이 있는 사람은 주변 사람들이 모두 감정이나 격정에 휘둘려도 홀로 침착하고 의연하다. 자신을 다스리고 통제할 수 있는 사람만이 남을 다스리고 통제할 자격이 있다.

신경질적이고 걱정 많고 분별없고 경박한 사람들은 도

와줄 이가 없으면 무너지기 쉬우므로 곁에 동료가 필요하다. 그러나 침착하고 용감하고 사려 깊은 사람들은 숲속, 사막, 산꼭대기로 가서 고독을 추구한다. 그리고 그들은 소용돌이처럼 인간을 집어삼키는 정신의 흐름을 저지할 힘을 나날이 계속해서 쌓아갈 것이다.

격정은 힘과 다르다. 격정은 힘을 널리 퍼뜨리고 남용하는 것이다. 격정이 바위를 포위해 맹렬하고 거칠게 몰아치는 사나운 폭풍과 같다면, 힘은 그 모든 공격에 끄떡없는 조용한 바위 그 자체와 같다.

마틴 루터Martin Luther의 한마디는 진정한 힘이란 무엇인지 정확히 보여준다. 그는 독일 보름스 제국회의에 갈 때 위험하다며 만류하는 친구들에게 말했다.

"보름스에 지붕 기와 수만큼 많은 악마가 있더라도 나는 가겠소."

또한 벤저민 디즈레일리Benjamin Disraeli가 첫 의회 연설을 망치고 하원들의 야유를 받자 외친 말은 막 싹트기 시작한 그의 힘을 보여주는 회심의 한마디였다.

"내 연설을 듣는 것이 영광스러울 날이 올 것이오."

젊은 디즈레일리는 계속되는 역경과 불행을 겪으면서 친구들의 조롱을 사고 그만 포기하라는 말을 들을 때 "당신들이 나의 행운과 성공에 감탄할 날이 머지않았소"라고 대답했다. 그는 수많은 어려움을 극복하고 자신의 삶을 성공으로 이끄는 조용하고 강력한 힘을 지니고 있음을 입증했다.

지금 이런 힘이 없는 사람이라도 수양으로 습득할 수 있다. 일단 힘이 생기면 지혜를 향한 첫걸음을 뗀 셈이다. 가장 먼저 할 일은 지금까지 스스로 사로잡혀 있던 의미 없는 사소한 일들에서 벗어나는 것이다. 시끄럽고 헤픈 웃음, 중상모략과 잡소리, 영양가 없는 농담 등은 모두 귀중한 에너지를 낭비하므로 멀리해야 한다.

성 바오로는 에베소 주민들에게 "어리석은 말과 실없는 농담"을 경고하며 인간의 진보에 관해 숨겨진 법칙을 그 누구보다 놀라운 통찰력으로 제시했다. 그러한 가벼운 언행이 습관화되면 모든 영적인 힘과 생명력이 파괴되기 때문이다.

이러한 정신적 방황에 흔들리지 않게 되면 진정한 힘이란 어떤 것인지 이해가 갈 것이다. 그다음 자신의 영혼을 속박하고 힘을 획득하는 과정을 가로막는 더 강력한 욕망도 물리칠 수 있다. 그리고 앞으로 더욱 발전할 수 있다는 가능성도 더 뚜렷이 다가올 것이다.

무엇보다 하나의 목표만 생각하라. 그 올바르고 유익한 목표를 위해 전적으로 헌신하라. 어떤 것에도 방해받지 말

라. 두 마음을 품은 자는 모든 일을 불안정하게 처리할 수밖에 없다는 것을 기억하라.

열의를 다해 배우되 남에게 부탁하는 것은 자제하라. 자신의 일을 철저히 이해하고 자기 것으로 만들어라. 그리고 내면에서 안내하는 목소리를 절대적으로 믿고 나아가면 계속 승승장구할 것이다. 결국 한 걸음씩 더 높이 올라 안식처에 다다르면, 점점 넓어진 시야를 통해 자신에게 본질적 아름다움과 삶의 목적이란 무엇인지 깨닫게 될 것이다.

스스로를 정화하면 몸이 건강해진다. 믿음으로 무장하면 성공이 눈앞에 온다. 극기하면 힘을 거머쥐고 모든 일이 번성할 것이다. 더 이상 자아의 노예로서 고립되지 않고, 우주의 생명과 영원한 선에 순응해 대법칙과 조화를 이루는 삶을 살 것이다. 그리고 건강해진 몸도 계속 유지될 것이다.

당신이 이룩한 성공은 인간의 모든 타산을 초월하여 절대 사라지지 않을 것이다. 그리고 당신이 행사하는 영향력과 힘은 우주를 지탱하는 불변의 원칙 중 일부가 되어 시간이 흐를수록 계속 증대할 것이다.

건강의 비결을 정리하자면, 순수한 마음과 바로잡힌 정신이다. 또 성공의 비결은 흔들리지 않는 믿음과 지혜로운 목적의식이다. 굳건한 의지로 욕망이라는 검은 말의 고삐를 제어하는 것, 이것이 바로 힘의 비결이다.

모든 길은 내 발길이 닿기를 기다린다.
밝든 어둡든, 삶의 길이든 죽음의 길이든,
넓든 좁든, 높든 낮든,
선의 길이든 악의 길이든, 빠르게든 천천히든,
이제 나는 원하는 길로 들어갈 수 있다.
걷다 보면 어떤 길이 선이고,
어떤 길이 악인지 알게 되리라.
좁고도 높이 솟은 거룩한 순수의 길을 택해,
그 길에 머물겠노라고 진심을 다해 맹약한다면,
방황하는 내 발길을 모든 선이 기다리리라.
뭇사람의 조롱과 멸시에도 초연하게
가시덤불 길을 지나 꽃길을 향해 묵묵히 걷는다.
쏜살같이 지나가는 순간순간마다 사랑과 인내,
완전무결을 잃지 않고
극도의 진실성에서 이탈하지 않는다면,
건강과 성공, 힘이 나를 기다리는 곳에 서 있을 것이요,
나는 마침내 불멸의 땅을 보게 되리다.
나는 추구하고 발견하고 얻을 수도 있다.
비록 내 것은 아니겠지만, 잃어도 되찾을 수 있다.

법칙이 내게 굽히는 게 아니라, 내가 법칙에 굽혀야 한다.

이로써 고통의 끝에 도달하고,

내 영혼을 빛과 생명으로 되살리며,

더 이상 울지 않을 것이니.

좋은 것을 다 가져가려는 오만과 이기심은

내 것이 아니요,

추구하고 발견하고 깨닫고 이해하는

소박한 목표가 내 것이로다.

그리고 지혜를 향한 모든 거룩한 발걸음이 나아간다.

내가 지배하고 장악할 수 있는 것은 아무것도 없지만,

깨닫고 이해하는 것은 모두 내 것이 될 수 있도다.

16장

선한 마음이 불러오는 행운

인간은 행복해지고 싶은 갈망이 강렬한 만큼, 행복하지 못할 때 쌓이는 불만도 크다. 가난한 사람들은 대부분 부자만 되면 평생 더없이 행복하리라고 믿으며 부를 간절히 원한다. 그러나 모든 욕망과 기분에 따라 아쉬움 없이 사는 부자들도 권태와 풍요로 고뇌에 휩싸이고, 심지어 극빈층보다 훨씬 행복과 거리가 먼 삶을 사는 경우가 많다.

이러한 상황을 곰곰이 생각해보면 결국 행복은 단순히 외적 소유에서 비롯하는 것이 아니며, 불행도 결핍에서 비롯하는 것이 아니라는 매우 중요한 진리를 깨닫게 된다. 그렇지 않고서야 가난한 사람은 항상 비참하고 부유한 사람은 항상 행복할 것이다. 하지만 오히려 그 반대인 경우가 더 흔하다.

내가 지금까지 만난 사람 중에는 부와 사치에 둘러싸여 살면서도 누구보다 비참한 사람들도 있었다. 반대로 최소한의 생필품만 갖추고도 남부럽지 않게 밝고 행복한 사람들도 있었다. 많은 부자가 부를 축적한 후 이기적인 만족을 얻은 대신 인생의 낙을 잃었다며, 오히려 가난했을 때보다 행복을 느낀 적이 없었다고 토로했다.

그렇다면 행복이란 무엇이며, 어떻게 해야 행복해질 수 있을까? 행복은 정녕 환상이고 신기루여서 고통만이 영원히 우리와 함께할 것인가? 세상 사람들을 진지하게 관찰해보니, 지혜를 터득한 일부를 제외하면 다들 오직 욕망을 충족해야만 행복을 얻을 수 있다고 믿고 있었다. 바로 이 믿음이 무지의 땅에 심어지고, 이기적 욕구를 끊임없이 흡수하며 자라서 세상의 모든 불행을 낳고 있다.

여기서 말하는 욕망은 야만적 의미에 가까운 동물적 갈망에 국한되지 않는다. 그보다 더 고차원에 해당하는 정신적 영역까지 포함한다. 정신적 욕망은 훨씬 강력하고 미묘하고 은밀하게 지성인과 교양인의 사고마저 옭아매고, 행복의 다른 말인 영혼의 아름다움, 조화, 순수성을 앗아간다.

사람들은 이기심이 세상 모든 불행의 근원이라는 것을 모르지는 않는다. 하지만 자기 이기심이 아니라 다른 사람의 이기심이 문제라는 극히 단순한 착각에 빠져 있다.

모든 불행이 본인의 이기심이 낳은 결과라고 기꺼이 인정하는 사람은 천국의 문에 한 발짝 더 가까이 갈 수 있다. 그러나 자신이 불행한 이유가 다른 사람들의 이기심 때문이라 철석같이 믿는 사람은 스스로 만든 지옥에서 영영 벗어나지 못할 것이다.

행복은 모든 욕망이 사라져 내면이 완전히 만족한 기쁨과 평화의 상태다. 욕구를 채워서 얻는 만족은 짧고 덧없을 뿐, 오히려 그 이상의 만족을 탐하는 마음만 갈수록 커진다.

인간의 욕망은 바다처럼 끝이 없기에 만족할 줄 모르고, 그 욕망은 충족될수록 점점 더 큰 소리로 아우성친다. 그리고 사람들은 점점 더 많은 것을 요구하는 욕망에 현혹되다가, 육체나 정신의 고통으로 무너져 끝내 불구덩이 속으로 던져져서야 고통을 씻어낸다. 욕망은 지옥과 가깝고, 그 지옥은 온갖 번민으로 가득 차 있다.

욕망을 버리는 것이 천국으로 가는 길이며, 그곳에는 모든 기쁨이 순례자들을 맞이하기 위해 기다리고 있다.

내 영혼을 전령 삼아 보이지 않는 그분께 보냈노라.

다음 생은 어떤 곳인지 해독하고 싶어서.

그러더니 내 영혼이 금방 돌아와서는

너 자신이 천국이자 지옥이라고 속삭이더라.

천국과 지옥은 내면의 상태에 달려 있다. 자아와 자기만족에 취하면 지옥 길로 빠진다. 하지만 자아를 철저히 뿌리치고 망각하는 자아 초월의 경지에 오르면 천국으로 갈 수 있다.

자아는 맹목적이고, 판단에 서툴며, 참된 진리를 모르기에 언제나 번민에 시달린다. 정확한 인식, 공정한 판단력, 참된 진리는 오직 신성한 내면 상태에서만 존재하며, 이 신성한 의식에 도달해야만 진정한 행복이 무엇인지 알 수 있다.

개인적 행복만을 고집스레 추구하는 이기적인 사람은 행복과 멀어지고 불행의 씨앗을 뿌릴 것이다. 자신을 잊을 만큼 다른 사람을 섬길 수 있다면, 그만한 행복이 찾아올 것이다. 그리고 축복을 한가득 수확할 것이다.

사랑받기보다 남을 사랑할 때

마음은 축복으로 가득해지고

선물을 바라기보다 남에게 선물할 때
우리가 찾는 것을 손에 넣는다.
당신이 무엇을 갈망하거나 필요로 하든
그것을 타인에게 베풀어라.
영혼은 풍요로워지고
진정 인간다운 삶을 살게 될 것이다.

자아에 집착하면 비탄에 빠져들고, 자아를 버리면 평온을 찾게 된다. 이기적인 갈구 행위는 행복뿐 아니라, 우리가 행복이라고 믿는 것의 원천마저 잃게 한다. 식탐꾼들이 떨어진 식욕을 되살리기 위해 끊임없이 새로운 미식거리를 찾는 모습을 보라. 더부룩할 정도로 배불리 먹고 탈이 나서, 결국 어떤 음식도 즐길 수 없게 된다.

반면에 식욕을 절제하고 미각적 쾌락을 추구는커녕 생각도 하지 않는 사람은 아무리 단출한 식사라도 그 안에서 기쁨을 찾는다. 자기중심적인 사람은 천사의 형상을 띤 행복을 상상하며 욕망의 충족을 통해 행복해진다고 믿지만, 항상 나중에 손에 움켜쥐는 것은 뼈처럼 앙상하게 남은 고통뿐이다. 정말이지 "목숨을 건사하려는 자는 잃을 것이요, 목숨을 내놓는 자는 얻을 것(「마태복음」 16장 25절 – 옮긴이)"이다.

변치 않는 행복은 이기적인 집착을 그만두고 기꺼이 포기할 때 찾아올 것이다. 그 감정이 집착이든 아니든, 당신이 소중히 여기는 것들은 언젠가는 덧없이 사라질 운명이니 미련 없이 내려놓을 줄 알아야 한다. 당장은 포기가 마치 손해처럼 느껴져 힘들겠지만, 훗날 돌이켜보면 포기가 최고의 이득임을 깨달을 것이다.

어떤 대가를 얻기 위해 포기한다는 생각만큼 허무맹랑한 착각도, 수많은 불행을 쏟아내는 원천도 없다. 조건 없이 양보하고 손해를 감수하는 것이야말로 진실한 생명의 길이다. 본질상 사라질 수밖에 없는 것들에 몰두해서야 어떻게 진정한 행복을 찾겠는가? 변함없고 참된 행복은 오직 영원한 것에 집중해야만 찾을 수 있다.

무상한 것에 대한 집착과 갈망을 극복하면 불멸의 존재와 같은 의식 세계로 들어설 것이다. 자아를 초월하고 순수, 자기희생, 보편적 사랑으로 점철된 영혼으로 점점 성장해간다면 자신의 중심을 다잡을 수 있을 것이다. 결국에는 마음속에서 아무런 반작용도 없이, 누구도 절대 빼앗지 못할 행복을 깨닫게 된다.

무아지경에 이를 만큼 타인에 대한 사랑으로 충만한 사람은 극도의 행복을 획득할 뿐 아니라 불멸의 경지에 이르게 된다. 그의 마음은 이미 신성을 깨쳤기 때문이다.

당신의 삶을 되돌아보면 가장 행복했던 순간은 말로든 행동으로든 다른 사람들의 아픔을 진심으로 위로하거나 그들에게 이타적 사랑을 베풀던 순간이었다는 생각이 들 것이다. 영적 측면에서 행복과 조화는 결국 같은 말이다.

조화는 대법칙의 한 단계이며, 사랑은 대법칙을 정신적으로 표현한 것이다. 반대로 모든 이기심은 부조화이며, 이기적인 행동은 신성한 질서와 조화를 이루지 못하는 것이다. 우리는 자아를 잊고 만물을 포용하는 사랑을 깨달을 때 신의 음악, 우주의 노래, 형언할 수 없는 멜로디와 조화를 이루며 진정한 행복을 만끽한다.

사람들은 행복을 찾아 여기저기 맹목적으로 달려가지만 행복을 찾지 못한다. 행복이 이미 그들의 내면과 주변에 있으며 우주를 가득 채우고 있다는 것, 그리고 그들이 이기심을 좇느라 행복으로부터 스스로 멀어지고 있다는 것을 깨닫지 못하는 한 결코 찾을 수 없다.

행복을 잡으려고,
우뚝 솟은 참나무와 흔들리는 담쟁이덩굴을 지나
따라간다.
행복은 도망치고,
나는 비탈진 언덕과 계곡 따라 그 뒤를 쫓으니,

보랏빛 계곡의 들판과 초원이 펼쳐진 가운데

나는 세찬 시냇물을 지나 빠르게 달리고

독수리가 포효하는 아찔한 절벽을 기어오르고

모든 육지와 바다를 재빨리 횡단했다.

그러나 행복은 항상 나를 피해 다니는구나.

지쳐 쓰러져 포기하고

황량한 강가에 풀썩 주저앉아 쉬고 있는데

걸인 한 명이 와서 음식을 구하고 또 한 명이 와서 적선을

구하기에,

그들의 앙상한 손바닥에 빵과 동전을 쥐여주었다.

한 명은 연민을, 한 명을 안식을 바란 것이니.

나는 궁핍한 모든 이에게

최선을 다해 내 것을 내주었다.

아아! 달콤한 행복이 신성한 형체로 내 옆에 나타나

'나는 네 것이다'라고 부드럽게 속삭이는구나.

　조지 버레이 George S. Burleigh 의 이 아름다운 시구는 다복한 삶의 비결을 총망라한다. 사사롭고 덧없는 것을 버리면, 즉시 영원한 초자아적 존재로 올라선다.

　모든 것을 자신의 사소한 이익에 종속하려는 편협하고 속 좁은 자아를 버려라. 그러면 천사들과 어깨를 나란히

하고 보편적 사랑의 핵심과 본질의 세계로 들어갈 것이다. 자신을 완전히 잊을 만큼 다른 사람의 슬픔을 이해하고 그들에게 봉사하는 데 전념하라. 그러면 신성한 행복을 느끼고 모든 슬픔과 고통에서 자유로워질 것이다.

"첫째로 선한 생각을 품고, 둘째로 남에게 선한 말을 전하며, 셋째로 선한 행동을 실천했더니 천국에 들어갔다(니체의 말 - 옮긴이)."

이와 같은 길을 걷는다면 누구나 천국에 들어갈 수 있다. 천국은 저승이 아닌 이승에 있다. 그리고 이타적인 사람만이 천국을 인식할 수 있다.

또 마음이 순수한 사람만 천국을 온전히 알아본다. 당신이 이 무한한 행복을 아직 깨닫지 못했다면, 이타적 사랑이라는 숭고한 이상을 품고 열망함으로써 그 첫 단추를 끼울 수 있을 것이다.

열망이나 기도는 높은 곳으로 향하고 싶어 하는 마음을 나타낸다. 즉 영혼이 영원한 만족을 유일하게 찾을 수 있는 곳인 신성의 원천을 향해 올라가고자 하는 마음이다. 열망은 욕망의 파괴적인 힘을 신성하고 보존적인 힘으로 바꿔놓는다.

열망은 욕망의 족쇄를 떨쳐내려는 노력이다. 마치 고독과 고통을 통해 지혜를 터득한 탕아가 신의 품으로 돌아가듯이 말이다. 비루한 자아를 초월하고 자신을 옭아매는 사슬을 하나씩 끊는다면, 물질에 집착할 때의 불행과는 전혀 다른 나눔의 기쁨을 깨달을 것이다. 자신이 외적으로 소유한 것뿐 아니라 머릿속의 지혜와 가슴속의 사랑과 광명도 주위에 나누어야 한다.

그러면 "주는 행복이 받는 행복보다 크다"라는 것을 깨달을 것이다. 그러나 베푸는 일은 보상을 바라는 마음 없이 때 묻지 않은 진심에서 우러나와야 한다. 순수한 사랑을 선물하고 나면 항상 행복이 따른다.

자신의 호의에 감사 인사나 칭찬을 듣지 못하거나 자기 이름이 신문에 실리지 않았다는 이유로 시무룩해지는 사람이 있다면 그의 호의는 사랑이 아닌 허영, 그리고 대가를 바라는 기대에서 비롯한 것이다. 이는 사실상 주어도 준 것이 아닌, 그저 자기 욕심을 채우려는 행위다.

다른 사람의 행복에 온 마음을 바쳐라. 만사에 있어서 자아를 잊어버려라. 이것이 다복한 삶의 비결이다. 항상 이기심이 되살아나지 않도록 경계하고, 내면의 자기희생이라는 신성한 교훈을 충실히 배워라. 그리하여 빛나는 불멸의 옷을 입고 최고의 행복에 올라 결코 퇴색하지 않는 찬란한 우주적 기쁨에 머무를 수 있을 것이다.

변치 않는 행복을 찾는가?

하루도 슬프게 보내지 않고, 생동하는 기쁨을 바라는가?

사랑과 생명, 평화가 시냇물처럼 흘러넘치길 갈망하는가?

그렇다면 모든 어두운 욕망을 떠나보내고

이기적인 목표를 그만 추구하라.

슬픔이 떠나지 않는 고통과

쓰라린 비탄의 길에서 서성거리는가?

공연한 방황으로 지친 발을

더욱 아프게 하고 있지 않은가?

눈물과 슬픔이 그치는 안식처를 애타게 원하는가?

그렇다면 이기심을 버리고 마음의 평화를 찾으라.

17장

번영의 실현

마음에 진실과 신뢰, 관대, 사랑이 넘치는 사람만이 진정한 번영을 실현한다. 이러한 자질을 갖추지 못한 사람은 번영이 무엇인지 알 길이 없다. 행복도 그렇지만, 번영도 외적 소유가 아닌 내적 깨달음이기 때문이다.

욕심 많은 사람은 아무리 백만장자가 된다 한들, 세상에 자신보다 더 부유한 사람이 존재하는 한 늘 불행하고 초라하고 궁색하고 심지어 외적으로도 가난하다고 생각할 것이다. 반면에 올곧고 관대하고 다정한 사람은 외적으로 소유한 것이 적을지라도 완전하고 풍요로운 번영을 누릴 것이다.

만족을 모르는 사람은 가난하다. 자신이 가진 것에 만족하는 사람이 부유한 사람이며, 자신이 가진 것에 아낌없이 나눠주는 사람은 더욱 부유하다.

우주에는 정신적, 물질적으로 좋은 것이 가득하다는 사실을 생각하면 몇 푼의 금화나 몇 뙈기의 땅을 차지하려는 맹목적 열망이 얼마나 암울하고 무지한 이기심인지 알 수 있다. 그리고 자기 본위란 곧 자기 파괴임을 깨닫게 될 것이다. 자연은 조건 없이 모든 것을 내주어도 아무것도 잃지 않는다. 하지만 인간은 무엇이든 손에 넣고도 결국 모든 것을 잃는다.

진정한 번영을 누리려거든, 많은 사람이 오해하듯 바르게 살면 모든 일이 안 풀릴 것이라는 선입견에서 벗어나라. '경쟁'이라는 단어에 흔들려, 정의가 가장 고귀하다는 믿음을 저버리지 말라.

나는 사람들이 아무리 '경쟁의 법칙'을 치켜세워도 관심이 없다. 경쟁의 법칙은 어차피 훗날 불변의 법칙에 패하기 마련이라는 것을, 심지어 현재도 정의로운 사람의 마음과 삶에서는 맥을 못 추고 있다는 것을 알기 때문이다.

이 법칙을 아는 나로서는 어떤 부정행위를 저지르는 사람이든 결국에는 파국이 그들을 기다린다는 것을 알기에 마음의 평정을 잃지 않고 그들을 관조할 수 있다. 어떤 경우에도 당신이 옳다고 생각하는 일을 하고 우주에 감도는 신성한 힘인 대법칙을 믿어라. 그러면 그 힘은 결코 당신을 버리지 않고 항상 곁에서 지켜줄 것이다.

이러한 믿음을 통해 당신의 모든 손실은 이득으로, 저주의 위협은 모두 축복으로 바뀔 것이다. 성실, 관용, 사랑을 결코 버려서는 안 된다. 이런 것들이 에너지와 결합하여 당신을 진정한 번영의 상태로 끌어올릴 것이기 때문이다.

항상 '자기 자신'부터 먼저 신경 쓰고 그다음에 다른 사람들을 챙기라는 세상의 충고를 믿지 말라. 이는 남을 전혀 생각하지 않고 자신의 안위만 생각하는 것이다.

그러다가는 언젠가 모두에게 버림받게 될 것이다. 당신이 외로움과 고통 속에서 도와달라 외쳐도, 아무도 그 소리를 듣고 달려와 도와주지 않을 것이다. 자신만 중요하게 생각하는 이기심은 모든 고상하고 신성한 기운을 억누르고 왜곡하며 방해한다.

당신의 영혼을 확장하라. 당신의 다정한 마음과 너그러운 온기가 다른 사람들에게 전해지게 하라. 그러면 이루 말할 수 없는 환희가 당신 곁에 줄곧 머무를 것이며, 온 번영이 당신에게 찾아올 것이다. 정의의 대로에서 이탈해 방황하는 사람들은 치열한 경쟁으로부터 자신을 보호해야 한다. 반면에 항상 정의를 추구하는 사람은 자신을 지키느라 걱정할 필요가 없다.

이것은 괜히 하는 말이 아니다. 오늘날 성실과 믿음의 힘으로 모든 경쟁을 거부하는 사람, 그리고 경쟁에 직면하더라도 자신의 도에서 조금도 벗어나지 않고 착실히 번영을 이룬 사람들이 있다. 반면에 그들을 쓰러뜨리려 중상모략하던 사람들은 경쟁에서 패했다.

내면을 선으로 가득 채우면 모든 악의 세력에 맞설 수 있는 무장 상태가 되어 시험에 들 때마다 더 단단히 보호받는다. 그리고 흔들리지 않는 성공의 발판을 쌓고 영원히 지속될 번영의 길을 향해 첫발을 뗄 수 있다.

깨달음과 지혜를 깨치는 것은 평화의 길이니
지금 당장 실천에 옮겨
행복이 시작하는 곳, 고통과 슬픔을 끝낼 방법을
찾아 나서야겠다.
자아는 사라지고 그 자리엔 진리가 들어설 것.
불변의 존재, 불가분의 그분이 내 안에 자리를 잡고
보이지 않는 내 마음속 백의를 깨끗이 씻어주리라.

3부

♦

풍요로운 삶

♦

From Poverty To Power, 1904

James Allen

18장

명상의 힘

　명상은 정신을 신성의 경지로 끌어올리는 길이다. 현세에서 천국으로, 과오에서 진리로, 고통에서 평화로 이어지는 신비한 사다리다. 모든 성인은 그 사다리를 올랐다. 모든 죄인은 조만간 이 사다리로 되돌아와야 하며, 자아와 속세에 등을 돌리고 단호히 천국으로 발길을 향하기로 다짐한 모든 지친 순례자도 그 황금빛 발판에 발을 디뎌야 한다.

　그러지 않고서는 신성의 경지, 신성한 형체, 신성한 평화의 단계로 올라설 수 없다. 그리고 진리의 사라지지 않을 영광과 때 묻지 않은 기쁨은 끝내 당신의 눈에 띄지 않은 채 빛을 보지 못할 것이다.

명상은 어떤 사상이나 주제를 철저히 이해하기 위해 그것을 집중적으로 생각하는 것이다. 그 대상이 무엇이 되었든 간에, 끊임없이 명상하면 그것을 이해할 뿐 아니라 점점 더 그 모습을 닮아가게 될 것이다. 명상하는 자신의 존재에 흡수되어 사실상 그 일부가 되기 때문이다.

그러므로 계속 이기적이고 저속한 생각을 하는 사람은 결국 이기적이고 저속한 인간이 된다. 반대로 순수하고 이타적인 생각을 끊임없이 하는 사람은 반드시 순수하고 이타적인 인간이 될 것이다.

당신이 가장 자주 그리고 골똘히 생각하는 것이 무엇인지, 조용한 시간에 당신의 영혼이 가장 자연스럽게 향하는 대상이 무엇인지 답해보라. 그 대답에 따라 당신이 고통 혹은 평화의 인생 여정을 걷고 있는지, 성인 혹은 야만인의 모습으로 성장하고 있는지가 판가름 날 것이다.

어떤 사람의 머릿속을 가장 지배하는 생각은 현실에서도 그대로 구현되는 경향이 있다. 그러므로 명상의 대상을 저차원이 아닌 고차원에 두어야 한다. 그러면 생각이 그 대상을 향할 때마다 당신은 한 단계씩 올라갈 것이다. 이기심이 일절 섞이지 않은 순수한 마음으로 임하라. 그러면 영혼이 더러워지고 속절없이 죄악에 이끌리는 대신, 마음이 정화되고 진리에 더욱 가까워질 것이다.

여기서 말하는 영적 의미의 명상은 모든 정신적 성장과 자각의 비결이다. 모든 예언자, 현자, 구세주는 명상의 힘으로 각자의 위대한 위치에 올랐다. 부처는 진리를 깊이 사색한 끝에 "내가 곧 진리다"라는 결론을 내렸다. 예수는 신의 내재성을 가만히 곱씹어보다가 마침내 "나와 아버지는 하나이니라"라고 말할 수 있게 되었다.

신성한 실재에 중심을 둔 명상은 기도의 본질이자 정수다. 그리고 영혼이 신을 향해 조용히 다가가는 것과 같다. 명상 없이 그저 무엇을 부탁하는 기도는 영혼 없는 육신과도 같으며, 죄와 고통을 넘어 정신과 마음을 고양하는데 도움이 되지 않는다. 당신이 매일 지혜와 평화, 더 숭고한 순결을 얻고 싶다거나 진리를 완전히 깨닫게 해달라고 기도하면서도 기도가 현실이 될 기미가 아직 요원하다면, 그것은 당신의 생각과 행동이 따로 논다는 뜻이다.

완벽한 실재를 원한다면 기도만 할 것이 아니라, 가장 큰 걸림돌인 이기적 집착을 내려놓음으로써 어지러운 마음을 가라앉혀라. 더 이상 분에 넘치는 것을 허락해달라고 기도하지 말라. 남에게 사랑과 연민을 주지도 않으면서 사랑과 연민을 갈구하지 말라. 대신 진리의 정신으로 생각하고 행동하기 시작하면 당신은 하루하루 진리의 화신으로 성장하고 궁극적으로는 진리와 하나가 될 것이다.

세속적 이득을 얻으려는 사람은 그만큼 열심히 일해야한다. 단지 두 손 모아 부탁하고 기다리기만 하면 저절로 이득이 찾아올 줄 아는 사람은 참으로 어리석다. 천상의 이득도 마찬가지이니, 노력하지 않아도 얻을 수 있다는 헛된 상상은 하지 말라. 오직 진리의 왕국에서 열심히 일해야만 생명의 양식을 먹을 것이며, 인내하고 묵묵히 노력하면 그동안 구하고자 했던 영적 보상을 지체없이 얻을 것이다.

진심으로 자신의 만족이 아닌 진리를 추구하려 한다면, 그리고 모든 세속적 쾌락과 이득, 심지어 행복 자체보다도 진리를 더 사랑한다면, 당신은 이제 진리를 성취하기 위해 기꺼이 노력할 준비가 되었다.

죄와 슬픔에서 해방되고 싶다면, 한숨 섞인 기도로 갈망하는 그 흠 없는 순수를 느끼고자 한다면, 지혜와 이해력을 깨치고 깊은 영속적 평화를 원한다면, 지금 명상의 길로 들어서라. 그리고 진리를 명상의 궁극적 대상으로 삼아라.

명상은 애초부터 나태한 몽상과 구별되어야 한다. 명상은 공상적이거나 비현실적이지 않다. 대신 '종국에 오직 단순한 절대적 진실만을 남기는 탐구 과정이자 비타협적 사고 활동'이다. 그러므로 명상을 하면 더 이상 편견 속에 자아를 확립하려 애쓰지 않게 될 것이다. 그저 자아를 잊고 진리를 찾겠다는 생각에만 몰두할 것이다.

이렇게 당신은 지금껏 자기 주위에 쌓아온 과오를 하나씩 지워나갈 것이다. 과오를 거의 다 씻어내었을 때 찾아올 진실의 계시를 참을성 있게 기다릴 것이다. 마음이 고요하고 겸손해졌을 때, 당신은 다음을 깨닫게 될 것이다.

"우리는 모두 내면의 가장 깊숙한 중심에
진리가 충만하다.
살찐 육체가 그 위를 겹겹이 감쌌을 뿐.
이 완전하고 명확한 인식이 진리이건만
육체의 올가미가 생각을 어지럽히고 더럽혀
눈이 멀고 온갖 과오를 범하게 된다.
밖에 있어야 할 빛을 안으로 들여보내기보다
내면에 갇힌 광채가 세상 밖으로 나갈 수 있게
길을 열어야 한다."

하루 중 명상할 시간을 정하고 자신의 목적에 맞게 그

시간을 엄숙하게 지켜라. 가장 좋은 시간대는 모든 것에 평온한 정신이 깃들어 있는 아주 이른 아침이다. 이 시간대에는 모든 자연적 여건이 당신에게 유리하다. 밤새 긴 단식으로 격정은 잠잠해졌을 것이고, 전날의 흥분과 걱정도 사라졌을 것이다. 마음은 단단하고도 평안한 상태여서 영적 교훈을 받아들이기 좋은 환경이 조성된다.

실제로 당신이 가장 먼저 노력해야 할 점은 무기력과 방종을 떨쳐내는 것이다. 이러한 과정이 없이는 앞으로 나아갈 수 없으니, 그만큼 정신적 노력은 필수 불가결하다.

영혼이 깨어나면 정신과 육체도 깨어난다. 게으르고 방탕한 사람은 절대 진리를 이해할 수 없다. 건강하고 힘도 좋으면서 고요한 아침의 귀한 시간을 비몽사몽 허비하는 사람은 하늘을 향한 사다리에 오를 자격이 전혀 없다.

자각을 통해 자신의 마음도 고귀해질 수 있다는 잠재력을 알게 된 사람, 세상을 둘러싼 무지의 어둠을 떨쳐버리고자 하는 사람은 이미 밤하늘의 별이 지기 전에 자기 내면의 어둠과 싸우며 침대에서 일어난다. 그는 잠에서 깨지 못한 세상이 꿈나라에 가 있는 동안 거룩한 열망으로 진리의 빛을 인식하려 노력한다.

"위인들이 높은 곳에 도달하고 머무른 것은

한순간의 도약으로 이룬 것이 아니라

남들이 잠자는 밤에도 쉬지 않고

위로 오르기 위해 부단히 노력한 결과다."

역사상 성인군자나 진리의 스승 중에 아침 일찍 일어나지 않은 사람이 없었다. 예수는 아침 일찍 일어나 영성의 교감을 위해 한적한 산에 오르는 습관이 있었다. 부처는 항상 해가 뜨기 한 시간 전에 일어나 명상에 잠겼고, 모든 제자에게도 그렇게 하도록 당부했다.

아주 이른 아침에 일과를 시작하느라 그 시간대에 규칙적인 명상을 할 수 없다면 밤에 한 시간 정도 짬을 내라. 일상의 일이 고되고 시간이 부족해서 명상하기 힘들더라도 실망할 필요는 없다. 일하는 틈틈이, 또는 바로 지금 목적 없이 낭비하고 있는 몇 분 동안만이라도 거룩한 명상을 통해 자신의 마음을 고양할 수 있기 때문이다. 그리고 눈 감고도 일할 수 있을 만큼 자기 일에 숙련된 상태라면, 일하는 도중에도 명상할 수 있다.

저명한 기독교 성자이자 철학자인 야코프 뵈메Jacob

Boehme는 하루의 긴 시간을 제화공으로 일하면서도 성스러운 지혜를 폭넓게 깨쳤다. 누구나 인생에는 사색할 시간이 있으며, 아무리 바쁘고 힘들게 사는 사람이라도 열망을 품지 않거나 명상할 짬도 내지 못할 사람은 없다.

영적 명상과 자기 훈련은 떼려야 뗄 수 없다. 그러므로 자신을 이해하려는 노력의 첫걸음은 자신에 대한 명상이다. 여기서 명상하는 사람이 생각해야 할 가장 큰 목표는 모든 과오를 완전히 제거해 진리를 깨닫는 것이다. 자신의 동기, 생각, 행동에 의문을 제기하고, 그것을 자신의 이상과 비교해 차분하고 공정한 시선으로 바라보려 노력해야 한다. 그러다 보면 정신적, 영적으로 더욱 균형 잡힌 상태에 이를 것이다.

이런 노력이 없으면 인간은 생명이라는 바다 위를 무력하게 둥둥 떠다니는 지푸라기에 불과할 뿐이다. 증오나 분노의 감정에 빠진 사람이라면 관용과 용서에 대해 명상할 것이다. 그리하여 자신의 냉혹하고 어리석은 행동을 더 냉철히 인식하게 될 것이다. 그러면 그의 마음속에는 사랑과 관용, 용서가 자리 잡을 것이다.

또한 생각이 저차원을 극복하고 고차원으로 나아갈 때, 자신도 모르는 사이 신성한 사랑의 법칙을 차츰 이해하기 시작하면서 모든 복잡한 인생사에 이 법칙이 관련되어 있다는 것을 깨닫게 될 것이다. 그리고 이 깨달음을 당신의 모든 생각과 언행에 적용해간다면, 점점 더 온화하고 다정하고 신성한 존재로 거듭날 것이다.

이렇게 모든 과실, 이기적 욕망, 인간으로서의 나약함을 명상의 힘으로 극복할 수 있다. 모든 죄와 과실이 씻기고 나면, 진리의 빛이 더 밝고 분명하게 순례자의 영혼을 비출 것이다.

이처럼 명상을 수행하면 자신의 실제 유일한 적, 즉 필멸의 이기적 자아에 맞서 끊임없이 자신을 단련할 수 있다. 진리와 한층 더 가까운 불멸의 신성한 자아 안에 자신을 점점 더 확고히 정립하게 될 것이다.

명상은 힘겨운 인생살이에서 안식처가 될 차분하고 영적인 힘을 주는 직접적인 효과를 발휘한다. 성스러운 생각에서 오는 극기의 힘은 위대하다. 그리고 고요한 명상을 통해 얻은 힘과 깨달음은 기억으로 아로새겨져 나중에 불화와 슬픔, 유혹이 찾아오더라도 버틸 수 있게 하므로 영혼을 풍요롭게 한다.

명상의 힘으로 지혜를 쌓을수록, 변덕스럽고 무상하며 슬픔과 고통을 낳는 이기적 욕망을 점점 떨쳐낼 수 있을 것이다. 그러고 나면 불변의 원칙을 토대로 믿음이 더욱 확고부동해지며, 천상의 휴식을 누리게 될 것이다.

명상을 실천하면 영원한 원칙을 이해할 수 있고, 그 결과 이 원칙을 의지하고 믿음으로써 불멸의 존재와 일심동체가 되는 힘이 생긴다. 그러므로 명상의 목적은 진리와 신의 존재를 직접 자각하고, 신성하고 심오한 평화를 실현하는 것이다.

명상을 통해 현재 자신의 윤리관에서 한층 더 도약하라. 꾸준히 인내하고 진리를 향해 나아가라. 당신이 정통 기독교인이라면 흠 없이 순수하고 성스럽게 고결한 예수의 성품을 본보기로 끊임없이 명상하고, 그의 모든 가르침을 당신의 내적 마음가짐과 외적 행위에 적용하여 그의 완전성에 점점 더 가까워지도록 하라.

진리의 법칙을 명상하지 않고, 계율도 실천하지 않고, 형식적으로만 예배하고, 자신들의 특정 교리를 고수하고, 끊임없는 죄와 고통의 연속에 머무는 종교인이 되지 말라. 자기가 믿는 신이나 교파의 교리에 집착하는 이기심을 명상의 힘으로 극복하고, 허울뿐인 형식을 벗어던지며, 송장 같이 무지한 상태에서 벗어나라. 그리하여 완전무결한 진리에 마음을 집중하고 지혜의 정도를 걷다 보면, 이 길을 가는 내내 진리를 깨닫지 못하는 지점이 없다는 것을 알게 될 것이다.

진지하게 명상하는 사람은 먼저 멀찍이서 진리를 깨닫

고 매일의 실천으로 더 생생히 깨우친다. 진리의 교리는 진리의 가르침을 몸소 실천하는 사람만이 제대로 이해할 수 있다. 아무리 순수한 생각으로 진리를 인식하더라도, 실현은 행동을 통해서만 가능하기 때문이다.

성인인 부처는 이렇게 말했다.

"허영에 자신을 내맡긴 사람, 명상하지 않고 삶의 진정한 목적을 잊은 채 쾌락에 집착하는 사람은 그간 명상에 힘써온 사람을 나중에 부러워하게 될 것이다."

그리고 그는 제자들에게 다음과 같은 '다섯 가지 위대한 명상'을 가르쳤다.

"첫째는 사랑의 명상이다.
자기 마음을 다스려, 적의 행복을 포함한
모든 존재의 행복과 안녕을 기원한다."
"둘째는 연민의 명상이다.
모든 고통받는 존재를 생각하고
그들의 슬픔과 불안을 머릿속에 생생히 그려봄으로써
진심 어린 연민을 불러일으킨다."
"셋째는 기쁨의 명상이다.
다른 사람의 성공을 보았을 때 그들과 함께 기뻐한다."

"넷째는 불순에 대한 명상이다.

타락의 악한 결과, 죄와 질병의 결과를 숙고한다.

찰나의 즐거움이 얼마나 하찮고

그 결과는 얼마나 치명적인지 생각한다."

"다섯째는 평온에 대한 명상이다.

사랑과 증오, 횡포와 억압, 부와 결핍을 넘어서

공정하고 침착하며 완전히 평온한 마음으로

자신의 운명을 대면한다."

이러한 명상으로 부처의 제자들은 진리를 이해하기에 이르렀다. 그러나 당신의 목적이 진리인 한, 그리고 당신이 거룩한 마음과 흠 없이 의로운 삶을 진심으로 갈구하는 한, 다섯 가지 특정한 명상을 똑같이 따라 하고 안 하고는 크게 문제 되지 않는다. 그저 사랑을 점점 더 키워나가며 마음의 성장과 확장을 꾀할 수 있는 명상을 하면 된다. 그러면 모든 증오, 격정, 비난에서 벗어나 사려 깊고 부드럽게 온 세상을 포용하게 될 것이다.

꽃이 아침 햇살을 받기 위해 꽃잎을 펼치듯이, 당신도 진리의 영광스러운 빛을 받을 수 있게 영혼을 더욱 활짝 열어라. 열망의 날개를 타고 위로 날아올라라. 두려워하지 말고 자신이 가장 고귀한 존재로 올라설 수 있다는 잠재력을 믿어라. 대법칙에 절대적으로 순응하는 삶, 흠 없이 순수하게 사는 삶을 믿어라. 자신도 완벽히 거룩한 삶을 살 수 있다고, 최고의 진리를 실현할 수 있다고 믿어라. 이렇게 믿는 사람은 하늘로 뻗은 언덕을 빠르게 오르는 반면, 믿지 않는 사람은 안개가 자욱한 계곡에서 계속 고통스럽게 어둠을 더듬으며 길을 헤맨다.

이러한 믿음, 열망, 명상은 더없이 감미롭고 아름다운 영적 경험이자, 내적 시야가 황홀하게 트이는 영광스러운 계시가 될 것이다. 신성한 사랑, 신성한 정의, 신성한 순수 그리고 최고선의 법칙인 신의 법칙을 깨달을 때 인간은 더욱 행복해지고 마음 깊이 평온해질 수 있다.

낡은 것은 사라지고, 모든 것이 새로워질 것이다. 죄인의 눈에는 캄캄하고 불가해하게 보이지만 구도자의 눈에는 환하고 투명하게 보이는 물질적 우주의 장막이 걷혀, 영적 우주가 모습을 드러낼 것이다.

시간은 멈추고, 당신은 영원 속에서만 살게 될 것이다. 변화하고 죽어야 할 운명도 더 이상 불안하고 슬프게 다가오지 않을 것이다. 당신은 불변의 위치에 우뚝 서고 불멸의 중심에 남아 있을 것이기 때문이다.

지혜의 별

❧

비슈누, 크리슈나, 부처, 예수의
탄생을 알리는 별,
별 한 점 없는 한밤의 어둠 속에서
칠흑 같은 어둠을 뚫고 그대가 빛나기를 기다리며,
하늘을 바라보는 현자들에게
정의의 왕국이 도래함을 알리는 빛을 비추고,
수난의 마구간에 있는 마음과 영혼의 구유에서
미천하게 태어난 신성한 그분의
신비로운 이야기를 전하며,
슬픔의 짐을 이고 있는 이들에게,
기다림에 지친 이들에게 깊고 거룩한
연민의 비밀을 조용히 노래한다.
가장 밝게 빛나는 별,
그대는 오늘 밤도 한밤중의 하늘을 수놓는다.
자기 교리만 내세우는 꽉 막힌 자들의 어둠,
과오의 칼날과 끝없는 싸움,

껍데기만 남은 생명도 쓸모도 없는

우상들로 가득한 속세에 지쳐

그대의 빛을 지켜보며 밤을 지새우는 현자들을

그대는 오늘 밤도 격려한다.

그대는 현자들의 절망을 그치게 하였고,

그들의 길을 밝혀주었고,

그대를 지켜보는 모든 이들의 마음에,

그대를 사랑하는 이들의 영혼에

오랜 진리를 오늘 밤도 깨우쳐주었고

슬픔에서 오는 평화. 기쁨, 즐거움을 알려주었다.

밤의 지친 방랑자 중에

그대를 볼 수 있는 자들은 복이 있도다.

그대의 위대한 빛에 압도되어

가슴 속에서 깊은 사랑의 고동이 일렁이고,

전율을 느끼는 자들은 복이 있도다.

우리는 그대의 교훈을 진실로 배우겠노라.

충실하고 겸손하게,

온유하게, 현명하게, 즐겁게 배울 것이라.

신성한 비슈누의 아주 오래된 별,

그리고 크리슈나, 부처, 예수의 빛.

19장

자아를 찾고 진리를 배워라

인간의 영혼 속 전쟁터에서는 두 주인이 영혼의 패권, 왕권, 지배권을 놓고 항상 경쟁한다. 그중 자아라는 주인은 '이 세상의 군주Prince of this world('악마'를 뜻함 – 옮긴이)'라고 하며, 진리라는 주인은 '하나님 아버지'라고 한다. 자아는 격정, 교만, 탐욕, 허영, 아집, 어둠의 도구가 무기인 반항적인 주인이다. 진리는 친절, 인내, 순수, 희생, 겸손, 사랑, 빛의 도구가 무기인 온순하고 겸손한 주인이다.

모든 사람의 영혼에는 전투가 벌어지고 있다. 군대가 두 반대 진영에서 동시에 참전할 수 없듯, 모든 마음은 자아 또는 진리 중 한쪽 편에 들어가서 싸운다. 중립은 있을 수 없다. 진리의 스승인 부처는 "자아가 따로 있고, 진리도 따로 있다. 자아가 있는 곳에는 진리가 없고, 진리가 있는 곳에는 자아가 없다"라고 말했다. 예수 그리스도는 "어떤 하인도 두 주인을 섬길 수 없으니 혹 이를 미워하고 저를 사랑하거나 혹 이를 중히 여기고 저를 경히 여길 것이다. 하나님과 재물의 신은 동시에 섬길 수 없다"라고 말했다.

진리는 아주 단순하고, 우직하며, 비타협적이다. 그래서 진리에 이르는 길은 복잡하지도, 오락가락하지도, 까다로운 조건을 요구하지도 않는다. 하지만 교묘하고 비뚤어진 자아는 사악한 욕망의 지배를 은밀히 받으며 끝없이 변하고 조건을 요구한다. 그리고 기만에 빠져 자아를 숭배하는 사람들은 모든 세속적 욕망을 충족하는 동시에 진리에도 이를 수 있다는 헛된 상상을 한다. 그러나 진리를 사랑하는 사람들은 자아를 희생함으로써 진리를 숭배하며, 세속적 이득과 자기 본위에 물들지 않도록 끊임없이 스스로 노력한다.

당신은 진리를 이해하고 그 길에 도달하고 싶은가? 그렇다면 최대한 희생하고 포기할 준비가 되어 있어야 한다. 모든 영광의 진리는 자아의 마지막 흔적마저 말끔히 사라진 후에만 인식되고 파악될 수 있기 때문이다.

영원의 존재인 예수는 자신의 제자가 되려는 사람은

"날마다 자신을 부정"해야 한다고 강조했다. 당신은 기꺼이 자신을 부정하고 욕정과 편견, 견해를 버릴 수 있는가? 그렇다면 당신은 진리의 좁은 길로 들어갈 수 있고 세상에 초연하게 평화를 누릴 수 있다. 자아를 완전히 부정하고 소멸시키면 완벽한 진리의 상태에 이르게 되며, 모든 종교와 철학은 이 최고의 성취를 돕는 많은 수단 중 하나일 뿐이다.

자아는 진리를 부정하고, 진리는 자아를 부정한다. 자아를 죽게 하면 당신은 진리 안에서 다시 태어날 것이다. 하지만 당신이 자아에 집착할 때, 진리는 당신의 눈에 보이지 않을 것이다.

자아에 집착하는 사람은 가시밭길을 걸을 것이며, 반복되는 고통, 슬픔, 절망이 그의 몫이 될 것이다. 반면 진리에는 고난이 없는지라, 진리에 이르면 모든 슬픔과 절망에서 해방될 것이다.

진리 그 자체는 숨겨져 있거나 흐릿하지 않다. 오히려 투명해서 항상 완벽히 드러난다. 그런데도 맹목적이고 변덕스러운 자아는 진리를 인식하지 못한다. 대낮의 햇빛은 시각 장애인이 아닌 한 누구나 볼 수 있듯, 진리의 빛도 자아에 눈먼 자 외에는 누구나 볼 수 있다.

진리는 우주의 유일한 실재이자 내면의 조화, 완전한 정의, 영원한 사랑이다. 여기에 더하거나 뺄 것은 아무것도 없다. 진리가 누구에게 의존하는 것이 아니라, 모든 사람이 진리에 의존한다.

자아의 눈으로 세상을 바라보는 사람은 진리의 아름다움을 알아보지 못한다. 허영심이 많은 사람은 모든 것을 자신의 허영심으로 물들일 것이다. 욕정에 빠진 사람은 마음과 정신이 격정의 연기와 화염으로 혼탁해져서 모든 것이 왜곡되어 보일 것이다. 교만하고 독선적인 사람은 자기 견해만 대단하고 중요하게 여길 뿐, 이 세상에서 아무것도 배우는 게 없을 것이다.

진리를 추구하는 사람과 자아를 추구하는 사람을 가장 뚜렷이 구별하는 특성이 한 가지 있으니, 그건 바로 겸손이다. 허영과 아집, 자기중심주의에서 벗어남은 물론, 자신의 견해를 대수롭지 않게 여기는 태도, 이것이야말로 진정한 겸손이다.

자아에 빠진 사람은 자신의 견해를 진리로 여기고, 다른 사람의 견해를 잘못으로 치부한다. 그러나 견해와 진리의 차이를 알고 진리를 사랑하는 겸손한 사람은 모든 사람의 견해에 너그럽다.

따라서 다른 사람의 견해에 맞서 자기 견해를 고수하려 애쓰지 않고, 더 폭넓은 사랑과 진리의 정신을 표출하고자

기꺼이 자신의 목소리를 낮춘다. 어차피 진리란 본질상 말로 설명할 수 있는 성질이 아니라, 그저 삶의 방식 그 자체일 수밖에 없기 때문이다. 그리고 가장 자비로운 사람일수록, 그의 삶은 진리에 가장 가까이 도달해 있다.

사람들은 열띤 논쟁을 통해 자신들이 진리를 옹호하고 있다고 착각하지만, 실은 자신의 사소한 이득과 졸견을 방어하고 있을 뿐이다. 자아의 추종자는 다른 사람을 향해 무기를 들고, 진리의 추종자는 자아에 맞서 무기를 든다. 영원한 불변의 진리는 누가 옳고 누가 그르냐와는 별개다. 우리는 진리 안으로 들어갈 수도 있고, 밖에 머물 수도 있다. 그러나 우리는 방어할 필요도 공격할 필요도 없다. 어차피 방어와 공격은 모두 우리 자신에게로 되돌아오기 때문이다.

자아에 종속되어 격정과 교만에 빠지고 비난을 일삼는 사람들은 자신이 믿는 특정 교리나 종교만 진리이고 다른 모든 종교는 잘못되었다고 생각한다. 그래서 그들은 격정적이고 열렬히 전도한다. 하지만 세상의 종교는 오직 하나로 진리라는 종교가 있을 뿐이다.

과오도 단 하나, 즉 자아라는 과오만 있다. 진리는 형식적인 신앙이 아니라, 이타적이고 거룩하며 숭고한 정신을 가리킨다. 진리를 통달한 사람은 누구와도 평화롭게 지내며 자비로운 생각으로 모든 사람을 소중히 대한다.

자신의 생각과 마음, 행동을 조용히 들여다보면 본인이 진리를 따르는지 자아를 따르는지 쉽게 알 수 있다. 당신은 의심, 증오, 질투, 욕정, 교만 등의 생각을 품고 있는가, 아니면 떨쳐버리려 분투하는가? 전자의 경우라면 당신은 어떤 종교를 믿고 있든 자아에 묶여 있다. 후자에 속한다면 비록 형식상 무교일지라도 당신은 진리에 도달할 가능성이 있다.

당신은 격정적이고, 고집스럽고, 항상 자신의 목적을 가장 중시하고 방종하고 자기중심적인가? 아니면 점잖고 온화하고 이타적이고, 모든 형태의 방종을 끊고, 언제든 자신이 가진 것을 포기할 준비가 되어 있는가? 전자라면 당신을 지배하는 주인은 자아다. 후자라면 당신에게 소중한 대상은 진리다.

당신은 부자가 되려고 안간힘을 쓰는가? 자신의 종파가 옳다고 눈에 불을 켜고 싸우는가? 남보다 위에 서서 권력을 얻기를 갈망하는가? 과시와 자화자찬에 빠져 있는가? 아니면 재물욕을 버렸는가? 모든 싸움을 그만두었는가? 눈에 띄지 않는 가장 낮은 자리에 있으면서도 만족하는가? 자기 자랑과 자아도취에서 벗어났는가? 전자의 경우라면 비록 당신이 겉으로는 신을 숭배할지라도 마음속에는 자아가 신으로 자리 잡고 있다. 후자의 경우라면 비록 입으로는 예배하지 않더라도 당신은 최고신과 함께 기거하고 있는 셈이다.

진리를 사랑하는 사람에게는 확실히 드러나는 특징이 있다. 영국 시인 에드윈 아놀드Edwin Arnold가 멋지게 번역한 『바가바드 기타』에서 성인 크리슈나가 열거한 그 특징을 살펴보자.

용기, 전념, 항상 지혜를 추구하려는 의지,
관대한 인심, 욕구의 절제, 경건함,
홀로 구도를 즐기는 마음, 겸손,
강직성, 생명을 해하지 않으려는 신중함,
정직, 화내지 않는 침착함,
남들이 추켜세우는 것을 가벼이 여기는 마음.
평정심, 남의 흠을 들추지 않는 자비심,
고통받는 모든 이들을 향한 애정,
만족할 줄 아는 마음,
어떤 욕망에도 흔들리지 않는 뚝심.
겸손하고 엄숙하며 온순한 정신, 늠름하고 고귀함,
인내와 용기, 순수함,
복수를 모르는 마음, 자신을 낮출 줄 아는 자세.

오, 아르주나여!
이런 사람은 신성의 탄생으로 가는
아름다운 길에 발을 디딘 것이다!

　과오와 자아의 그릇된 길에 빠져 '신성의 탄생', 즉 거룩한 진리의 상태를 망각한 사람들은 자신의 특정 신조 같은 인위적 기준을 진리의 시험대로 삼고 그에 따라 서로를 판단한다. 그리하여 사람들은 서로 분열되어 끊임없는 적대와 다툼, 슬픔, 고통에 시달린다.

　진리로 다시 태어나고 싶은가? 그 방법은 단 하나, '자아를 죽게 내버려두는 것'이다. 당신이 지금까지 끈질기게 붙잡고 있던 모든 욕정, 욕구, 갈망, 견해, 고정관념, 편견을 훌훌 털어내라. 이런 것들에 더 이상 속박되지 않겠다고 결심하면, 진리는 당신의 것이 될 것이다.

　자신의 종교를 다른 모든 종교보다 우월하다고 여기지 말고, 겸손한 자세로 최고의 교훈인 자비를 배우도록 노력하라. 당신이 숭배하는 구세주가 유일한 구세주이고, 다른 사람이 당신 못지않게 성실하고 열정적으로 숭배하는 구세주는 가짜라는 생각은 수많은 분쟁과 슬픔을 초래하니, 더 이상 집착하지 말라. 그 대신 부지런히 신성한 길을 찾아가라. 그러면 모든 성인이 인류의 구세주임을 깨닫게 될 것이다.

자아를 포기하는 것은 단순히 자신의 외적 측면들을 포기한다는 뜻이 아니다. 내적인 죄, 내면의 허물을 씻어내야 한다. 단순히 번지르르한 옷을 포기하고, 재산을 나눠주고, 특정 음식을 금하고, 부드럽게 말한다고 진리를 발견하는 것이 아니다. 대신 허영심을 버리고, 물욕을 포기하고, 방종의 욕망을 절제하고, 모든 증오, 다툼, 비난, 이기심을 버림으로써 마음이 온화하고 순수해졌을 때 진리를 발견할 수 있다.

외적 측면만 포기하고 내적 측면을 가다듬지 않는다면 형식주의이자 위선이지만, 내적 측면을 가다듬다 보면 자연히 외적 측면은 포기하게 된다. 당신은 외부 세계와 절연하고 동굴이나 깊은 숲에 들어가 스스로 고립된 생활을 택할 수도 있다. 그러나 당신은 여전히 온갖 이기심을 내려놓지 못했을 테고, 그 이기심을 버리지 못하는 한 당신은 참으로 불행하고 깊은 망상에서 허우적거릴 것이다.

당신은 지금 그대로의 환경에서 모든 소임을 다하면서도 내면의 적, 즉 세속적인 것들을 얼마든지 버릴 수 있다. 세속에 머물면서도 세속에 매이지 않는 것이 가장 완벽한 경지, 가장 축복된 평화, 가장 커다란 승리다. 자아를 포기하는 것이 곧 진리로 가는 길이다.

"그 길로 들어가라, 증오만큼 큰 슬픔은 없고,

격정만큼 큰 고통도 없고, 감각만큼 큰 기만도 없다.

그 길로 들어가라.

분별없던 지난날의 죄를 하나하나 밟다 보면

어느새 멀리까지 가 있을 것이다."

자아를 극복하는 데 성공하면 사물의 올바른 관계가 눈에 보이기 시작한다. 어떤 격정이나 편견, 좋고 싫음에 동요하는 사람은 특정 색안경에 따라 모든 것을 바라보며, 오직 자신의 망상에 빠져 있다.

모든 격정, 편견, 선호, 편파에서 완전히 자유로운 사람은 자신을 있는 그대로 본다. 또한 다른 사람도 있는 그대로 보며, 세상 만물을 적절한 맥락과 균형감으로 본다. 공격하거나 방어하거나 숨길 일도 없고, 지켜야 할 이익도 없으니 늘 마음이 평화롭다.

이런 사람은 진리의 심오한 단순성을 깨달았다. 이 편견 없고 고요하며 축복받은 마음과 정신 상태가 진리의 상태다. 이 상태에 도달한 사람은 천사들과 함께 지고한 신의 발등 위에 앉아 있다. 대법칙을 알고, 슬픔의 근원을 알고,

고통의 비밀을 알며, 진리 안에서 해방의 길을 아는 사람이 어떻게 남과 다투거나 남을 비난할 수 있겠는가?

그는 자아라는 환상의 구름에 둘러싸인다. 과오와 자아의 어둠에 뒤덮인 맹목적이고 이기적인 속인들이 꺼지지 않는 진리의 빛을 인식하지도 못하고, 자아를 버렸거나 버리는 과정에 있는 사람의 심오하고도 단순한 정신세계를 이해하지도 못한다는 것을 안다.

하지만 그는 고통의 시기에 슬픔이 산처럼 쌓이면 무거운 짐을 진 채 억눌린 세상 사람들이 마지막 피난처로 향할 것이며, 오랜 시간이 지난 후 모든 탕아는 진리로 돌아올 것임을 안다. 그래서 그는 모든 사람을 향해 선의를 잃지 않고, 철없는 자녀들에게 자상하게 연민을 베푸는 아버지의 심정으로 그들을 대한다.

인간이 진리를 이해하지 못하는 이유는 자아에 집착하고, 자아를 믿고 사랑하며, 자아만이 진정한 실재라고 생각하기 때문이다. 하지만 사실 자아가 유일한 망상이다. 자아에 대한 믿음과 사랑을 멈추면, 자아를 버리고 진리를 향해 훨훨 날아갈 것이며 영원한 실재를 발견할 것이다.

사치, 쾌락, 허영의 포도주에 취하면 삶에 대한 갈증이 점점 더 깊어져 세속적 불멸을 꿈꾸는 자기기만에 빠진다. 그러나 언젠가 뿌린 대로 거둔다고, 고통과 슬픔이 찾아오고 짓밟힌 듯 굴욕을 맛본 후에야 자아와 자아도취에서 벗어난다. 그리고 쓰라린 가슴을 움켜쥔 채 유일한 불멸의 존재, 모든 미혹을 타파하는 불멸의 존재, 진리 안에 있는 영적인 불멸의 존재를 향해 다가간다.

인간은 어두운 슬픔의 문을 통과한 후 악에서 선으로, 자아에서 진리로 이동한다. 슬픔과 자아는 떼려야 뗄 수 없기 때문이다. 오직 진리의 평화와 행복 안에서만 모든 슬픔을 극복할 수 있다.

당신이 애지중지한 계획이 물거품이 되거나 누군가가 당신의 기대에 부응하지 못했다는 이유 등으로 낙담했다면, 이는 당신이 자아에 집착하기 때문이다. 지난날의 어떤 행동을 후회한다면, 그 행동이 자아에 굴복한 것이었기 때문이다. 자신을 대하는 남들의 태도 때문에 속상하고 억울해한다면, 당신이 자아를 소중히 여겨왔기 때문이다. 당신이 어떤 푸대접을 받거나 어떤 말을 듣고 상처받았다면, 당신이 자아에 빠져 고통의 길을 걷고 있기 때문이다.

모든 고통의 시작점은 자기 자신이다. 그리고 모든 고통의 끝은 진리다. 진리를 깨치고 실현하면 실망과 후회, 미련이 사라지고 슬픔도 달아날 것이다.

"자아는 영혼을 가두는 유일한 감옥이다.

진리는 유일하게 그 문을 열도록 명할 수 있는 천사다.

그가 그대를 부르러 오거든, 얼른 일어나 따르라.

비록 어두운 길로 데려갈지라도,

결국에는 빛으로 인도하리라."

세상의 불행은 인간이 스스로 불러와서 생긴다. 슬픔은 영혼을 정화하고 성숙하게 하므로, 극한의 슬픔은 진리의 서막이다.

당신은 몹시 괴로웠던 적 있는가? 깊은 슬픔을 느껴본 적 있는가? 인생의 문제를 진지하게 생각해본 적 있는가? 그렇다면 당신은 자아와 싸우고 진리의 제자가 될 준비가 되었다.

자아를 버릴 필요성을 깨닫지 못한 지식인은 우주에 대한 이론을 끝없이 구상하고는 그것을 진리라고 부른다. 그러나 당신은 정의의 실천이라는 직접적인 행동으로 진리를 추구하라. 그러면 당신은 이론이 들어설 여지가 없는, 결코 변하지 않는 진리를 깨닫게 될 것이다.

마음의 밭을 일구고, 이타적 사랑과 진심 어린 연민으

로 꾸준히 물을 주고, 사랑과 어울리지 않는 모든 생각과 감정을 차단하려 노력하라. 악에는 선으로, 증오에는 사랑으로, 냉대에는 친절로 화답하되, 누가 공격하거든 침묵을 지켜라.

그리하여 당신은 모든 이기적 욕망을 순금 같은 사랑으로 바꿀 것이며, 자아는 진리 안에서 소멸할 것이다. 또 당신은 겸허의 멍에를 가뿐히 메고 겸손의 신성한 의복을 입고 사람들 사이에서 떳떳이 걸어나갈 것이다.

오, 오라. 지친 형제여!
그대의 분투와 노고는
진리가 지배하는 마음으로 귀결될 것이다.
왜 진리의 생명수에 목말라하며
자아의 황량한 사막을 건너려는가?
여기, 그대가 탐구하며 죄를 흩뿌려 놓은 길가에,
인생의 즐거운 시냇물이 흐르고,
사랑의 푸른 오아시스가 있는가?
와서 편히 쉬어라. 끝과 시작을 알고,
찾는 자와 발견된 것, 보는 자와 보이는 것을 알라.
그대의 주인은 인적 없는 산속에도,
허공에 떠 있는 신기루 안에도 머물지 않는다.

절망 가득한 모랫길에서도

그분의 신비로운 샘을 찾지 못할 것이라.

자아의 어두운 사막에서 그분의 체취를 더듬고

발자국을 찾는 고단한 일은 그만두라.

그분이 말씀하시는 감미로운 목소리를 듣고 싶다면,

모든 공허한 노랫소리에 귀를 닫으라.

어차피 사라지게 될 공간에서 빠져나와

자신이 가진 모든 것을 버리고

아끼는 모든 것을 떠나보내라.

완전히 벌거벗은 채, 마음속 가장 깊은 성소로 들어가라.

가장 고결하고 거룩하며 변치 않는 그분이 그곳에 있다.

바로 고요한 내면의 중심에.

슬픔과 죄를 남겨두고, 고통스러운 방황을 멈추라.

와서 그분의 환희로 몸을 씻으라.

그분이 그대의 영혼이 찾는 것을 속삭여줄 테니,

더 이상 방황하지 말라.

그러니 지친 형제여, 이제 분투와 노고는 그만두라.

진리의 마음에서 평화를 찾아라.

더 이상 자아의 어두운 사막을 고단하게 건너지 말고,

오라, 아름다운 진리의 물을 마셔라.

20장 ✦

바위처럼 단단한 원칙

세상에는 쾌락, 흥분, 새로움을 추구하는 사람이 많다. 웃고 울게 하는 감정적 자극을 얻으려 노력하지만, 스스로 힘 있고 단단하고 굳센 사람이 되려고 노력하지는 않는다. 오히려 이미 있는 힘도 분산시키며 나약함을 자초하느라 여념이 없다.

진정한 힘과 영향력을 지닌 사람은 극히 소수다. 힘을 획득하기 위해 희생할 각오가 된 사람이 거의 없고, 그에 걸맞은 품성을 참을성 있게 기를 준비가 된 사람은 더더욱 드물기 때문이다.

자신의 변덕스러운 생각과 충동에 흔들리는 사람은 약

하고 무기력하다. 생각과 충동을 올바르게 통제하고 지휘하는 사람은 강하고 듬직하다. 동물적 충동이 강한 사람들은 야수처럼 흉포한 면이 많지만 이것은 힘이 아니다. 그들에겐 힘처럼 보이는 요소가 있을 뿐, 진정한 힘은 더 수준 높은 지성으로 이 야수성을 억누르고 길들이는 데서 비롯한다. 그리고 인간은 지성과 의식의 고양을 통해서만 힘을 키울 수 있다.

나약한 사람과 강인한 사람의 차이는 개인적인 의지의 강약에 있는 것이 아니라(고집불통 중에는 나약하고 어리석은 사람이 많다) 그들의 깨달음 수준을 반영하는 의식의 초점에 있다.

쾌락을 좇는 사람, 짜릿한 자극을 즐기는 사람, 새로운 것을 추구하는 사람, 감정에 못 이겨 충동적이고 신경질적인 사람은 대자연의 원칙을 이해하지 못해 마음의 균형과 안정도 찾지 못하고 영향력도 행사할 수 없다.

충동과 이기적 성향을 억제하고, 더 침착하고 차원 높은 내면 의식에 의지하며, 자기 자신을 원칙에 고정할 수 있는 사람은 그때부터 힘이 자라나기 시작한다. 불변의 원칙을 의식적으로 깨닫는 것은 최고의 힘을 얻는 원천이자 비결이다.

많은 탐구와 고통, 희생 끝에 영원한 원리의 빛이 영혼에 비치면, 뒤따라 신성한 평온과 이루 말할 수 없는 기쁨이 마음을 수놓는다. 이러한 원칙을 깨달은 사람은 더 이상 방황하지 않으며, 침착하고 평정한 상태를 유지한다. 그는 더 이상 '격정의 노예'가 아니라, 스스로 운명의 신전을 짓는 장인 건축가가 된다.

원칙이 아닌 자아에 지배되는 사람은 자신의 안락이 위협받을 때 태도가 달라진다. 자신의 이익을 지키고 보호하는 데 골몰하여, 그 목적에 도움이 된다면 어떤 수단이든 정당화한다. 적들로부터 자신을 보호할 계략을 끊임없이 세우지만, 워낙 자아에 깊이 도취한 나머지 본인이 자신의 가장 큰 적이라는 것을 인식하지 못한다.

이런 사람이 하는 일은 진리나 힘과 거리가 멀다는 점에서 모래성과 같다. 자아를 중심에 두고 쏟은 모든 노력은 허사가 된다. 오직 불변의 원칙을 토대로 한 성취만이 오래 지속된다.

원칙이 잡힌 사람은 어떤 상황에서도 침착하고 담대하며 냉철하다. 시련이 닥쳐 개인적 안락과 진리 중 하나를 결정해야 할 때, 그는 안락을 포기하고 확고한 자세를 유지한다. 지독한 고통이나 죽을 고비가 찾아와도 흔들리거나 마음이 변하지 않는다.

반면에 이기적인 사람은 자신의 부, 안락, 목숨을 잃는 것을 최악의 재앙으로 여긴다. 원칙을 지키는 사람은 이러한 사건을 별로 중요하지 않게 간주하고, 인격이나 진리의 상실에 비할 바가 못 된다고 생각한다. 그에게는 오직 진리를 저버리는 것만이 진정 재앙이라고 부를 수 있는 사건이다.

누가 어둠의 앞잡이이고, 누가 빛의 자녀인지를 가늠할 수 있는 순간은 위기가 닥쳤을 때다. 양과 염소가 구별되고, 후대에 존경받을 진정한 힘을 지닌 사람이 수면 위로 모습을 드러내는 시기는 위협적인 재난과 파멸, 박해를 경험하는 때다.

사람들은 자신의 소유물을 만끽하고 있는 한, 스스로 평화, 형제애, 보편적 사랑의 원칙을 믿으며 그것들을 지키고 있다고 생각하기 쉽다. 그러나 자기 소유물이 빼앗길 위협에 처했거나 뺏길 듯한 예감이 들 때 목청 높여 싸울 태세로 전환하는 사람은 평화, 형제애, 사랑이 아닌 투쟁, 이기심, 증오를 믿고 고수하는 사람임을 스스로 입증하는 셈이다.

모든 세속적 이득을 잃거나, 심지어 명성과 목숨을 잃을지도 모른다는 위협 속에서도 자신의 원칙을 버리지 않는 사람이야말로 진정 힘 있는 사람이자 모든 말과 업적이 길이 남을 사람, 사후 세계에 존경과 경외를 받을 사람이다.

예수는 자신이 의지하고 모든 믿음을 쏟았던 신성한 사랑의 원칙을 버리느니, 차라리 극도의 고통과 박탈을 견디는 쪽을 택했다. 그리고 오늘날 세상 사람들은 못이 박힌 그의 발 앞에 엎드려 감격에 겨운 경배를 올린다.

정신적 힘을 단련하는 방법은 정신적 원칙의 실현, 즉 내면의 눈이 뜨여 원칙을 깨닫는 수밖에 없다. 그리고 이 원칙은 부단한 실천과 적용을 통해서만 실현할 수 있다.

신성한 사랑의 원칙을 받아들이고, 그것을 철저히 이해하겠다는 생각으로 조용하고 부지런히 명상하라. 당신의 모든 습관, 언행, 대인관계, 은밀한 속마음, 욕망 하나하나에 빛을 비추어 자세히 살펴보라.

이 과정을 인내하면 신성한 사랑이 점점 더 온전히 눈에 보일 것이며, 이와 대조되는 자신의 결점은 더 생생히 부각되어 당신이 마음을 새롭게 먹고 노력하도록 자극할 것이다. 그리고 일단 무엇과도 비교할 수 없는 그 장엄한 불멸의 원리를 경험한 이후로 다시는 나약하고 이기적이며 불완전한 자아에 안주하지 않을 것이다. 모든 부조화의 요소를 버리고 스스로 완전한 조화를 이룰 때까지 신성한 사랑을 추구할 것이다. 이렇게 조화를 이룬 내적 상태가 바로 정신적 힘이다.

마찬가지로 순수와 연민 같은 다른 정신적 원리도 이와 같은 방식으로 적용하라. 진리는 워낙 완고해서 쉽게 자리를 내주지 않는다. 그러므로 당신의 영혼 가장 깊은 곳에 모든 오점이 씻기기 전까지는, 그리고 당신의 마음에 어떤 모질고 무자비한 충동도 생기지 않고 남을 비난할 엄두도 나지 않게 되기 전까지는 이만하면 됐다고 안주하거나 편히 쉴 틈이 없을 것이다.

당신은 이러한 원칙을 이해하고 깨닫고 의지해야만 정신적 힘을 기를 수 있다. 그리고 그 힘은 당신의 언행이 점점 더 냉철하고 끈기 있고 침착해지는 과정을 통해 구현될 것이다.

냉철함은 뛰어난 자제력을 가리킨다. 극도로 인내할 줄 안다는 것은 곧 깨달음이 신성한 경지에 올랐다는 뜻이다. 살면서 온갖 할 일과 방해 요소에도 흔들리지 않고 평온을 유지하는 것은 힘을 수련한 자의 특징이다.

"세상 한가운데에서는 세간의 의견을 따라 살기가 쉽고, 고독 속에서는 자기 자신의 의견을 따라 살기가 쉽지만, 위대한 사람은 군중 속에서도 충분히 기분 좋게 자립의 고독을 즐긴다(랄프 왈도 에머슨의 『자기 신뢰』 - 옮긴이)."

일부 신비주의자들은 냉철함이 완벽의 경지에 오르면 (이른바) 기적을 행하는 힘도 생겨난다고 주장한다. 그만큼 자기 내면의 모든 힘을 완벽히 제어하여 아무리 큰 충격을 받아도 한순간도 흔들리지 않는 사람은 정말 힘을 지휘하고 조절하는 데 달인이라고 볼 수밖에 없다.

자제력, 인내심, 평정심을 키우면 힘과 능력이 불끈 솟아오른다. 그러려면 자신의 의식을 하나의 원칙에 집중해야만 한다. 아기가 혼자 걷기 위해 여러 번 시도하고 넘어진 끝에 마침내 걸음마에 성공하듯, 일단 홀로서기를 하도록 노력해 힘을 키우는 길로 들어가야 한다.

관습, 인습, 전통, 남들의 견해에 휘둘리지 말고, 사람들 사이에서 외로워도 당당하게 걸어가라. 자신의 판단을 믿고, 자신의 양심에 충실하라. 외부의 빛은 모두 당신을 홀리는 도깨비불이니, 당신 안에 있는 빛만을 따라가라.

당신의 판단이 틀렸다고, 당신의 양심은 빗나갔고 당신 안의 빛은 어둠이라며 손가락질하는 사람들도 있을 것이다. 그러나 그 말에 귀를 기울이지 말라. 그들의 말이 사실이라면, 지혜의 구도자로서 당신이 지혜를 더 빨리 발견할수록 좋다.

지혜를 빨리 발견하려면 오직 당신의 힘을 시험해 보는 수밖에 없다. 그러므로 씩씩하게 당신이 가던 길을 그대로 가라. 당신의 양심은 적어도 당신의 것이고, 자신의 양심을 따라야 인간다운 삶을 살 수 있다. 다른 사람의 양심을 따르는 것은 노예 같은 삶을 사는 것이다.

한동안 여러 번 넘어지고, 상처를 입고, 난타도 당할 것이다. 그러나 확실한 승리가 눈앞에 있다는 것을 믿고 그대로 나아가라. 바위처럼 단단한 원칙을 찾고, 찾은 후엔 원칙을 철저히 고수하라. 그 원칙을 발밑에 두고 그 위에 똑바로 서라. 마침내 당신은 이기심의 맹렬한 파도와 폭풍에 끄떡없을 만큼 원칙 위에서 미동도 없이 안착할 것이다.

어떤 형태든 이기심은 소멸, 나약함, 죽음과 동의어다. 반면에 이타심은 정신적 측면에서 보존, 힘, 생명과 같다. 당신이 영적인 삶에서 성장하고 원칙을 굳건히 지킨다면, 당신은 그 원칙만큼 아름다운 불변의 존재가 되고, 그 불멸의 따뜻한 본질을 맛보며, 내면에 있는 영원하고 파괴되지 않는 신의 본성을 깨달을 것이다.

어떤 해로운 화살도 정의로운 사람에게는 닿지 못한다.
그는 증오가 몰아치는 폭풍우 속에서도,
고통과 상처, 핍박에 아랑곳없이,
두려움에 떠는 운명의 노예들 속에서도
홀로 꿋꿋이 서 있다.
그는 침묵의 힘으로 위풍당당하게,

가장 어두운 고통의 시간에도 인내하고 확고하게,

변함없이, 흔들림 없이 고요하게 서 있다.

시간도 그를 못 이기고, 죽음과 파멸도 그를 비껴간다.

사나운 번개가 진노하여 그의 주위를 맴돌고,

지옥의 천둥소리가 그의 머리에 대고 쿵쾅거린다.

그러나 그가 개의치 아니하니,

속세와 시공이 사라진 곳에 서 있는 그를

누가 죽일 수 있으랴.

불멸의 사랑으로 보호받는 그가 무엇을 두려워하겠는가?

불변의 진리로 무장한 그가

무엇 하러 이해득실에 신경 쓰겠는가?

그는 영원을 알기에,

그림자가 왔다 가도 꿈쩍하지 않는다.

그를 불멸이라 부르라, 진리이자 빛이라 부르라.

어둠의 세력 속에서도

신성한 영광에 뒤덮여

예언자의 장엄한 광채를 뿜으며 머무르는 자여.

이타적 사랑을 실천하라

미켈란젤로는 모든 거친 돌덩이에서 장인의 손을 거쳐 아름다운 실재로 거듭나기를 기다리는 가능성을 발견했다고 한다. 모든 인간에게도 믿음의 장인과 인내의 조각칼에 의해 신성한 형상으로 실현되기를 기다리는 면모가 내재해 있다. 그리고 그 신성한 형상은 순수하고 이타적인 사랑으로 드러나고 실현된다.

비록 거의 뚫을 수 없이 단단한 막으로 둘러싸여 있는 사람이 많지만, 모든 인간의 마음 깊은 곳에는 신성한 사랑의 정신이 숨겨져 있다. 그 정신의 거룩하고 티 없는 본질은 불멸하고 영원하다. 그것은 인간 안에 있는 진리요,

절대자에게 속한 것, 즉 실재이자 불멸의 것이다.

다른 모든 것은 변하고 사라진다. 신성한 사랑만이 불멸이고 영원하다. 가장 고차원의 정의를 끊임없이 실천하면서 신성한 사랑을 깨닫고, 그 안에 살며, 그 안에서 완전히 의식을 깨우면 지금 이승에 머물면서도 불멸에 들어선다. 진리와 하나가 되고, 신과 하나가 되며, 모든 것의 중심과 하나가 된다. 그리고 우리 자신의 신성하고 영원한 본성을 깨닫게 된다.

신성한 사랑에 도달하고, 또 이를 이해하고 경험하려면 마음과 생각에 대단한 끈기와 노력이 필요하며, 항상 초심을 다잡는 마음으로 인내하고 굳건한 믿음을 유지해야 한다. 신성한 형상이 그 찬란한 아름다움을 전부 드러내기까지는 제거해야 할 요소도, 완수해야 할 과제도 많기 때문이다.

신성에 도달하고 이를 성취하려는 사람은 극한의 시련을 겪을 것이고, 실제로 이는 반드시 필요한 과정이다. 시련 없이는 진정한 지혜도 신성도 없거늘, 달리 어떻게 숭고한 인내심을 기를 수 있겠는가?

돌을 계속 조각해갈수록, 때로는 모든 결과물이 허망하게 느껴지고 그간의 노력이 물거품이 된 듯한 생각도 들 것이다. 가끔은 성급히 손을 대서 형상을 망치기도 하고,

작업이 거의 끝나간다고 생각할 때쯤 자신이 상상한 신성한 사랑의 아름다운 형태가 완전히 사라져버렸음을 발견할 수도 있다. 그러면 과거의 쓰라린 경험을 의지할 교훈으로 삼고 다시 시작해야 한다.

그러나 가장 높은 목표를 실현하겠다고 굳게 결심한 사람이라면 어떤 경험도 실패라고 인식하지 않는다. 모든 실패는 실패처럼 보이는 현상일 뿐 실재가 아니다. 실수, 좌절 그리고 초심을 잃고 이기심으로 돌아가는 것 등은 모두 피가 되고 살이 되는 교훈이자 산 경험이다. 여기서 추출된 황금 같은 한 톨의 지혜는 숭고한 목표를 추구하는 자로 하여금 그 목표를 달성하도록 돕는다.

"우리가 지난날의 부끄러운 행위를 하나하나 지르밟고 나아가다 보면, 우리의 악덕을 발판 삼아 사다리를 세우게 될 것이다(헨리 워즈워스 롱펠로의 시 - 옮긴이)."

이 점을 인식하면 분명 신성으로 인도하는 길에 진입할 것이다. 이렇게 깨달은 사람에게 실패란 그동안 자아의 숱한 죽음을 상징하며, 이 실패를 디딤돌 삼아 더 높은 곳으로 올라간다.

일단 당신에게 주어진 실패, 슬픔, 고통을 자신의 약점과 결점이 무엇인지, 어떤 점에서 신성한 진리에 미치지 못하는지를 명백하게 알려주는 수많은 충고의 목소리라고 생각하라. 그러면 자기 자신을 비롯해 모든 실수, 모든 고통을 끊임없이 살펴보기 시작할 것이다.

어디서부터 시작해야 하는지, 자기 마음이 신성의 형상, 완전한 사랑에 더 가까이 닿게 하려면 마음에서 무엇을 없애야 할지 답이 나올 것이다. 그리고 당신이 앞으로 나아갈 때, 날마다 내면의 이기심으로부터 자신을 점점 더 떼어내는 동안, 이타적 사랑이 점차 당신에게 모습을 드러낼 것이다.

당신이 더욱 끈질기고 침착해지면, 그래서 까탈스럽고 급한 성미가 사라지고 강력한 욕정과 편견에 노예처럼 지배되지 않게 되면, 당신은 자신의 내면에서 깨어나는 신성을 감지할 수 있을 것이다. 그리고 자신이 영원의 마음에 가까이 다가가고 있으며, 평화와 불멸의 이타적 사랑에서 멀지 않았음을 알게 될 것이다.

신성한 사랑이 인간의 사랑과 구별되는 가장 중요한 점은 이것이다. 즉 신성한 사랑은 '한쪽으로 치우치지 않은' 사랑이다. 인간의 사랑은 다른 모든 것이 눈에 들어오지 않을 만큼 특정 대상에만 집착하며, 그 대상이 없어지면 가늠 수 없는 고통에 휘청인다.

하지만 신성한 사랑은 어느 하나에 집착하지 않고 우주 전체를 포용하며, 사랑 그 자체 안에 만물을 담고 있다. 인간의 사랑을 점점 정화하고 넓혀서 신성한 사랑으로 발전시킨 사람은 모든 이기적이고 불순한 요소가 불타버렸으므로 더 이상 고통을 느끼지 않는다.

인간의 사랑이 고통스러운 이유는 편협하고 한정적이며 이기심이 섞여 있기 때문이다. 그 자체로 아무것도 바라지 않는, 절대적으로 순수한 사랑은 어떤 고통도 일으킬리 없다. 그렇기는 하지만 인간의 사랑은 신성한 사랑으로 나아가기 위한 한 단계로서 반드시 필요하다.

어떤 영혼도 가장 깊고 강렬한 인간의 사랑을 겪어보지않고서는 신성한 사랑으로 도약할 준비가 되어 있지 않다. 인간의 사랑과 인간의 고통을 통과해야만 신성한 사랑에다다르고 이를 실현할 수 있다.

모든 인간의 사랑은 그들이 매달리는 대상처럼 소멸하기 쉽다. 그러나 불멸의 사랑, 현상에 집착하지 않는 사랑도 있다. 모든 인간의 사랑은 반대편의 감정인 미움으로인해 희석되는 경향이 있다. 그러나 항력이나 반작용의 여지가 없는 사랑도 있다. 이 사랑은 신성하고 자아로 오염되지 않았으며 모든 사람에게 똑같이 향기를 발산한다.

인간의 사랑은 신성한 사랑을 비추는 거울이다. 그리고영혼을 슬픔도 없고 변하지도 않는 실재, 즉 신성한 사랑으로 더 가까이 인도하는 역할을 한다.

어머니가 가슴에 안고 애지중지 키우던 작고 연약한 아기가 어느 날 세상을 떠났을 때 슬픔의 심연에 빠지는 것은 순리에 맞다. 그녀가 눈물을 흘리고 가슴 아파하는 것도 마찬가지다. 그래야만 그녀는 감각기관이 느끼는 기쁨과 그 대상의 덧없는 본질을 깨닫고, 영원한 불멸의 실재에 더 가까이 다가갈 수 있기 때문이다.

연인, 형제, 자매, 남편, 아내가 각자 사랑하는 사람과 헤어져야 할 때 깊은 고뇌와 비탄에 잠기는 것은 순리에 맞다. 그리하여 자신의 사랑을 눈에 보이지 않는 만물의 근원을 향해 돌리는 법을 배우고, 이로써만 영원한 만족을 발견할 수 있기 때문이다.

자신감과 야망이 넘치며 이기적인 자들이 패배와 굴욕, 불행을 겪는 것은 순리에 맞다. 그들은 고난의 뜨거운 불길을 통과해야 한다. 그래야만 그들의 방황하는 영혼이 수수께끼 같은 인생살이에 관해 숙고하고, 마음을 부드럽게 정화할 수 있으며, 진리를 받아들일 준비가 되기 때문이다.

고통이 폐부를 찌를 때, 우울하고 외롭고 버림받은 기분이 우정과 믿음의 영혼에 먹구름을 드리울 때, 인간의 마음은 영원의 존재가 베푸는 사랑의 안식처로 향하고 고요한 평화 속에서 평온을 찾는다. 그리고 이 사랑에 다가가는 사람은 누구든 매몰차게 외면당하지 않고, 사무치게 우울하거나 괴로워하지 않으며, 막막한 시련의 시기에도 결코 버림받지 않는다.

신성한 사랑의 영광은 슬픔의 벌을 받은 마음에서만 드러난다. 천상의 상태는 생명도 형체도 없는 무지와 자아의 때를 벗긴 후에야 그 형상이 인식되고 실현될 수 있다. 개인적 만족이나 보상을 바라지 않고, 대상을 가리지 않으며, 마음에 고통을 남기지 않는 사랑만이 신성한 사랑이라 볼 수 있다.

자아와 쓸쓸한 악의 그림자에 집착하는 인간은 신성한 사랑이 자기 손이 닿지 않는 신의 영역에 속한다고 생각하는 경향이 있다. 그래서 신성한 사랑은 자신의 외부에 존재하고, 앞으로도 영원히 외부에 남아 있을 것이 당연하다고 여긴다. 실제로 신의 사랑은 언제나 자아의 손이 닿지 않는 곳에 있다. 그러나 마음과 생각에서 자아가 비워지면 이타적 사랑, 최고의 사랑, 신 혹은 지고선의 사랑이 내면에 자리 잡고 영원한 실재가 된다.

그리고 이 거룩한 사랑이 내적으로 실현된 형태가 다름 아닌 그리스도의 사랑으로, 아주 널리 회자되지만 제대로 이해하는 사람은 거의 없다. 이 사랑은 우리 영혼을 죄에서 구원할 뿐 아니라, 유혹의 힘이 닿지 않는 저 위로 끌어

올린다.

그러나 이 숭고한 깨달음을 어떻게 얻을 수 있는가? 이 질문에 대해 예나 지금이나 앞으로나 진리의 대답은 "그대 자신을 비우라. 내가 빈 곳을 채워주리라"이다. 자아는 사랑을 부정하기 때문에, 신성한 사랑은 자아가 죽어서야 알 수 있는 법이다.

신성한 사랑을 알게 된 다음에는 어떻게 이를 부정할 수 있겠는가? 자아의 돌이 영혼의 무덤에서 굴러떨어진 후에야, 십자가에 못 박혀 죽고 지금까지 묻혀 있던 불멸의 그리스도, 즉 순수한 사랑의 정신이 무지의 결박을 벗고 위풍당당하게 부활할 것이다.

당신은 나사렛 그리스도의 죽음과 부활을 믿을지도 모른다. 그 믿음 자체에 잘못이 있는 것은 아니다. 그러나 신성한 사랑의 따뜻한 정신이 매일 당신의 이기적 욕망이라는 어두운 십자가에 못 박혀 있다는 사실을 인정하지 않는다면, 당신은 진정한 신앙심을 갖추지 못했으며 아직 그리스도의 사랑을 어렴풋이라도 깨닫지 못한 것이다.

당신은 그리스도의 사랑 안에서 구원을 경험했다고 주장할지도 모른다. 그렇게 구원을 받았으니 더 이상 화나 짜증을 내지 않고, 허영과 개인적 반감을 버렸으며, 남을 판단하고 정죄하지 않게 되었다고 말할 수 있는가? 그렇지 않다면 당신은 무엇으로부터 구원받았으며, 인생을 바꿀 만한 그리스도의 사랑을 어디서 깨달았다는 것인가?

신성한 사랑을 깨달은 사람은 새사람이 되어, 자아에 흔들리고 지배되던 예전 습관을 버렸다. 그는 인내, 순수, 자제력, 깊은 자비심, 변함없는 다정함의 대명사가 되었다.

신성한 사랑, 즉 이타적 사랑은 단순한 감성이나 감정이 아니다. 악에 지배된 마음과 악에 대한 믿음을 깨부수고, 최고선을 깨닫는 희열로 영혼을 고양하는 지적 상태다. 신성의 경지에 오른 현자들에게 깨달음과 사랑은 분리될 수 없는 하나다.

이 신성한 사랑을 완전히 실현하는 것, 바로 이 목적을 향해 온 세상은 움직이고 있다. 또한 이 목적이 우주가 존재하게 된 이유다. 행복을 붙잡으려는 인간의 모든 노력, 인간의 영혼이 향하는 모든 목표, 생각, 이상도 이 목적을 이루기 위한 것이다.

그러나 지금 세상은 신성한 사랑을 실현하지 못하고 있으니, 사람들이 본질을 보지 못한 채 덧없는 그림자만 붙잡고 있기 때문이다. 그러므로 고통과 슬픔은 계속되다가, 자신이 자초한 고통의 교훈을 통해 이타적 사랑, 고요하고 평화로 가득한 지혜를 발견하고 나서야 고통과 슬픔에서 벗어난다.

그리고 이러한 사랑, 이 지혜, 이 평화, 이 평온한 마음과 정신 상태는 자아를 기꺼이 버릴 준비가 되고, 모든 것을 겸손하게 이해할 자세를 갖춘 사람이라면 누구나 실현할 수 있다. 우주에 임의적인 힘은 존재하지 않는다. 인간을 옭아매는 사슬 중 가장 단단한 사슬은 인간이 스스로 만든 것이다.

인간이 고통을 일으키는 원흉에 묶여 있는 이유는 그들이 그렇게 묶여 있기를 원하고, 자신을 옭아매는 족쇄를 사랑하며, 자신의 비좁고 어두운 감옥이 편안하고 멋지다고 생각하기 때문이다. 그들은 그 감옥에서 나오면 실질적이고 소유할 가치가 있는 모든 것을 잃을까 봐 걱정한다.

"그대는 스스로 고통의 짐을 지고 있을 뿐,
누구도 그 짐을 지우지 않았다.
그대의 생사는 다른 누구의 손에도 달려 있지 않다."

내면의 힘은 스스로 만든 족쇄와 주위에 지은 어둡고 비좁은 감옥에서 벗어날 마음과 의지가 있을 때 벗어날 수 있다. 영혼은 감옥이 쓸모없다는 것을 깨달을 때, 오랜

고통을 거쳐 무한한 빛과 사랑을 받아들일 준비가 되었을 때 감옥에서 해방될 것이다.

그림자가 형체를 따라다니고 연기가 불 뒤에 따라오듯, 결과는 원인을 따르고 고통과 행복은 인간의 생각과 행위를 따른다. 원인이 숨겨져 있든 드러나 있든, 절대적 정의에 따르면 세상일에 원인 없는 결과는 없다.

인간은 머나먼 과거에도 근래에도 악의 씨앗을 뿌렸기 때문에 고통을 수확으로 거둬야 했다. 마찬가지로 그들은 선한 씨앗을 뿌린 결과로 행복을 수확하기도 한다. 명상을 통해 이 사실을 이해하려 노력해야 한다. 그러고 나면 선의 씨앗만 뿌리기 시작할 테고, 과거 자신이 마음의 정원에 키웠던 잡초를 불태워버릴 것이다.

세상 사람들이 이타적 사랑을 이해하지 못하는 이유는 다들 쾌락 추구에 열중하고, 언젠가 사라질 물질적 이득의 좁은 한계에 갇혀 있는 데다가, 무지로 인해 그러한 쾌락과 이득이 실질적이고 지속적인 줄 알기 때문이다.

육신의 욕정이 내뿜는 불길 속에서 고뇌와 함께 타오르는 그들의 마음은 순수하고 평화로운 진리의 아름다움을 발견하지 못한다. 그리고 과오와 자기기만의 지저분한 빈 껍데기에 익숙해서, 드넓은 저택에서 모든 것을 통찰하는 사랑의 천리안과 멀찍이 떨어져 있다.

이 사랑을 지니지도 이해하지도 못했으니, 사람들은 무수히 많은 것을 개선하려 하면서도 내적으로 희생하려는 의지는 없다. 그들은 각자 추구하는 변화가 세상을 영원히 바로잡을 것이라 생각하지만, 정작 본인은 마음속으로 계속 악을 퍼뜨리고 있다.

개선이라고 부를 수 있는 것은 오직 인간의 마음을 개선하는 것밖에 없다. 모든 악의 근원이 마음에 있기 때문이다. 세상 사람들이 이기심과 파벌 간 분쟁을 그치고 신성한 사랑의 교훈을 깨달은 후에야, 우주적 축복의 황금기가 인류 앞에 펼쳐질 것이다.

부자는 가난한 사람을 멸시하지 말고, 가난한 사람도 부자를 비난하지 말아야 한다. 욕심 많은 사람은 베풀 줄 알아야 하고, 욕정 가득한 사람은 순수해지는 법을 배워야 한다. 집단 이기주의에 빠진 사람은 분쟁을 그만두고, 자비 없는 사람들은 남을 용서하기 시작해야 한다.

시기하는 사람은 남의 행복을 함께 기뻐하려 노력하고, 헐뜯기 좋아하는 사람은 자신의 행동을 부끄럽게 여겨야 한다. 세상의 만인이 이것들을 지킨다면, 인류의 황금기가 곧 찾아오지 않겠는가. 그러므로 자신의 마음을 깨끗하게 하는 사람은 세상에서 가장 대단한 은인이다.

비록 현재의 세상은 이타적 사랑이 실현되는 황금기가

오랫동안 도래하지 않았고, 앞으로도 한동안 도래하지 않겠지만, 당장 당신이 마음만 먹는다면 이기적 자아를 초월함으로써 바로 황금기로 진입할 수 있다. 그러려면 편견, 증오, 비난을 거두고, 인자하고 너그러운 사랑으로 나아가야 할 것이다.

증오, 혐오, 비난 속에서는 이타적 사랑이 싹틀 여지가 없다. 이타적 사랑은 모든 단죄를 그친 사람의 마음에만 있다. "주정꾼, 위선자, 고자질쟁이, 살인자를 어떻게 사랑할 수 있습니까? 그런 사람들은 미워하고 비난할 수밖에 없습니다"라고 말할 사람도 있을 것이다. 그러한 사람들을 감정적으로 사랑할 수 없는 것은 사실이다.

그러나 그들을 싫어하고 비난할 수밖에 없다고 말하는 사람은 자신이 위대하고 절대적인 사랑을 알지 못한다는 증표다. 주정꾼, 위선자, 고자질쟁이, 살인자도 현재 상태로 전락한 일련의 원인을 극심한 고통을 경험한 끝에 인식하고, 궁극적으로 죄를 정화할 수 있다는 확실한 내적 깨달음에 도달할 수 있다. 이 점을 이해하면 더 이상 절대 그들을 미워하거나 단죄할 수 없을 테고, 언제나 더없이 평온하고 가여운 마음으로 그들을 바라볼 것이다.

당신이 누군가를 사랑하고 칭찬하다가 그 사람이 자신을 방해하거나 마음에 들지 않는 일을 했다는 이유로 미워하고 험담하기 시작한다면, 당신은 신의 사랑에 지배되지 않고 있다는 뜻이다. 당신이 마음속에서 계속 남을 비방하고 단죄한다면, 당신은 이타적 사랑을 깨닫지 못한 것이다.

사랑이 모든 것의 중심이라는 것을 알고, 모든 것을 채워주는 그 사랑의 힘을 깨달은 사람은 마음속에 남의 죄를 판단할 여지가 없다. 이 사랑을 알지 못하는 사람들은 영원한 심판관이자 집행자가 존재한다는 사실을 잊고, 직접 다른 사람들의 심판관이자 집행자를 자처한다. 그리고 자신들의 견해, 개선 방식, 방법론으로 보건대, 틀렸다고 판단되는 사람에게는 광신적이고 비이성적이며 판단력, 진정성, 정직성이 부족하다고 낙인찍는다.

반면에 자신의 기준에 부합한다고 생각되는 이들에게는 그들의 일거수일투족을 치켜세운다. 이런 사람은 자아를 무엇보다 중요하게 여긴다.

그러나 최상위의 사랑을 무엇보다 중시하는 사람은 그렇게 남을 낙인찍거나 분류하지 않는다. 자신의 견해를 강요하지도 않고, 자신의 방법이 최고라고 설득하지도 않는다. 그는 사랑의 법칙을 알고, 그 법칙에 따라 생활하며, 모든 사람을 평온한 태도와 다정한 마음으로 대한다.

그리고 호수같이 잔잔한 그의 정신세계를 마주한 모든

사람은 마음이 혼탁하든 덕스럽든, 어리석든 현명하든, 깨달았든 깨닫지 못했든, 이기적이든 이타적이든 너 나 할 것 없이 축복에 휩싸인다.

이 최고선을 이해하고 신성한 사랑에 도달하려면 끊임없이 자기 훈련을 통해 노력하고 자아를 거듭 극복하여 이기는 수밖에 없다. 오직 마음이 청결한 자만이 신을 볼 수 있고, 마음이 충분히 정화되면 새사람으로 재탄생할 수 있다. 그다음 죽지도 변하지도 않고, 결말이 고통과 슬픔으로 끝나지도 않을 사랑이 내면에서 깨어나 마음이 평화로워질 것이다.

신성한 사랑에 다다르기 위해 노력하는 사람은 항상 남의 죄를 비난하고픈 충동을 극복하고자 한다. 영적으로 순수하고 지혜로운 사람에게 비난이란 있을 수 없다. 사랑은 비난을 모르는 마음 안에서만 완성되고 완전히 만개한다.

기독교인은 무신론자를 비난하고, 무신론자는 기독교인을 비웃는다. 천주교도와 기독교도는 서로 끊임없이 말싸움을 벌이고 있으니, 평화와 사랑이 있어야 할 곳에 분란과 증오의 정신만 가득하다.

"형제를 미워하는 자는 살인자와 같고," 신성한 사랑의 정신을 십자가에 못 박는 사람이다. 우리는 모든 타 종교인과 무종교인을 똑같이 공평하게, 일말의 미운 감정도 없는 완전한 평정심으로 대할 수 있을 때까지 신성한 사랑을 베풀고 그로 인해 자유와 구원을 얻을 수 있게 노력해야 한다.

신성한 지혜를 깨치고 이타적 사랑을 실현하면 남을 비난하려는 성향을 완전히 고치고, 내 안의 모든 악을 물러가게 할 것이다. 또한 사랑, 선, 정의가 만물을 아우르는 최고선이자 모든 것을 정복하는 불변의 진리임을 깨닫는 높은 수준의 정신세계로 격상될 것이다.

굳은 심지와 공정하고 온화한 생각으로 마음을 담금질하라. 순결과 연민으로 마음을 수양하라. 말조심하는 습관을 기르고, 나긋나긋 참되고 순수한 말을 하라. 그리하여 신성과 평화의 길로 들어가, 궁극적으로 불멸의 사랑을 깨닫게 될 것이다.

그 후로는 남을 전향시키려 애쓰지 않아도 그들을 설득할 것이고, 논쟁하지 않아도 남을 가르칠 것이다. 또한 야망을 품지 않아도 현자들의 눈에 띌 것이고, 사람들의 동의를 구하려 노력하지 않아도 그들의 마음을 내 편으로 만들 수 있을 것이다. 사랑은 전능하고 모든 것을 압도한다. 그리고 사랑 가득한 생각과 행동과 말은 결코 소멸할수 없다.

사랑은 보편적이고 최상이며 모든 것을 채워준다는 것

을 인식하라. 악의 속박에서 벗어나고, 불안했던 내면에 평정을 되찾아라. 누구나 각자의 방식으로 진리를 실현하려고 노력하고 있음을 기억하라. 슬픔을 거두고 만족과 고요를 누려라. 이 모든 것이 평화이자 기쁨, 불멸, 신성, 이타적 사랑의 실현이다.

해안에 서서 거센 바다의 맹공격을 견디는 바위를 보았네.
바위들이 어떻게 영겁의 세월 동안
수많은 충격을 견뎠는지 생각해보니,
"이 견고한 본성을 닳게 하려는 파도의
끝없는 노력이 허사로구나."
그러나 내 발밑의 (저항하다가 끝내 굴복한 바위의 가여운
잔해인) 모래와 자갈을 보고,
바위가 그동안 깎여 온 과정을 생각해보니,
찰싹찰싹 때리는 파도에 수도 없이 휩쓸리고
나뒹굴었겠구나.
파도 아래 감춰진 아주 오래된 역사를 보았더니,
실은 바위가 바다에 노예처럼 매여 있었구나.
바다는 부드럽고도 끈질기게,
멈추지 않는 흐름으로 엄청난 업적을 이루었노라.
위풍당당하게 돌출한 육지를 잠기게 하고,

거대한 언덕의 코를 납작하게 하며,
부드러운 물방울로 단단한 바위벽을 떨어뜨려
기어이 정복하고 무너뜨리다니.
그리고 나는 완강하게 저항하던 죄악이
마침내 인간의 영혼에 숨은 오만한 바위 위로
부드럽게 흐르는 사랑에 굴복할 수밖에
없다는 것을 알았다.
모든 저항은 스쳐 지나갈 뿐,
결국 모든 마음은 사랑에 굴복할 것이라.

22장

당신의 잠재력은 무한하다

태초부터 인간은 육체적 욕구와 욕망에 사로잡히고 세속적, 일시적인 것에 매달리면서도, 물질적 존재로서 자신의 유한성과 일시성, 환상성을 직관적으로 의식해왔다. 그래서 정신이 맑고 조용한 시간에는 무한한 존재를 이해하려 노력했고, 영원한 영혼의 실재가 하사하는 안식처를 눈물 어리게 갈망했다.

사람들은 세속적 쾌락에 만족하고 그것이 진짜라고 착각하다가도, 끊임없이 이어지는 고통과 슬픔을 겪다 보면 그 쾌락이 실재가 아니며 만족도 주지 못한다는 것을 깨닫는다. 그들은 늘 물질을 통해서 완전한 만족을 찾을 수 있다고 애써 믿으려 하지만, 한편으로 내면에서는 이 믿음에 저항하는 반감이 꾸준히 일어나고 있음도 의식한다. 이 반감은 본질적으로 유한한 인간의 필멸을 부정하는 것인 동시에 오직 불멸, 영원, 무한의 존재로서만 변치 않는 만족과 깨지지 않는 평화를 찾을 수 있다는 증거다.

여기에 믿음의 기반을 이루는 공통분모가 있고, 모든 종교의 뿌리와 원천이 있으며, 형제애의 영혼과 사랑의 마음이 있다. 인간은 본래 영적으로 신성하고 영원하기에, 필멸의 세계에 보내져 온갖 걱정 속에 살면서도 자신의 진정한 본성을 의식하기 위해 부단히 노력한다.

인간의 정신은 무한한 존재의 정신과 분리될 수 없으며, 무한한 존재 외에는 어떤 것에서도 만족을 찾지 못한다. 사람들은 언제나 고통의 짐에 마음이 짓눌리고, 슬픔의 그림자가 드리운 어두운 길을 걷는다. 그러다가 하룻밤의 꿈 같은 물질세계에서 나와 자신의 집인 영원의 실재로 돌아오며 방황을 끝낸다.

바다에서 추출한 아주 작은 물 한 방울에도 바다의 모든 성분이 담겨 있듯, 인간의 의식은 무한으로부터 분리되었어도 그 안에 무한의 특성을 지니고 있다. 물방울은 자연의 법칙에 따라 결국 바다로 돌아가는 길을 찾아 조용하고 깊은 바닷속으로 사라진다. 마찬가지로 인간도 본성의 법칙에 따라 언젠가 자신의 근원으로 돌아가, 드넓은 무한의 바다를 유영하며 자아를 떠나보내게 마련이다.

인간의 최종 목표는 무한의 존재와 다시 하나가 되는 것이다. 지혜, 사랑, 평화는 영원한 법칙과 완벽한 조화를 이루는 상태를 말한다. 그러나 이 신성한 경지는 그저 범속한 개인으로서는 이해할 수 없고, 앞으로도 이해할 수 없을 것이다. 개인성, 분리성, 이기심은 다 같은 말이자, 지혜와 신성성의 반대말이다. 개인성을 조건 없이 내려놓을 때 분리성과 이기심은 사라지고, 인간은 불멸과 무한이라는 신성한 유산을 소유하게 된다.

세속적이고 이기적인 사람들에게는 이러한 개인성을 포기하는 것이 모든 불행 중에서도 가장 가슴 아프고 돌이킬 수 없는 손실로 여겨진다. 하지만 실은 그것이 지고하고 무엇과도 비교할 수 없는 단 하나의 축복이자 유일하게 실질적이고 영속적인 이득이다. 존재의 내적 법칙과 자기 삶의 본질 및 운명을 깨닫지 못한 사람은 일시적 현상, 즉 영속적 실재성이 없는 것에 집착한다. 그래서 자신의 착각이 부서지고 남긴 파편의 흔적 속에서 한동안 살다가 생을 마감한다.

사람들은 마치 육체가 영원히 지속될 것처럼, 육체적 만족에 집착하고 이를 채우려 한다. 육체의 사멸이 불가피하고 얼마 안 남았다는 사실을 잊으려 애써보지만, 언젠가 자신이 죽어 지금 가진 모든 것을 잃으리라는 두려움에 아무리 행복한 시간에도 그 행복이 반감한다. 그리고 자신을 무자비한 유령처럼 따라다니는 이기심의 오싹한 그림자에서 벗어나지 못한다.

그리고 현세적 안락과 호사가 쌓일수록 인간의 신성한 내면은 때가 타고 물질성, 즉 언젠가 소멸할 감각적 삶에 점점 더 깊이 탐닉한다. 그리고 충분히 배울 만큼 배운 사람 중에는 육체의 불멸론을 틀림없는 진리로 여기는 사람도 있다.

인간의 영혼이 어떤 형태의 이기심으로든 흐려지면, 영적 분별력을 상실하고 일시적인 것과 영원한 것, 사라질 것과 영원한 것, 필멸과 불멸, 과오와 진리를 구별하지 못한다. 그리하여 세상은 인간의 경험상으로 근거가 밝혀지지 않은 이론과 추측이 난무하게 되었다. 모든 육체는 태어날 때부터 저절로 필멸할 운명이기에, 그 본질상 불변의 법칙에 따라 사라져야만 한다.

세상에서 소멸하는 것은 절대 영원할 수 없고, 영원한 것은 절대 소멸하지 않는다. 필멸의 존재는 절대 불멸의 존재가 될 수 없고, 불멸의 존재는 절대 죽지 않는다. 일시적인 것은 영원해질 수 없고, 영원한 것은 일시적이 될 수 없다. 현상은 결코 실재가 될 수 없고, 실재는 현상으로 전락할 수 없다.

오류는 결코 진리가 될 수 없고, 진리도 오류가 될 수 없다. 인간은 육체에 영생을 부여할 순 없지만, 육체를 극복하고 육체의 모든 기질을 버림으로써 불멸의 영역에 들어갈 수 있다. '신만이 불멸의 존재'다. 그러므로 인간은 오직 신의 의식 상태를 깨달아야만 불멸의 경지에 들어선다.

수없이 다양한 형태의 각 생명체는 모두 변하고, 일시적이며, 수명이 짧다. 오직 자연을 규율하고 우리에게 교훈을 주는 원칙만이 영원히 존속한다. 자연은 여럿이고, 분리성이 특징이다. 그 위에 있는 원칙은 단 하나이고, 통일성이 특징이다. 인간은 내면의 감각과 이기심을 극복함으로써, 즉 자연을 극복함으로써 개인성과 허상의 고치를 뚫고 나와 몰 개인성, 즉 보편적 진리의 영광스러운 빛 속으로 날갯짓할 수 있게 된다.

따라서 인간은 극기를 실천해 동물적인 면을 극복해야 한다. 사치와 쾌락의 노예가 되기를 거부해야 한다. 날마다 덕을 실천하고 점점 더 높은 덕망을 쌓아 마침내 신성에 이르도록 하라. 실천과 이해를 겸비한 겸손, 온화, 용서, 연민, 사랑을 갈고닦는 것이 곧 신성의 실천과 이해다.

"통찰력은 선의에서 비롯한다."

따라서 자신의 개인성을 이겨내고 모든 피조물을 향해 단 하나의 마음, 즉 선의로 대하는 사람만이 신성한 통찰력을 얻고 참과 진리를 거짓으로부터 분간할 수 있다. 그러므로 최고의 선한 사람은 현명하고 신성하며 진리를 깨달은 선견자이자, 영원한 존재를 아는 사람이다.

언제나 변함없이 온화하고, 불굴의 인내심을 지니고, 숭고하리만치 겸손하고, 말씨에 품위가 묻어나고, 극기로 자아를 넘어서고, 깊고 풍부한 연민을 품은 사람을 보거든 그와 가까워지고 그에게서 최고의 지혜를 구하라. 그는 신성을 실현하고, 영원한 존재와 더불어 살며, 무한의 세계와 합일했다고 볼 수 있다.

조급하고, 화를 잘 내고, 자랑하기 좋아하고, 쾌락을 좇고, 자아의 욕구를 버리지 못하고, 선의와 너른 자비를 베푸는 데 인색한 사람은 믿지 말라. 그들은 지혜가 없고, 모든 지식이 헛되다. 부질없이 사라질 육신에서 나온 그들의 말과 행동도 언젠가 소멸할 것이다.

인간은 자아를 버리고, 세속을 극복하고, 개인성을 부정해야 한다. 이 길을 통해서만 무한한 그분의 품 안으로 들어갈 수 있다.

세속, 육체, 개인성은 시간이라는 사막 위의 신기루이자, 영혼이 깜깜한 밤에 잠을 자며 꾸는 일장춘몽과도 같다. 사막을 이미 건넌 사람, 영적으로 깨어난 사람만이 모든 현상은 먼지처럼 사라지고 꿈과 미혹은 소멸한다는 우주의 실재를 깨달은 자들이다.

세상에는 절대적으로 따라야 할 하나의 대법칙이 있다. 다양한 존재 사이에서도 하나의 공통 기반을 이루는 통일된 원리가 있으며, 세상의 모든 문제를 그림자처럼 사라지게 하는 하나의 영원한 진리가 있다. 이 법칙, 원리, 진리를 깨달으면 무한의 세계에 들어가고, 영원의 존재와 합체가 될 수 있다.

위대한 사랑의 법칙에 삶의 중심을 두면 안식, 조화, 평화로 들어갈 수 있다. 악과 부조화에 가담하지 말라. 더 이상 악에 맞서느라 발버둥 치지 말고, 선한 것을 이행하며, 내면의 거룩한 평온을 절대적으로 믿고 따라라. 그러면 사물의 가장 깊은 중심으로 들어가 생명력 있는 의식의 경험, 머리만 좋은 지성인에게는 언제까지나 불가사의로만 남아 있을 영원과 무한의 원리에 도달할 수 있다.

영혼은 이 원리가 실현되어야만 평화로워질 수 있으며, 이를 터득한 사람이야말로 참으로 지혜로운 사람이다. 이 지혜는 학식을 쌓아 얻는 것이 아니라, 오직 거룩한 사람의 흠 없이 소박한 마음에서 비롯한다. 무한하고 영원한 존재를 깨닫기 시작하면 어둠의 왕국을 구성하는 시공과 육체를 넘어서, 빛의 왕국을 구성하는 불멸과 천국, 성령 안에 안착할 수 있다.

무한으로 진입한다는 것은 단순한 공리공론이나 감정이 아니다. 그것은 매우 중요한 경험으로, 불순한 내면을 열심히 정화한 결과다. 육체가 진정한 인간의 본질을 가리키지 않는다는 것을 깨닫고, 모든 욕구와 욕망을 완전히 억누르고 정화할 수 있게 되고, 감정을 고요하게 가라앉히고, 지성의 변덕을 다스려 완전한 평정심을 확보할 수 있게 되면, 비로소 그의 의식은 순진무구한 지혜와 심오한 평화를 갖추고 무한의 존재와 하나를 이룬다.

인간은 힘든 인생 문제로 머리를 쥐어짜며 살다가 백발이 되어 결국 그 문제들을 해결하지 못한 채 세상을 떠난다. 개인성이라는 좁은 한계에 너무 골몰한 나머지, 개인성의 어둠에서 벗어날 길을 보지 못하기 때문이다. 인간은 자기 개인의 삶을 지키려 노력하므로 개인을 초월한 더 위대한 진리의 삶을 놓친다. 사라질 것들에 집착하느라 영원한 존재를 이해하지 못하는 것이다.

모든 고난은 자아를 버림으로써 해결된다. 그리고 세상의 어떤 과오도 내면의 자기 희생을 통해서라면 불태워버릴 수 있다. 아무리 버거워 보이는 문제라도 희생 정신이 비추는 빛 아래서는 그림자처럼 사라진다. 문제라는 것은 우리 자신이 만든 환상의 형태로만 존재하기에, 자아를 포기하면 없어진다. 자아와 과오는 동의어다. 과오는 이해할 수 없이 복잡한 어둠에 포함되어 있지만, 영광스러운 진리는 영원히 단순하게 남는다.

인간은 자기애 때문에 진리에서 멀어지고, 자신의 개인적 행복을 추구하느라 더 깊고 순수하며 영속적인 행복을 잃는다. 토머스 칼라일은 이렇게 말했다.

"인간에게는 개인적 행복을 추구하는 것 이상의 더 고귀한 면이 있다. 인간은 개인적 행복 없이도 지낼 수 있고, 대신 그로 인해 축복을 발견할 것이다. (…) 쾌락을 사랑하지 말고 신을 사랑하라. 이것이 불변의 정답이다. 이로써 모든 모순이 해결되고, 일하고 실천하는 자는 신과 함께 축복 속에 거할 것이다."

사람들이 가장 사랑하고 그토록 집착해 마지않는 자아, 즉 개인성을 내려놓은 사람은 모든 번잡한 괴로움을 뒤로하고 단순성에 들어섰다. 이 단순성은 번잡한 과오에 빠져 있는 속인들의 눈에는 이해할 수 없게도 미련할 정도로 우직하게만 비칠 것이다.

하지만 단순성에 들어선 사람은 이미 최고의 지혜를 깨달았고 무한의 세계에서 편히 쉬고 있다. 그는 "노력하지 않아도 성취하며" 모든 문제는 그의 앞에서 눈 녹듯 사라진다. 그는 실재의 영역에 들어섰기에, 변화하는 현상이 아닌 변치 않는 만물의 원리와 대면한다.

이성이 동물보다 우월하듯, 그는 논리보다 우월한 지혜로 깨달음을 얻는다. 그는 자신의 욕정과 과오, 견해, 편견을 버리고 신을 이해하게 되었으며, 천국에 가고픈 이기적인 욕망과 지옥에 대한 무지한 공포를 지웠다.

또한 삶 자체에 대한 애착조차 버렸더니 최고의 축복, 그리고 생과 사를 잇는 영생을 얻었고 그 영생의 불멸성을 알게 되었다. 아낌없이 모든 것을 포기한 그는 오히려 모든 것을 얻었고, 무한한 존재의 품에서 평화롭게 쉴 수 있었다.

살다가 소멸하는 인생이나 소멸하고 다시 태어나는 인생이나 똑같다고 생각할 만큼 자아로부터 해방된 사람만이 무한의 세계에 들어갈 자격이 있다. 언젠가 소멸할 자아에 미련을 버리고 최고 선이라는 대법칙을 무한히 신뢰하는 법을 터득한 사람만이 불멸의 행복을 누릴 준비가 되어 있다.

이런 사람에게는 더 이상 후회도, 실망도, 미련도 없다. 모든 이기심이 사라진 마음에서는 이러한 고통이 있을 수 없기 때문이다. 또 그는 무슨 일이 닥치든 그 일이 전화위복이 될 것임을 알고, 이제는 자아의 종이 아닌 지고한 신의 종이 되었기에 만족하며 산다. 그리고 더 이상 세상의 변화에 영향을 받지 않으므로 전쟁이 났다는 소식이나 소문을 듣더라도 흔들림 없는 평온을 유지한다. 남들 같으면 화내고 냉소하고 시비 걸 상황에서도 연민과 사랑을 실천한다. 그는 세상이 겉으로는 그렇게 보이지 않을지라도 진보하고 있다는 것을 알고, 다음의 사실을 알고 있다.

"웃음과 눈물,

생존과 유지,

실수와 고투,

이 모든 것이 우리의 시야 안과 밖에서 얽히고설켜,

태어나서 죽기까지,

우리의 모든 덕과 죄를 관통하며,

신이 만든 위대한 진보의 실타래에서

황금처럼 드르륵 풀려나는 영광의 빛."

맹렬한 폭풍이 휘몰아친다고 화내는 사람은 아무도 없다. 다들 이 또한 곧 지나리라는 것을 알기 때문이다. 마찬가지로 분란의 폭풍이 세상을 어지럽혀도, 현명한 사람은 진실과 연민의 눈으로 바라보며 그것이 지나갈 것임을 안다. 그리고 이후에 남은 마음의 상처 위에 영원한 지혜의 신전을 세울 것이다.

현명한 사람은 굉장한 인내심과 한없는 연민을 품고 있다. 그의 깊고 고요하고 순수한 존재 자체가 축복이다. 사람들은 그가 하는 말을 마음속으로 곱씹어보고, 그 깨달음을 계기 삼아 더 높은 수준의 성취에 도달한다. 바로 이런 사람이 무한한 세계에 들어간 사람, 지극한 희생의 힘으로 신성한 삶의 신비를 풀어낸 사람이다.

삶과 운명, 진리의 답을 찾아,

어두운 미로 속의 스핑크스를 찾아갔더니,

오묘하고도 놀라운 그의 대답은

"오직 신만이 신의 형상을 볼 수 있다.

눈먼 사람은 그것이 숨겨져 있다고 생각할 뿐이다."

눈먼 내가 고통의 길에서

이 숨은 신비를 풀려고 노력한 것은 다 허사였구나.

마침내 사랑과 평화의 길을 찾았을 때,

내 눈은 활짝 뜨였고, 더 이상 숨겨진 것은 없었다.

비로소 나는 신의 눈으로 신을 발견했도다.

23장

모든 변화에는 고통이 따른다

사랑의 정신은 완전하고 원만한 삶으로 나타나는 존재의 최고 단계이자, 이 땅에서 깨닫는 것의 궁극적 목표다.

한 사람의 진리는 그가 지닌 사랑을 보면 알 수 있다. 사랑에 지배되지 않는 사람의 삶은 진리와 멀리 떨어져 있다. 편협하고 비난하기 좋아하는 사람들은 비록 자신이 믿는 종교가 최고라 자부할지라도, 누구보다 진리가 결여되어 있다.

반면에 인내심을 발휘하고, 모든 관점을 차분하고 냉철하게 받아들이고, 모든 문제와 쟁점에 신중하고 편견 없는 결론을 내리며, 남들에게도 그렇게 설득하는 사람들은 최고의 진리에 이른 상태다.

지혜의 마지막 시험은 '그 사람이 어떻게 사는가'다. 어떤 정신을 드러내며, 시련과 유혹이 다가올 때 어떻게 행동하는가? 많은 사람이 진리를 터득했다고 자랑하지만, 그들은 슬픔과 절망, 격정에 끊임없이 흔들리고 작은 시련이 와도 감당하지 못한다. 변하는 진리는 전혀 진리가 아니다. 진리 위에 굳건히 서 있는 사람은 격정과 감정, 변덕을 초월하는 확고부동한 군자가 될 수 있다.

사람들은 덧없는 교리를 공식화하고는 그것을 진리라고 부른다. 진리는 공식화할 수 있는 성질이 아니다. 그것은 형언할 수도 없고, 지성의 범위를 넘어서는 것이다. 진리는 오직 실천을 통해서만 경험할 수 있고, 티 없이 깨끗한 마음과 완전한 삶으로만 구현할 수 있다.

그렇다면 세상에 끊임없이 학파와 교파, 당파가 난무하는 가운데, 과연 진리는 누구에게 있는가? 그것은 바로 진리 자체가 삶인 사람, 진리를 실천하는 사람에게 있다. 자아를 극복해 악의 소굴 위로 솟아오른 사람은 더 이상 악에 관여하지 않고, 멀리서 차분하고 조용하고 침착하고 묵묵히 관조한다. 그리고 분쟁, 편견, 비난을 일절 삼가고 신성한 내면에서 끄집어낸 모든 기쁨과 이타적 사랑을 사람들에게 선사한다.

어떤 상황에서도 인내하고, 침착하고, 온화하고, 용서하는 사람은 진리의 표상이다. 진리는 결코 장황한 논증이나 학술 문헌으로 증명할 수 없다. 사람들이 무한한 인내, 조건 없는 용서, 모든 것을 포용하는 연민을 통해 진리를 인식하지 못한다면 어떤 말로도 증명할 수 없기 때문이다.

격정적인 사람도 혼자 있거나 평온할 때는 침착성과 인내심을 발휘하기 쉽다. 인정 없는 사람도 친절한 대접을 받을 때는 온화하고 상냥해지기 쉽다. 하지만 모든 시련 속에서도 인내심과 평정을 잃지 않고, 아무리 어려운 상황에서도 고고히 온유와 온화함을 유지하는 사람만이 흠 없는 진리를 갖춘 사람이다. 그러한 고상한 미덕은 신성의 영역에 속하며, 최고의 지혜에 도달한 사람, 격정적이고 이기적인 본성을 버린 사람, 지고한 불변의 법칙을 실현하고 이 법칙과 조화를 이룬 사람만이 나타낼 수 있다.

그러므로 진리에 관해 헛되고 격렬한 논쟁을 할 게 아니라 조화, 평화, 사랑, 선의를 생각하고 말하고 행동해야 한다. 마음의 미덕을 실천하고 진리를 겸손하고 부지런히 찾아야 한다. 그래야 우리의 영혼은 모든 과오와 죄로부터, 인간의 마음을 병들게 하고 이 땅에서 방랑자의 길을 끝이 보이지 않는 밤처럼 어둡게 하는 모든 것으로부터 자유롭게 해방될 수 있다.

우주의 기초이자 근원으로서 모든 것을 포괄하는 하나의 위대한 법칙, 즉 사랑의 법칙이 있다. 그것은 여러 나라와 여러 시대에 걸쳐 다양한 명칭으로 불렸지만, 진리의 눈으로 보면 그 모든 명칭 뒤에 있는 똑같은 불변의 규칙을 발견할 수 있다. 개인의 이름, 종교, 성격은 죽음과 동시에 사라지지만 사랑의 법칙은 남는다. 이 법칙을 이해하고 여기에 의식적으로 조화를 이루면 불멸의 존재, 무적의 존재, 파괴할 수 없는 존재가 된다.

인간이 태어나고 고통 속에 살다 죽기를 반복하는 것은 사랑의 법칙을 실현하려는 영혼의 노력 때문이다. 그리고 마침내 깨달음에 도달하면 의식이 영원의 존재와 하나가 되므로, 번민과 개인성이 사라지고 육체적 생사의 의미가 없어진다.

대법칙은 철저히 개인성을 배제하며, 대법칙이 가장 고차원적으로 표출된 형태가 봉사다. 마음을 정화해 진리를 깨닫고 나면, 마지막 단계이자 가장 위대하고 거룩한 희생이 남아 있다. 그건 바로 진리를 획득한 후 당연히 느끼게 될 그 기쁨을 희생하라는 부름을 받는 것이다. 해방되고 신성해진 영혼이 육체의 옷을 입고 인간 세계에서 가장 비천한 이들과 기꺼이 섞여 지내며 온 인류를 섬기는 것은 바로 이 희생에 의해서다.

이 숭고한 겸손은 세상의 구원자들에게서 나타나는 특징이자 신성의 표식이다. 개인성을 소멸시킨 사람, 사심 없이 영원하고 무한한 사랑의 정신이 생생한 인간의 형상으로 현현된 사람만이 후손들이 아낌없이 경의를 표할 선택받은 자다. 겸손이 신성에 이르러 자아를 지우고 나아가 이타적 사랑의 정신을 가득 쏟아낼 만큼 자신을 낮출 줄 아는 사람만이 한없이 격상되고 인류의 마음에 정신적 지주로 자리매김한다.

모든 위대한 정신적 스승은 개인적 사치, 안락, 보상을 멀리하고 현세적 권력을 포기했으며 무한하고 보편적인 진리에 따라 살고 가르쳤다. 그들의 삶과 가르침을 비교해보면 모두 하나같은 단순성이 관통하는 것을 알 수 있다. 그들은 모든 악을 파괴하는 하나의 영원한 원칙인 자기희생, 겸손, 사랑, 평화를 가르치며 삶에서 실천했다.

인류의 구원자로 칭송과 추앙을 받는 위인들은 우주적 대법칙의 화신이다. 따라서 격정과 편견에 사로잡히지 않았고, 견해를 내세우거나 성문화된 특정 교리를 설교하고 옹호하지 않았던 만큼 결코 남을 개종시키려 하지도 않았다. 이미 지고선과 존재의 완성을 이룬 그들에게 유일한 목적이 있다면, 생각과 언행을 통해 그 선을 펼쳐 보임으로써 인류의 정신을 고양하는 것이었다. 그들은 스스로 노예로 전락한 인류를 구원하고자 사사로운 인간과 사심 없는 신 사이에서 봉사한 본보기였다.

자아에 빠져서 초자아적 절대 선을 이해하지 못하는 사람들은 자기가 믿는 구원자 말고는 모든 구원자의 신성성을 부정한다. 그리하여 자신의 교리에 관해 열변을 토하고, 자기와 다른 사람을 이교도나 불경한 자로 취급해 악감정을 품거나 그들과 교리 논쟁을 벌이곤 한다.

결국 그들이 사는 방식은 이타적 미덕과 장엄한 신성성을 가르친 자기 스승들의 삶과 가르침을 무색하게 한다. 진리는 특정 영역에 제한될 수 없다. 그것은 결코 어느 한 개인, 학파, 국가의 특권이 될 수 없으며, 개인성이 끼어드는 순간 진리는 사라진다.

성자, 현자, 구원자의 눈부신 공통점은 가장 고상하게 자신을 낮추고 최고의 이타심을 실현하는 법을 깨달았다는 것이다. 그들은 심지어 자신의 개인성을 포함한 모든 것을 벗어던졌기 때문에, 그들이 완료한 모든 소임은 거룩하고 영속적이다. 그리고 자아의 모든 오점을 씻어냈을 뿐 아니라, 남에게 베풀면서도 대가를 받을 생각은 전혀 하지 않는다. 또한 과거를 후회하거나 미래를 기대하지 않으며 결코 보상을 바라지 않는다.

농부는 땅을 일구고 씨앗을 심으면 자신의 할 일을 다 했다고 생각하며 이제 자연의 힘을 믿고 인내심 있게 수확을 기다려야 한다는 것을 안다. 또 수확량을 얼마나 예상하든 그의 기대가 결과에 영향을 미치지 않는다는 것도 안다. 마찬가지로 진리를 깨달은 사람은 선과 순수, 사랑, 평화의 씨를 뿌리는 사람으로서 결코 기대하거나 어떤 결과를 바라지 않는다. 다만 언젠가 수확할 날이 온다는 것, 그리고 그 결과가 풍작도 흉작도 될 수 있는 우주의 대법칙이 존재한다는 것을 알고 있을 뿐이다.

심오하고 이타적인 마음의 신성한 단순성을 이해하지 못하는 사람들은 자신들의 구원자를 특별한 기적의 현현, 사물의 본성과 완전히 동떨어진 초월한 존재, 전 인류가 영원히 범접할 수 없을 정도로 도덕성이 탁월한 존재로 여긴다.

이처럼 대부분 평범한 사람들은 자신이 완벽하고 신성한 존재가 될 수 없다는 믿음이 팽배하다 보니, 노력을 게을리하고 스스로의 영혼을 죄와 고통에 밧줄로 단단히 포박해버린다. 하지만 예수의 "지혜는 점점 성장"한 것이고, "고통을 거쳐 완벽한 존재"가 되었다. 지금 우리가 아는 예수는 후천적 노력으로 성인의 반열에 올랐고, 지금 우리가 성인으로 알고 있는 부처 역시 마찬가지다. 모든 거룩

한 위인은 그 경지에 이르기까지 끊임없는 인내로 자기희
생을 실천했다.

　일단 이 점을 인식한 후 희망을 포기하지 않고 부지런
히 노력하면, 누구나 자신의 저속한 본성을 뛰어넘어 위대
하고 영광스러운 성취의 기회가 열릴 것이다. 부처는 완벽
의 경지에 도달할 때까지 노력을 멈추지 않겠다고 맹세했
고, 실제로 목적을 달성했다. 성자, 현자, 구원자들이 성취
했듯이, 당신도 그들이 걸어온 길과 그들의 가르침, 즉 자
기 희생과 헌신적 봉사를 실천함으로써 완벽의 경지에 오
를 수 있다.

　진리는 매우 간단하다. 한마디로 "자아를 버려라", "내
게로 오라(모든 불결한 것에서 떠나라). 내가 너희를 쉬게 하
리라"이다. 그동안 이 구절에 대한 해설이 산더미처럼 첩
첩 쌓여왔지만, 어쨌든 숨길 수 없는 핵심은 정의를 진실
하게 구하는 마음이다.

　이 마음은 학문으로 습득하는 것이 아니다. 오히려 학문
의 방해에도 불구하고 습득할 수 있다. 비록 그릇되고 이
기적인 인간이 만들어놓은 학문 안에서 여러 형태로 위장
되어 있긴 해도, 아름답게 단순하고 투명하리만치 맑은 진
리는 변하거나 퇴색하지 않은 채 남아 있다.

　그리고 이타적 마음은 그 빛나는 광채 안에 들어가 광

채와 하나가 된다. 복잡한 이론을 짜거나 사변 철학을 구축하지 않아도, 진리는 내면의 순수라는 옷감을 짜고 흠 없는 삶이라는 신전을 건축함으로써 실현된다.

이 거룩한 길에 들어서려는 사람의 출발점은 자신의 격정을 억제하는 것이다. 이것이 미덕이고, 성자가 되는 길의 시작이다. 일단 성자의 길에 들어서면 나아가 신성한 존재를 향해 첫발을 뗀 것이다. 철저한 세속인은 법률을 위반하지 않는 범위에서 자신의 모든 욕망을 만족시킨다.

그보다 덕망 있는 사람은 자신의 격정을 억제한다. 성자는 마음속 진리의 요새에서 진리를 위협하는 적을 공격하고, 모든 이기적이고 불순한 생각이 들어오지 못하게 저지한다. 마지막으로 신적 존재는 격정과 모든 불순한 생각에서 벗어나, 꽃에 향기와 색깔이 자연스러운 것처럼 선과 순수가 자연스럽게 배어 있는 사람이다.

신적 존재는 지혜가 극치에 이른 사람이다. 오직 그들만이 진리에 완전히 통달했고, 영원한 휴식과 평화에 들어섰다. 그들에게 악은 이제 우주로 뻗은 최고선의 빛 속으로 사라졌기에, 더 이상 악을 생각할 여지가 없다. 신적인 경지는 지혜의 휘장이다. 크리슈나는 아르주나 왕자에게 이렇게 말했다.

"겸손하고 진실하며 남에게 해를 끼치지 않는 것,

인내와 명예를 지키고 현자를 공경하는 태도,

순수하고 지조 있는 자중,

감각적 쾌락을 무시하고 자기를 희생하는 것,

생로병사, 고통, 죄 안에서

악의 존재를 확실히 인식하고

행운이 오든 불운이 오든 변함없는 항심 (…)

(…) 영혼의 극치를 인식하려는

결연한 노력,

그리고 그 인식에서 무엇을 얻는지 아는 품위,

이것이 바로 참된 지혜다, 아르주나여!

그렇지 않은 것은 무지다!"

자신의 이기심과 끊임없이 싸우고, 이기심을 물리친 자리에 사랑을 채워 모든 것을 포용하려는 사람은 오두막에서 소박하게 살든 부와 권력을 쥐고 살든, 곳곳을 설교하며 다니든 은둔 생활을 하든 이미 성자다.

다정한 아시시의 성 프란체스코나 당당한 성 안토니오 같은 성자는 더 높은 목표를 갈망하기 시작한 세상 사람들이 보기에 영광스럽고 감동적인 풍채를 자아낸다. 마찬 가지로 성자 본인들도 고요하고 거룩하게 앉아 있는 현자를 감탄해 마지않는 시선으로 바라본다.

현자는 죄와 슬픔을 정복하고, 더 이상 후회와 회한으로 괴로워하지 않으며, 유혹에도 꿈쩍하지 않는 사람이다. 그러나 현자조차도 훨씬 황송한 눈길로 우러러보는 자가 있으니, 바로 구원자다. 몸에 밴 이타심으로 몸소 지혜의 화신이 된 구원자는 떨림, 슬픔, 야망 등 인간의 감정에 자신을 담금질하며 끝없이 자신의 신성성을 더욱 강화한다.

자신을 잊고 모두를 사랑하며 전체를 위해 노력하는 것, 이것이야말로 참된 봉사다. 오, 그동안 기도를 많이 했으니 자신이 구원받을 수 있다고 헛되이 생각하는 어리석은 자여. 온갖 과오에 묶인 당신은 자기 자신과 자신의 업적, 자신의 여러 희생을 큰 소리로 알리고 스스로 중요한 인물이라고 자화자찬한다.

당신의 명성이 온 세상에 자자할지라도, 당신이 행한 일은 다 흙으로 돌아간다. 또한 당신은 진리의 왕국에서 가장 별 볼 일 없는 자보다도 못한 취급을 받을 것임을 알아야 한다!

어떤 성과든 자아를 초월한 것만이 존속한다. 자신을 위해 행한 노력의 성과는 무력하고 소멸하기 쉽다. 아무리 사소한 일이라도 사심 없이 희생정신으로 즐겁게 행해진 소임은 참되고 영속적인 봉사다. 반면 아무리 눈부신 성공으로 보이는 업적이라도 그 의도가 자기애에서 출발한 것은 봉사의 법칙을 이해하지 못하고 행한 것이기에 생명력 없이 소멸한다.

세상에 주어진 하나의 위대하고 신성한 교훈이 있으니, 바로 무조건적 이타심이다. 모든 시대의 성자, 현자, 구원자들은 이 과업에 스스로 순종하기로 결심한 후, 이타심을 체득하고 삶에서도 실천했다. 이 한 가지 교훈이 세상의 모든 경전에서 기틀을 이루는 핵심이고, 모든 위대한 스승들도 그 교훈을 반복해 강조했다. 이타심이라는 교훈은 어찌나 단순 명쾌한지, 이기심의 복잡한 길 속에서 비틀거리는 세속인의 눈에는 코웃음이 절로 나올지도 모른다.

순수한 마음은 모든 종교의 목적이자 신성의 시작이다. 이 정의를 추구하는 것은 진리와 평화의 길을 걷는 것이다. 이 길을 걷는 사람은 곧 생과 사를 초월한 불멸성을 깨닫게 될 것이며, 우주의 신성한 섭리에서는 아무리 사소한 노력도 헛되지 않다는 것을 알게 될 것이다.

길고 긴 고행길 끝에 정복한 희망봉에는

거대한 영광이 빛나고,

평생의 위업을 다한 노장의 희끗희끗한 머리 위로
눈부신 명예가 빛난다.
천금을 얻으려고 노력하는 자는 상당한 부를 쌓고
명석하고 재간 넘치는 자는 세상에 이름을 떨친다.
그러나 무혈의 투쟁 속에서 자기 죄를 극복하고
사랑으로 희생하는 삶을 사는 자에게는
더 큰 영광이 기다리고
눈먼 자아 도취자들의 조롱 속에서
가시 면류관을 쓰는 자의 이마에는
더 밝은 명예가 빛나며
사랑과 진리의 길을 걸으며
인류의 삶에 따스한 온기를 전하는 자에게는
더 넉넉하고 순수한 부가 찾아온다.
그리고 인류를 섬기는 사람은 덧없는 명성 대신
영원한 빛, 기쁨과 평화, 천상의 불꽃을 몸에 두르리라.

24장

완전한 평화의 실현

외부 세계에는 혼란, 변화, 불안이 끊이지 않는다. 하지만 만물의 중심은 이 모든 것에 아랑곳없이 고요하다. 이 깊은 고요 속에 영원의 존재가 머물고 있다. 인간에게는 이러한 이중성이 있어서, 겉모습은 변화하고 동요하더라도 내면은 영원한 평화의 거처가 뿌리를 내리고 있다.

바다에는 아무리 맹렬한 폭풍도 닿을 수 없는 고요한 심해저가 있듯이, 인간의 마음에도 죄와 슬픔의 폭풍이 결코 휘저을 수 없는 조용하고 거룩한 심층부가 있다. 이 고요한 상태에 도달하고 의식적으로 그 안에서 살아가는 것이 평화다.

외부 세계에는 부조화가 만연하지만 우주의 중심에는 온전한 조화가 지배한다. 눈먼 인간의 영혼은 조화와 거리가 먼 격정과 슬픔으로 얼룩진 채 죄를 씻은 조화의 상태를 향해 더듬더듬 나아간다. 그리고 마침내 이 상태에 도달해 의식적으로 그 안에서 살게 되면 평화를 얻는다.

증오는 인간의 사이를 끊고, 박해를 조장하며, 국가를 무자비한 전쟁으로 몰아넣는 원흉이다. 그러나 사람들은 이유는 정확히 설명할 수 없어도, 증오를 뒤덮는 완벽한 사랑이라는 것이 존재한다는 일말의 믿음도 품고 있다. 그리고 이 사랑에 도달하고 의식적으로 그 사랑 속에서 살아가는 것이 바로 평화다.

그리고 이 내면의 평화, 침묵, 화합, 사랑이 곧 천국이다. 천국에 도달하기가 그토록 어려운 이유는 자아를 포기하고 다시 어린아이의 순수로 돌아가려는 사람이 거의 없기 때문이다.

"천국의 문은 좁고 작아
세상의 헛된 환상에 눈먼
어리석은 자들은 찾을 수 없다.
눈이 뜨인 자만이 천국으로 가는 길을 알아보고

잠긴 문을 찾아 들어가려 애쓰지만

좀처럼 열리지 않는 문,

그 빗장은 다름 아닌

자존심과 격정, 탐욕, 욕정이더라."

사람들은 평화는커녕 불화와 걱정, 다툼만 있는 곳에서 자꾸만 "평화! 평화!"를 외친다. 하지만 지혜, 그리고 지혜의 선결 요건인 자아의 포기 없이는 진정한 영속적 평화가 있을 수 없다.

편안한 사회생활, 순간의 만족, 세속적 성공으로 얻는 평화는 그 특성상 일시적이며, 불같은 시련의 열기 속에서 타버리고 만다. 오직 천상의 평화만이 모든 시련을 이겨내고, 이 평화는 자아를 버린 마음으로만 알 수 있다.

신성만이 영원한 평화다. 자제력이 신성으로 안내하는 길잡이라면, 지혜는 순례자의 길을 점점 더 환해지는 불빛으로 인도하는 등불이다. 신성은 순례자가 덕의 길에 발을 들이는 순간 금세 그 기운을 어느 정도 드러내지만, 그가 자아를 버림으로써 티 없는 삶의 목표를 완수했을 때 비로소 충만하게 꽃을 활짝 피운다.

"평화라는 것은

살고자 하는 욕망과 자기애를 이겨내고,

뿌리 깊은 격정을 가슴에서 도려내며,

마음의 분란을 잠재우는 것."

당신은 절대 사라지지 않을 빛, 끝나지 않을 기쁨, 누구도 방해할 수 없는 평온을 깨달을 것이다. 자신의 죄와 슬픔, 불안, 고통을 영원히 버리고 싶다면, 이 구원을 통해 지극히 영광스러운 삶을 영위하고 싶다면, 당신 자신을 정복하라. 모든 생각, 충동, 욕망이 당신 안에 있는 신성한 힘에 완전히 순종하게 하라. 이것이 평화를 향한 유일한 길이다.

이 길을 걷지 않겠다면 아무리 열심히 기도하고 의식을 엄격하게 준수해봤자 아무 소용도 효과도 없을 것이다. 신이나 천사도 도와주지 못한다. 자아를 극복하는 자에게만 새 생명의 반석이 주어지고 그 위에는 감히 호명할 수 없을 새로운 이름이 기록될 것이다.

외부 요소, 감각의 쾌락, 지식 논쟁, 세상의 소음과 흥분에서 잠시 벗어나 마음속의 가장 깊은 방으로 들어가라.

그러면 세속의 때가 묻은 모든 이기적 욕망에서 벗어나 깊은 침묵, 거룩한 고요, 행복한 평온을 발견할 것이다. 이 신성한 방에서 잠시 쉬며 명상한다면, 진리의 눈이 해맑게 반짝이며 당신 안에서 움틀 것이다.

이 눈으로 사물의 본질을 있는 그대로 꿰뚫어 볼 수 있다. 이 마음속 신성한 방이 당신의 진정하고 영원한 본모습이자, 당신 안에 자리한 신성이다. 그리고 당신이 이 신성과 한 몸이 되었다고 자인할 수 있을 때, 비로소 "옷을 입고 정신이 바로잡혔다"라고 봐도 좋다(「누가복음」 8장 35절 – 옮긴이).

이제 그 방은 평화의 전당이요, 지혜의 신전, 불멸하는 존재의 거처가 되었다. 이 내적 안식처, 통찰력의 산을 떠나서는 참된 평화를 누릴 수도, 신성함이란 어떤 것인지 이해할 수도 없다. 만약 당신이 그곳에 1분, 한 시간, 나아가 하루 동안도 머물 수 있다면 앞으로는 영원히도 머무를 수 있다. 모든 죄와 슬픔, 두려움과 불안은 당신의 것이기에, 당신의 의지에 따라 이런 감정들을 붙잡을 수도 있고 손에서 놔버릴 수도 있다.

당신은 스스로 불안에 사로잡혀 있다. 그런 만큼 영속적인 평화도 스스로의 힘으로 누릴 수 있다. 자아의 죄를 대신 씻어줄 사람은 아무도 없다. 당신 스스로 자아를 버려

야 한다. 아무리 위대한 스승도 진리의 길을 인도하고 그
것을 가르치는 것 이상으로는 할 수 없다. 그 길을 걷는 사
람은 당신 자신이다. 자신의 영혼을 얽매고 평화를 깨는
원흉을 떠나보낸다면, 당신은 혼자만의 노력으로 자유롭
고 평화로워질 수 있다.

신성한 평화와 기쁨의 천사들은 항상 가까이에 있다. 만
약 당신이 그들을 보지도, 듣지도, 그들과 함께 살지도 않
는다면, 천사들로부터 자신을 차단하고 내면의 악마와 함
께 지내기를 더 좋아하기 때문이다. 그러한 당신의 모습은
전적으로 자신의 의지, 소망, 선호가 빚은 결과다. 자신을
정화하기로 마음먹고 이를 실행해 평화에 이르든지, 그러
지 않고 계속 번뇌에 시달리든지 선택은 당신의 몫이다.

그러니 한 발짝 물러나라. 인생에서 안달과 열병을 일으
키는 것들을 멀리하라. 뜨거운 열기를 내뿜는 자아를 상쾌
한 평화의 공기로 식히고, 내면의 안식처로 들어가 초심을
되찾고 심기일전하라.

죄와 고통의 폭풍에서 빠져나오라. 신의 평화의 안식처
가 당신의 것인데 왜 세파에 시달리며 머리를 감싸 쥐는
가! 모든 이기심을 버리고 자아를 포기하면 신의 평화가
당신의 것이다!

내면의 동물적 본능을 정복하라. 꿈틀대는 이기심과 삐

걱대는 내면의 목소리를 모두 극복하라. 이기적 본성이라는 평범한 금속을 순수한 사랑인 금으로 탈바꿈하라. 그러면 완전히 평화로운 삶을 깨칠 것이다.

이렇게 자신을 제압하고 정복하고 변화시키면, 오육체로 살면서도 어두운 필멸의 바다를 건너 결코 슬픔의 폭풍이 치지 않는, 그래서 죄와 고통, 까마득한 어둠이 닿지 않는 해안에 도달할 것이다! 그 해안에 서서 성스럽고 자비롭고 깨어 있고 침착하고 무한한 기쁨을 두 팔 벌려 맞이하라. 그러면 당신은 다음을 깨달을 것이다.

"몸을 입은 영혼은 결코 태어난 적이 없고,
앞으로 죽지도 않을 것이다.
지금과 다른 모습이었던 적도 없다.
탄생과 소멸은 꿈속에만 있다.
영혼은 태어나지도, 죽지도, 변하지도 않고
영원히 머무른다.
비록 영혼의 옷인 몸은 죽은 것처럼 보일지라도,
죽음은 영혼을 전혀 건드린 적 없다."

다음으로 당신은 죄, 슬픔, 고통의 의미와 그 끝은 지혜라는 것을 알 것이다. 또 존재의 원인과 결과를 알게 될 것이다.

여기까지 깨달았다면 당신은 이제 편히 쉴 수 있다. 안식은 불멸의 축복이자 불변의 기쁨, 속박되지 않는 깨달음, 순결한 지혜, 영구적 사랑이다. 바로 이로써 완전한 평화가 실현된다.

오, 진리를 깨친 사람에게 훈수를 두려는 자여!
그대는 사막을 건너며 고민한 적이 있는가?
불순한 마음을 슬픔의 불길로 씻어냈는가?
악마처럼 속삭이는 아집을 마음에서 털어냈는가?
그대의 영혼은 그 어떤 잘못된 생각도 하지 않을 만큼
아름다운가?
오, 사랑을 깨친 사람에게 훈수를 두려는 자여!
그대는 절망의 단계를 지나왔는가?
어두운 밤을 슬픔의 눈물로 지새운 적이 있는가?
(이제 슬픔과 근심이 사라졌다면) 지금 그대의 영혼은
잘못, 증오, 끝없는 압박도,
넉넉한 연민으로 바라볼 수 있는가?
오, 평화를 깨친 사람에게 훈수를 두려는 자여!

그대는 갈등이 넘실대는 드넓은 바다를 건너고
삶의 모든 거센 풍파를 이겨낸 끝에
고요의 해안에 도달했는가?
그대의 마음에 진리, 사랑, 평화만 남고
모든 발버둥은 끝났는가?

아포리아 02

제임스 앨런 부의 여덟 기둥

1판 1쇄 발행 2024년 8월 28일
1판 2쇄 발행 2024년 10월 10일

지은이 제임스 앨런
옮긴이 임경은
펴낸이 김영곤
펴낸곳 (주)북이십일 21세기북스

정보개발팀장 이리현
정보개발팀 이수정 강문형 이종배 최수진 김설아 박종수
교정 교열 조창원 **디자인 표지** 수란 **본문** 이슬기
출판마케팅팀 한충희 남정한 나은경 최명열 정유진 한경화 백다희
영업팀 변유경 김영남 강경남 황성진 김도연 권채영 전연우 최유성
제작팀 이영민 권경민
해외기획팀 최연순 소은선 홍희정

출판등록 2000년 5월 6일 제406-2003-061호
주소 (10881) 경기도 파주시 회동길 201(문발동)
대표전화 031-955-2100 **팩스** 031-955-2151 **이메일** book21@book21.co.kr

ⓒ 제임스 앨런, 2024
ISBN 979-11-7117-767-7 03320
KI신서 12989

(주)북이십일 경계를 허무는 콘텐츠 리더

21세기북스 채널에서 도서 정보와 다양한 영상자료, 이벤트를 만나세요!

페이스북 facebook.com/jiinpill21   **포스트** post.naver.com/21c_editors
인스타그램 instagram.com/jiinpill21 **홈페이지** www.book21.com
유튜브 youtube.com/book21pub

제임스 앨런 콜렉션
작품 목록